マンガでわかる

小学生のことわざじてん

監修／梅澤《うめざわ》 実《みのる》
鳴門教育大学教授

世界文化社

はじめに

「急《いそ》がば回《まわ》れ」という言葉《ことば》があります。「あわてているときほど、用心《ようじん》して、ゆっくりとした行動《こうどう》をとりなさい」という意味《いみ》のことわざです。ことわざというのは、昔《むかし》の人《ひと》が、それまでの生活《せいかつ》の中《なか》から見《み》つけ出《だ》した知恵《ちえ》を、短《みじか》い言葉《ことば》で言《い》い表《あらわ》したものです。ですから、ことわざを学《まな》ぶことは、昔《むかし》の人《ひと》の心《こころ》を知《し》ることになるだけでなく、今《いま》の私《わたし》たちの生活《せいかつ》に「こんなときには、どのようにするといいか」「そんなときには、このように考《かんが》えてごらんなさい」といった知恵《ちえ》を伝《つた》えてくれるものなのです。

また、慣用句《かんようく》というのは、二《ふた》つ以上《いじょう》の言葉《ことば》を組《く》み合《あ》わせて、別《べつ》の意味《いみ》を表《あらわ》すようになったものです。例《たと》えば、「ねこの手《て》もかりたい」と、家《いえ》の人《ひと》が言《い》っているのを聞《き》いたことがありませんか。実際《じっさい》に、ねこに人《ひと》の手伝《てつだ》いができるわけではないのですが、そんなねこの手《て》でもかりたいほどにいそがしい、というようすや気持《きも》ちを表《あらわ》した慣用句《かんようく》です。「とてもいそがしい」と言《い》うよりも、「ねこの手《て》もかりたいほどだ」と言《い》う方《ほう》が、その人《ひと》のいそがしいようすや、気持《きも》ちがよく伝《つた》わりますね。

たくさんの慣用句《かんようく》を知《し》り、使《つか》うことは、その言葉《ことば》を使《つか》う人《ひと》の気持《きも》ちをより理《り》解《かい》したり、自分《じぶん》の気持《きも》ちやようすを相手《あいて》によく伝《つた》えることができるようになります。ぜひ、この「マンガでわかる小学生《しょうがくせい》のことわざじてん」を身近《みぢか》に置《お》いて、日本人《にほんじん》の豊《ゆた》かな知恵《ちえ》と日本語《にほんご》の表現《ひょうげん》を身《み》につけてください。

梅澤《うめざわ》　実《みのる》

もくじ

■ようこそことわざの世界《せかい》へ！

■コラムもくじ

この本《ほん》の使《つか》い方《かた》

■見出《みだ》し
「ことわざ」、「慣用句《かんようく》」のことばが入《はい》ります。ジャンルごとに、★あいうえお順《じゅん》でならんでいます。

情《なさ》けは人《ひと》のためならず

ことわざ

よくでる!

いみ 人《ひと》に情《なさ》けをかけたり親切《しんせつ》にしておけば、そのことがその人《ひと》のためばかりでなく、いつか自分《じぶん》にもよい結果《けっか》となってめぐってくるものだ。だから人《ひと》には親切《しんせつ》にしなさい、ということ。

さんこう 「情《なさ》け」は、人《ひと》に対《たい》する思《おも》いやりの意味《いみ》。「人《ひと》のためならず」をまちがえて反対《はんたい》の意味《いみ》にとらえ、「情《なさ》けをかけると、その人《ひと》のためにならないからやめよう」と思《おも》いこまないよう注意《ちゅうい》すること。

ようれい 父《ちち》は、わたしたちにいつも「情《なさ》けは人《ひと》のためならずだよ」と言《い》い、人《ひと》には親切《しんせつ》にするように教《おし》えた。

同じいみ 親切《しんせつ》はむだにはならない

四字熟語 意気投合《いきとうごう》：おたがいの気持《きも》ちがぴったりと合《あ》う。

20

■よくでる!
テストや中学入試《ちゅうがくにゅうし》などに最《もっと》も出題《しゅつだい》されやすい、有名《ゆうめい》なことわざや慣用句《かんようく》に付《つ》くマークです。

■四字熟語《よじじゅくご》／故事成語《こじせいご》
らん外《がい》には、※四字熟語《よじじゅくご》や故事成語《こじせいご》が、一ページにつき一語《ご》のせてあります。かんたんな意味《いみ》がわかるようになっていますので、ぜひ読《よ》んでみてください（四字熟語《よじじゅくご》、故事成語《こじせいご》についての説明《せつめい》は、14ページを見《み》ましょう）。

★各章《かくしょう》のはじめには、よく知《し》られていることわざ・慣用句《かんようく》を、あいうえお順《じゅん》とは別《べつ》にコママンガでしょうかいしています。
※故事成語《こじせいご》の中《なか》でも四字《よじ》のものは四字熟語《よじじゅくご》にふくめました。

この本《ほん》では、よく知《し》られたことわざや慣用句《かんようく》を、〈人《ひと》にかかわる〉〈物《もの》にかかわる〉〈自然《しぜん》・天気《てんき》にかかわる〉といった、さまざまなジャンルに分《わ》けて章《しょう》としてあります。たとえば、「親《おや》のすねをかじる」ということばは〈人《ひと》にかかわる〉章《しょう》で、「一《いち》から十《じゅう》まで」ということばは〈数字《すうじ》にかかわる〉章《しょう》でしょうかいしています。

そして、それぞれの章《しょう》では、ことばを、あいうえお順《じゅん》にならべてあります。

いみ
ことわざや慣用句《かんようく》が表《あらわ》す、ことばの意味《いみ》を説《せつ》明《めい》しています。これを読《よ》むだけで、ことばの意《い》味《み》がわかります。

ようれい
ことわざや慣用句《かんようく》を使《つか》った例文《れいぶん》をのせています。ふだんの暮《く》らしの中《なか》で使《つか》うときの参考《さんこう》にしてください。

さんこう
ことわざや慣用句《かんようく》の、もとになったことばや、その意味《いみ》、なりたちを説《せつ》明《めい》しています。より深《ふか》くことばが理解《りかい》できます。

■おぼえておこう!
「よくでる!」の次《つぎ》に、テストや中学入《ちゅうがくにゅう》試《し》に出題《しゅつだい》されやすい、ことわざや慣用句《かんようく》に付《つ》くマークです。

同じいみ
項目《こうもく》のことばと、意味《いみ》が近《ちか》いことばをのせています。

■ことわざ／慣用句《かんようく》
このことばが「ことわざ」なのか「慣用句《かんようく》」なのかを表《あらわ》しています（「ことわざ」についての説明《せつめい》は6ページ、「慣用句《かんようく》」についての説明《せつめい》は10ページを見《み》ましょう）。

体にかかわる①

開《あ》いた口《くち》がふさがらない 慣用句

いみ　あまりのことに、あきれてものが言《い》えないことのたとえ。

ようれい　ごちそうをすべてひとりでたいらげてしまった弟《おとうと》にあきれて、開《あ》いた口《くち》がふさがらないと言《い》った母《はは》。／悪《わる》いことをしておいて開《ひら》き直《なお》るなんて、開《あ》いた口《くち》がふさがらないとはこのことだ。

あごで使《つか》う 慣用句 おぼえておこう!

いみ　いばった態度《たいど》で、人《ひと》を自分《じぶん》の思《おも》いどおりに使《つか》うことのたとえ。

さんこう　ことばで言《い》わないで、あごを動《うご》かしたりして、人《ひと》に指示《しじ》をあたえるという、えらそうな態度《たいど》から。

ようれい　社長《しゃちょう》の息子《むすこ》は、だれも文句《もんく》を言《い》わないのをいいことに、人《ひと》をあごで使《つか》っている。

あごを出《だ》す 慣用句 おぼえておこう!

いみ　すっかりつかれてへたばってしまう。または、物事《ものごと》がうまくいかず、こまり果《は》てる。

さんこう　歩《ある》きつかれると腰《こし》が引《ひ》け、よく、あごだけが前《まえ》のほうに出《で》るかっこうになることから。

ようれい　マラソン大会《たいかい》でがんばったのに、あと少《すこ》しでゴールというところで、あごを出《だ》してしまった。

頭《あたま》が痛《いた》い 慣用句 よくでる!

いみ　心配《しんぱい》ごとやうまくいかないことがあって、なやむこと。

ようれい　両親《りょうしん》はわがまま放題《ほうだい》の妹《いもうと》のことを考《かんが》えると頭《あたま》が痛《いた》いと言《い》う。／明日《あす》までにすまさなければならない宿題《しゅくだい》がたくさんあって、頭《あたま》が痛《いた》い。

同じいみ　頭《あたま》を痛《いた》める

55　四字熟語《よじじゅくご》 右往左往《うおうさおう》：あわてふためいて、あちこちをうろうろする。

■その他《た》の記号《きごう》

反対のいみ
項目《こうもく》のことばと、意味《いみ》が反対《はんたい》のことばをのせています。

ことわざって何《なん》だろう？

※猿《さる》も木《き》から落《お》ちる→127ページ

ことわざとは？

古《ふる》くから人《ひと》びとに言《い》いならわされてきたことばです。生《せい》活《かつ》の知恵《ちえ》や教訓《きょうくん》、経験《けいけん》などから生《う》まれました。

もとは巫女《みこ》などの口《くち》を通《とお》して伝《つた》えられる神《かみ》のことばだったといわれていますが、平安《へいあん》時代《じだい》以降《いこう》、人《ひと》びとの暮《く》らしに根《ね》ざした生活《せいかつ》の知恵《ちえ》という形《かたち》が強《つよ》くなって、今《いま》のようなことわざになりました。

一〇〇七年《ねん》に編集《へんしゅう》された源《みなもと》為憲《ためのり》の『世俗諺文《せぞくげんもん》』などは、ことわざ辞典《じてん》のはしりだといわれていますが、現在《げんざい》使《つか》われていることわざも、こうした本《ほん》をはじめ平安末期《へいあんまっき》の説話《せつわ》や軍記物語《ぐんきものがたり》、近世《きんせい》の謡曲《ようきょく》や浄瑠《じょうる》璃《り》、俳諧《はいかい》、狂言《きょうげん》などにその多《おお》くが登場《とうじょう》します。

※1 泣《な》きっ面《つら》にはち→114ページ／※2 水《みず》を得《え》た魚《うお》のよう→136ページ

※すべての道《みち》はローマに通《つう》ず→195ページ

西洋《せいよう》のことわざ

西洋《せいよう》（ヨーロッパ）にも、ことわざはあります。しかも、わたしたちがふだんなにげなく使《つか》っていることわざの中《なか》にも、西洋《せいよう》から伝《つた》わったものもたくさんあるのです。

たとえば「必要《ひつよう》は発明《はつめい》の母《はは》（34ページ参照《さんしょう》）」ということわざもそのひとつです。このほかにも「すべての道《みち》はローマに通《つう》ず」「目《め》には目《め》を、歯《は》には歯《は》を」などがあります。

また、ことばはちがっても、表《あらわ》している意味《いみ》が同《おな》じものもあります。西洋《せいよう》では「豚《ぶた》に真珠《しんじゅ》」といいますが、同《おな》じ意味《いみ》を日本《にほん》では「猫《ねこ》に小判《こばん》」というように、表現《ひょうげん》が異《こと》なります。一度《いちど》くわしく調《しら》べてみるのもよいでしょう。

※艱難汝《かんなんなんじ》を玉《たま》にす→苦労《くろう》がその人《ひと》をりっぱに成長《せいちょう》させる、という意味《いみ》。

慣《かん》用《よう》句《く》ってどんなもの？

慣用句《かんようく》って何《なん》だろう

慣用句《かんようく》とは、日常生活《にちじょうせいかつ》の中《なか》で、多《おお》くの人《ひと》が長年用《ながねんもち》い、慣《な》れてきたことばです。慣用句《かんようく》の中《なか》には、みなさんが知《し》らず知《し》らずのうちに使《つか》っているものもあることと思《おも》います。慣用句《かんようく》は、ことわざのように、生活《せいかつ》の知恵《ちえ》や教訓《きょうくん》などを表《あらわ》すことばではありません。

特色《とくしょく》は、たとえば「油《あぶら》を・売《う》る」といったように、二《ふた》つ以上《いじょう》のことばがくっついてできています。

しかし、その意味《いみ》は、一《ひと》つひとつのことばの意味《いみ》を考《かんが》えてみてもよくわかりません。「油《あぶら》を売《う》る」なら、「むだ話《ばなし》をして時間《じかん》をつぶす」というように、全体《ぜんたい》で、ある決《き》まった特別《とくべつ》の意味《いみ》(きまり文句《もんく》)を表《あらわ》すものです。

※歯《は》が浮《う》く→52ページ

※1 耳《みみ》が痛《いた》い→72ページ／※2 気《き》が重《おも》い→40ページ／※3 頭《あたま》が痛《いた》い→55ページ

慣用句《かんようく》と体《からだ》のことば

慣用句《かんようく》には、人《ひと》の体《からだ》に関係《かんけい》するものや、体《からだ》の一部《いちぶ》を使《つか》っていることばが、たくさんあります。

たとえば「口《くち》」ひとつとっても、「口《くち》がかたい」、「口《くち》が重《おも》い」、「口《くち》がすべる」、「口《くち》が悪《わる》い」など、数《かぞ》えあげたらきりがないほどです。

ほかにも、まゆ、目《め》、耳《みみ》、腹《はら》、しりなど、体《からだ》の名前《なまえ》がつくことばは慣用句《かんようく》の中《なか》の重要《じゅうよう》な一部《いちぶ》となっています。

これも、わたしたちの体《からだ》とそのしぐさが、日常生活《にちじょうせいかつ》で使《つか》われる表現《ひょうげん》と、切《き》っても切《き》れない関係《かんけい》だということなのでしょう。

※1「目《め》」のつく慣用句《かんようく》→73〜78ページ／※2「気《き》や心《こころ》」にかかわる慣用句《かんようく》→37〜48ページ／※3 心《こころ》を鬼《おに》にする→46ページ

四《よ》字《じ》熟《じゅく》語《ご》と故《こ》事《じ》成《せい》語《ご》とは

ことばにこめられた教《おし》え

四《よ》字《じ》熟《じゅく》語《ご》は、漢《かん》字《じ》四《よん》文《も》字《じ》の組《く》み合《あ》わせで、ある意《い》味《み》を表《あらわ》すことばです。いっぽう、故《こ》事《じ》成《せい》語《ご》は、中《ちゅう》国《ごく》の昔《むかし》の物《もの》語《がたり》から生《う》まれたことばです。故《こ》事《じ》成《せい》語《ご》は、ことわざや慣《かん》用《よう》句《く》の仲《なか》間《ま》です。

四《よ》字《じ》熟《じゅく》語《ご》とは

「四《よ》字《じ》熟《じゅく》語《ご》」は、漢《かん》字《じ》四《よん》文《も》字《じ》という形《かたち》で、ある意《い》味《み》を表《あらわ》していることばです。四《よ》字《じ》熟《じゅく》語《ご》には次《つぎ》のようなものがあります。

■**言《ごん》語《ご》道《どう》断《だん》**
（もってのほか、とんでもないこと）

■**単《たん》刀《とう》直《ちょく》入《にゅう》**
（前《まえ》置《お》きなどがなく、いきなり本《ほん》題《だい》に入《はい》る）

■**品《ひん》行《こう》方《ほう》正《せい》**
（行《おこな》いがきちんと正《ただ》しいこと）

四《よ》字《じ》熟《じゅく》語《ご》には仏《ぶっ》教《きょう》にもとづくことばも多《おお》く、それらは昔《むかし》から仏《ぶっ》教《きょう》の教《おし》え、生《い》き方《かた》の教《おし》えとして語《かた》りつがれてきました。

明《めい》治《じ》以《い》降《こう》にできあがった四《よ》字《じ》熟《じゅく》語《ご》もありますが、それらの多《おお》くは生《せい》活《かつ》の中《なか》で使《つか》われているのです。

故《こ》事《じ》成《せい》語《ご》とは

「故《こ》事《じ》成《せい》語《ご》」は、中《ちゅう》国《ごく》に伝《つた》わる古《ふる》い物《もの》語《がたり》から生《う》まれました。昔《むかし》の人《ひと》の考《かんが》え方《かた》や、教《おし》えがもとになったことばです。なかには、日《に》本《ほん》の話《はなし》からできたものもあります。

故《こ》事《じ》成《せい》語《ご》には、次《つぎ》のようなものがあります。

■**先《さき》んずれば人《ひと》を制《せい》す**
（人《ひと》より先《さき》に手《て》を打《う》てば、有《ゆう》利《り》に物《もの》事《ごと》を進《すす》められる）

■**破《は》竹《ちく》の勢《いきお》い**
（止《と》めようにも止《と》められないくらい勢《いきお》いづいたようす）

■**蛇《だ》足《そく》**
（よけいなものやむだなもののたとえ。昔《むかし》、中《ちゅう》国《ごく》でへびの絵《え》をかく競《きょう》争《そう》をしたが、一《いち》番《ばん》早《はや》かった者《もの》が、足《あし》をかきたしたため、へびとはみとめられず、負《ま》けたことから）

四《よ》字《じ》熟《じゅく》語《ご》と故《こ》事《じ》成《せい》語《ご》は、本《ほん》書《しょ》のらん外《がい》にのっていますので、参《さん》考《こう》にしてください。

※四《よ》字《じ》熟《じゅく》語《ご》は16ページからスタート！　故《こ》事《じ》成《せい》語《ご》は224ページから。

人《ひと》にかかわる ことわざ・慣用句《かんようく》

「人《ひと》」にかかわる
ことわざ・慣用句《かんようく》を集《あつ》めました。

おぼれる者《もの》はわらをもつかむ

ことわざ

おぼえておこう!

いみ こまったことが起《お》きたときやせっぱつまったときは、たよりにならないものにもたよってしまうということのたとえ。

さんこう 「わら」は、おぼれかかっている人《ひと》にとって、じっさいになんの役《やく》にも立《た》たないが、追《お》いつめられた人《ひと》は、助《たす》かろうとしてそれにさえすがってしまう、という意味《いみ》。元《もと》は英語《えいご》のことわざ。

ようれい おぼれる者《もの》はわらをもつかむような気持《きも》ちで、なんでも試《ため》してみたことがよかった。／大学生《だいがくせい》の姉《あね》は、明日《あす》発表《はっぴょう》する論文《ろんぶん》の清書《せいしょ》の手伝《てつだ》いを、おぼれる者《もの》はわらをもつかむ思《おも》いで、小学生《しょうがくせい》のわたしや母《はは》にたのんだ。

同じいみ わらにもすがる

四字熟語《よじじゅくご》 **悪戦苦闘《あくせんくとう》**：死《し》にものぐるいで困難《こんなん》な状《じょう》きょうを乗《の》り切《き》ろうと戦《たたか》う。

かわいい子《こ》には旅《たび》をさせよ

ことわざ

だいじょうぶ? ちゃんと一人《ひとり》でお弁当《べんとう》食《た》べるのよ
一人《ひとり》じゃいやだ!
遠足バス
ママもいっしょじゃなきゃ!
だめよ! 遠足《えんそく》にお母《かあ》さんはついていけないの
ブブーッ
ママーっ!
あのねーとっても楽《たの》しかったよ
かわいい子《こ》には旅《たび》をさせよってこのことね

おぼえておこう!

いみ 子《こ》どものことが本当《ほんとう》にかわいいと思《おも》うなら、あまやかさずに、苦《く》労《ろう》させて育《そだ》てたほうがよいということのたとえ。

さんこう 「旅《たび》」とは、旅行《りょこう》のことだが、親《おや》の手《て》もとに置《お》くのではなく、広《ひろ》く社会《しゃかい》に出《だ》してさまざまなことを勉強《べんきょう》させる、ということを意味《いみ》している。

ようれい お母《かあ》さんは、**かわいい子《こ》には旅《たび》をさせよ**という気持《きも》ちで、ひろしをひとりで田舎《いなか》のおばあちゃんの家《いえ》に送《おく》り出《だ》した。

同じいみ かわいい子《こ》は打《う》って育《そだ》てろ

ぼくもひとりでおばあちゃんちに行《い》ってみようかな

四字熟語《よじじゅくご》 悪口雑言《あっこうぞうごん》：他人《たにん》への悪口《わるくち》やののしりのことば。

弘法《こうぼう》にも筆《ふで》のあやまり

ことわざ

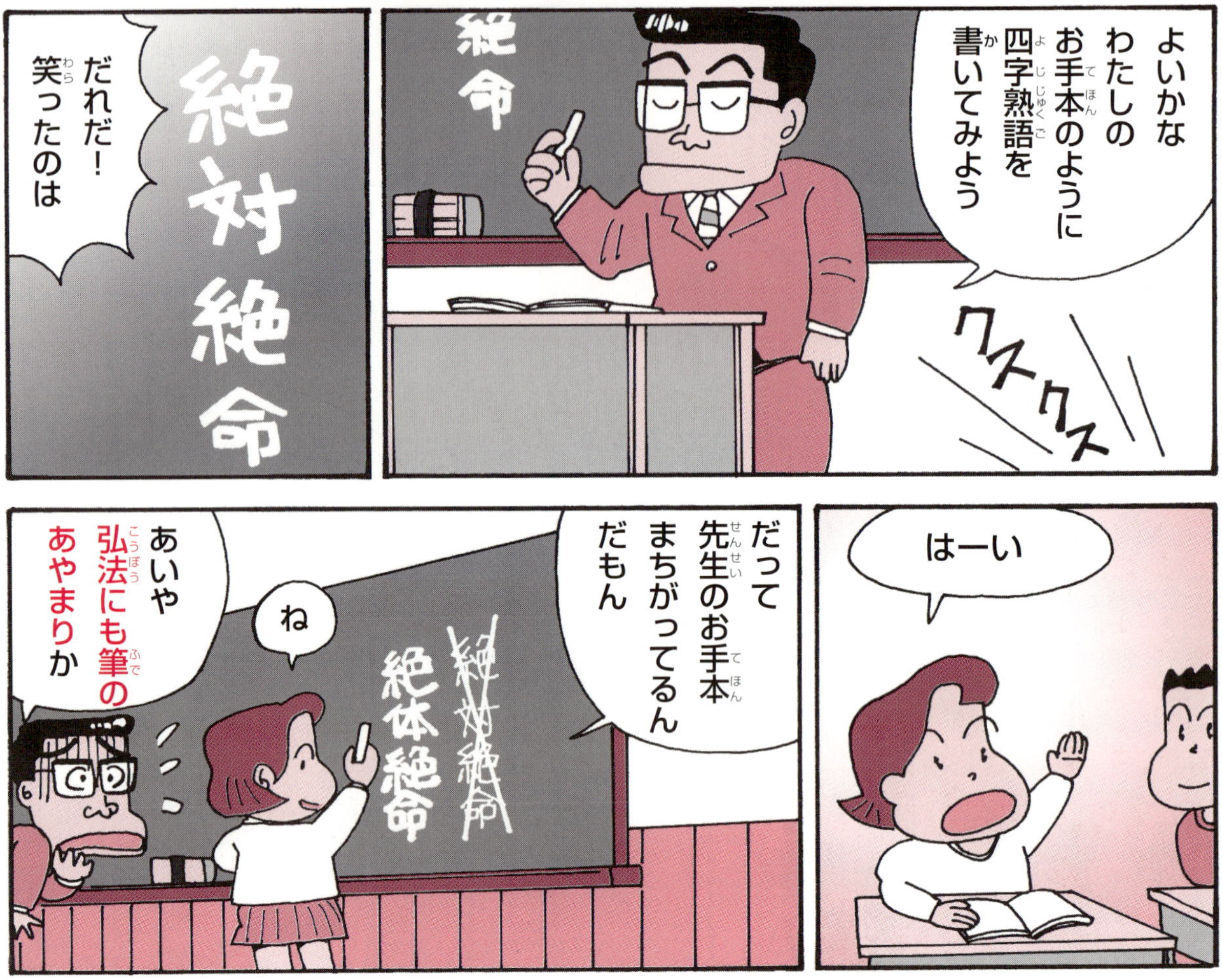

よくでる!

いみ どんな名人《めいじん》でも、ときには失敗《しっぱい》することがある、ということのたとえ。

さんこう 弘法《こうぼう》とは、真言宗《しんごんしゅう》を開《ひら》いた弘法大師《こうぼうだいし》・空海《くうかい》のこと。平安時代《へいあんじだい》のお坊《ぼう》さんで、書《しょ》の名人《めいじん》といわれた。その弘法大師《こうぼうだいし》でさえも、書《か》きそこなうことがある、ということから。

ようれい みんなが先生《せんせい》のまちがいを指《し》てきしたら、先生《せんせい》は、**弘法《こうぼう》にも筆《ふで》のあやまり**だと言《い》って、頭《あたま》をかいた。

同じいみ 猿《さる》も木《き》から落《お》ちる（→127ページ）／上手《じょうず》の手《て》から水《みず》がもる（→220ページ）／かっぱの川流《かわなが》れ（→122ページ）

船頭多《せんどうおお》くして、船山《ふねやま》に上《のぼ》る

ことわざ

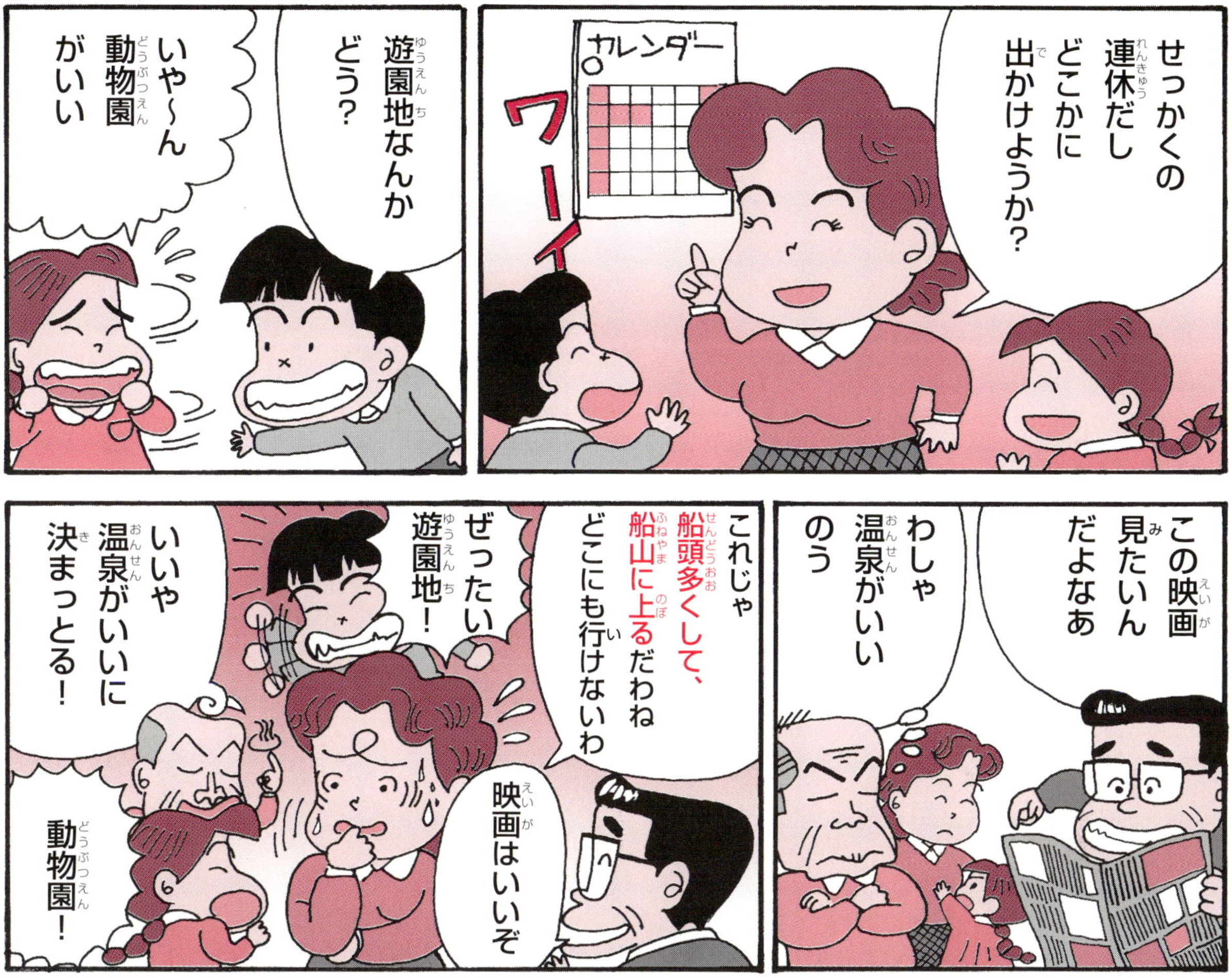

おぼえておこう！

いみ 指図《さしず》をする人《ひと》ばかりが多《おお》すぎて統一《とういつ》が取《と》れず、とんでもない方向《ほうこう》に物事《ものごと》が進《すす》んでしまう、ということのたとえ。

さんこう 「船頭《せんどう》」は、船《ふね》の指揮《しき》をとる船長《せんちょう》のこと。一《いっ》そうの船《ふね》に船頭《せんどう》がたくさんいると、それぞれが別《べつ》な方向《ほう》を指示《しじ》することもある。そうなれば船《ふね》はとんでもない方向《ほうこう》に向《む》かってしまう、ということ。

ようれい 担任《たんにん》の先生《せんせい》や校長先生《こうちょうせんせい》、それにお母《かあ》さんたちまでがいろいろ言《い》って、これでは船頭多《せんどうおお》くして、船山《ふねやま》に上《のぼ》るだ。バザーの計画《けいかく》がちっともまとまらない。

同じいみ 船頭多《せんどうおお》ければ岩《いわ》に乗《の》る

四《よ》字《じ》熟《じゅく》語《ご》 意気消沈《いきしょうちん》：すっかり元気《げんき》がなくなり、しょげかえってしまう。

情《なさ》けは人《ひと》のためならず

ことわざ

よく でる!

いみ 人《ひと》に情《なさ》けをかけたり親切《しんせつ》にしておけば、そのことがその人《ひと》のためばかりでなく、いつか自分《じぶん》にもよい結果《けっか》となってめぐってくるものだ。だから人《ひと》には親切《しんせつ》にしなさい、ということ。

さんこう 「情《なさ》け」は、人《ひと》に対《たい》する思《おも》いやりの意味《いみ》。「人《ひと》のためならず」をまちがえて反対《はんたい》の意味《いみ》にとらえ、「情《なさ》けをかけると、その人《ひと》のためにならないからやめよう」と思《おも》いこまないよう注意《ちゅうい》すること。

ようれい 父《ちち》は、わたしたちにいつも「情《なさ》けは人《ひと》のためならずだよ」と言《い》い、人《ひと》には親切《しんせつ》にするように教《おし》えた。

同じいみ 親切《しんせつ》はむだにはならない

四《よ》字《じ》熟《じゅく》語《ご》 意気投合《いきとうごう》：おたがいの気持《きも》ちがぴったりと合《あ》う。

人《ひと》の口《くち》に戸《と》は立《た》てられない

ことわざ

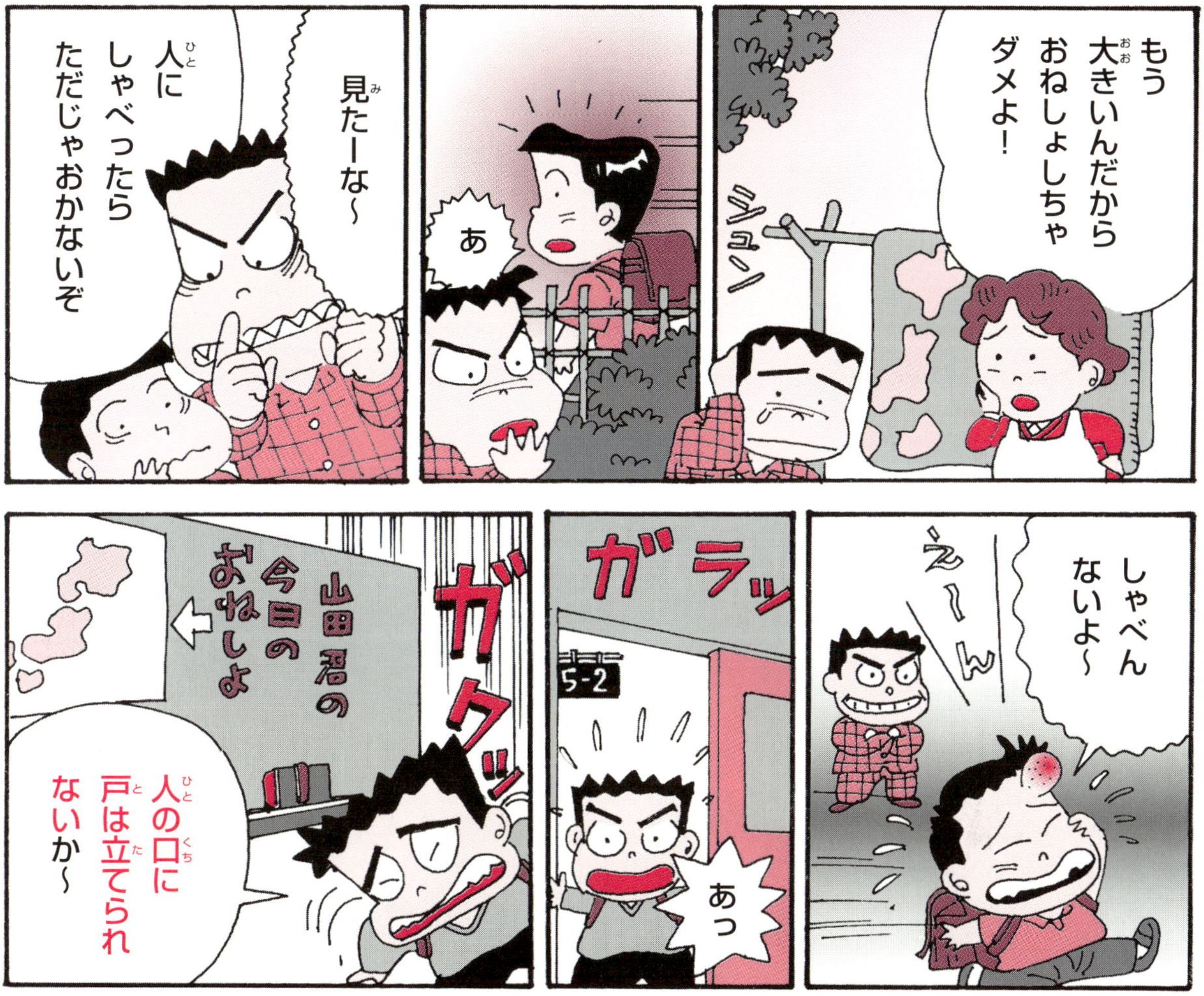

よくでる！

いみ うわさというものは、防《ふせ》ぎようもなければ、やめさせることもできず、どんどん広《ひろ》まってしまうものだということのたとえ。

さんこう 「人《ひと》の口《くち》」はうわさ、「戸《と》を立《た》てる」は、戸《と》を閉《し》めるという意味《いみ》になる。このことから、うわさは戸《と》を閉《し》めて防《ふせ》ぐようなわけにはいかない、ということ。

ようれい 人《ひと》の口《くち》に戸《と》は立《た》てられないから、うわさにならないよう、行動《こうどう》には十分注意《じゅうぶんちゅうい》したほうがいい。／結《けっ》局《きょく》、うわさは学校中《がっこうじゅう》に広《ひろ》まってしまった。人《ひと》の口《くち》に戸《と》は立《た》てられない、とはこのことだ。

四《よ》字《じ》熟《じゅく》語《ご》 **意気揚揚《いきようよう》**：得意《とくい》でいせいよく、ほこらしげなようす。

元の木阿弥
ことわざ

おぼえておこう！

いみ 一度よくなったものが、またもとの状態にもどることのたとえ。

さんこう 戦国時代の大名、筒井順昭が病死したとき、その死を秘密にするため、順昭の声にそっくりだった「木阿弥」という人が、順昭の身代わり役として大事にされた。しかし順昭の子が大きくなって順昭が死んだことをかくす必要がなくなると、木阿弥はふつうの生活にもどされてしまったという故事にもとづく。
また、木阿弥というお坊さんが、妻と別れて修行にはげんだが、修行を途中でやめて妻の元にもどったことから、という説もある。

ようれい せっかく苦労してお金を貯めたのに、どろぼうにぬすまれてしまって、元の木阿弥だ。

四字熟語 異口同音：多くの人が口をそろえて同じことを言う。

あうんの呼吸《こきゅう》

慣用句

いみ 何《なに》かをいっしょにするときに、おたがいの気持《きも》ちや調子《ちょうし》がぴったり合《あ》うこと。

さんこう 古代《こだい》インド語《ご》で「あ（阿）」は吐《は》く息《いき》、「うん（吽）」は吸《す》う息《いき》のことをさす。お寺《てら》や神社《じんじゃ》の左右《さゆう》にある仁王《におう》や狛犬《こまいぬ》などは、口《くち》を開《あ》けている方《ほう》がその「あ」を、口《くち》を閉《と》じている方《ほう》が「うん」を表《あらわ》している。

ようれい 二人三脚《ににんさんきゃく》を成功《せいこう》させるには、あうんの呼吸《こきゅう》が大切《たいせつ》だ。

赤子《あかご》の手《て》をひねる

慣用句

いみ 苦労《くろう》することなく、かんたんに物事《ものごと》ができること。

さんこう 「赤子《あかご》」とは赤《あか》ん坊《ぼう》のことで、か弱《よわ》いもののたとえ。

ようれい 新入生《しんにゅうせい》との試合《しあい》は、赤子《あかご》の手《て》をひねるようなものだった。

同じいみ 赤子《あかご》の手《て》をねじる

秋《あき》なすびは嫁《よめ》に食《く》わすな

ことわざ

いみ 秋《あき》の初《はじ》めにとれたなすは味《あじ》が特別《とくべつ》よいので、しゅうとめ（夫《おっと》の母《はは》）としては、にくい嫁《よめ》には食《た》べさせたくないということ。反対《はんたい》に、秋《あき》のなすはからだを冷《ひ》やすから食《た》べさせたくないと、嫁《よめ》の身《み》を心配《しんぱい》したことばだという説《せつ》もある。

さんこう もとは「秋《あき》なすび早酒《わささ》の粕《かす》につきまぜて棚《たな》におくとも嫁《よめ》に食《く》わすな」という和歌《わか》からでたことわざだといい、「嫁《よめ》」とは「ねずみ」を指《さ》していたが、のちに息子《むすこ》の妻《つま》であるお嫁《よめ》さんのことと考《かんが》えられるようになった。

明日《あす》は我《わ》が身《み》

慣用句

よくでる!

いみ 自分《じぶん》には関係《かんけい》ないようにみえるが、そうではない。他人《たにん》の不幸《ふこう》と思《おも》っていたことも、明日《あす》になると自分《じぶん》にふりかかってくるかもしれない、ということ。

さんこう 「明日《あす》」のつく慣用句《かんようく》やことわざには、「明日《あした》は明日《あした》の風《かぜ》がふく」、「明日《あす》のことは明日案《あすあん》じよ」、「明日《あした》はまだ手《て》つかず」、などがある。

ようれい 友《とも》だちが交通事故《こうつうじこ》にまきこまれたが、明日《あす》は我《わ》が身《み》かもしれない。注意《ちゅうい》しよう。

四字熟語《よじじゅくご》 以心伝心《いしんでんしん》：口《くち》で言《い》わなくても気持《きも》ちが通《つう》じ合《あ》うこと。

医者の不養生 （ことわざ）

いみ 人にはりっぱなことを言いながら、自分は実行がともなわない。

さんこう 「養生」は、健康に注意すること。医者は、健康に注意するよう人にはすすめておきながら、自分ではそのとおりのことを実行していない、ということから。

同じいみ 紺屋の白ばかま（→218ページ）／坊主の不信心（→35ページ）

おぼえておこう！

内弁慶の外地蔵 （ことわざ）

いみ 家の中ではいばってわがままだが、いったん外に出ると人がよくて、すなおで聞き分けがよくなるということ。あるいは、外ではいくじがなくなるということ。また、そういう人のこと。

さんこう 「弁慶」は、源義経の家来の武蔵坊弁慶のことで、強い者、乱暴者のたとえ。反対に「地蔵」は、心が広くやさしくて、おとなしい人のたとえ。

同じいみ 内弁慶外仏／内弁慶外菜虫

一姫二太郎 （ことわざ）

いみ 最初に生まれる子は女の子で、ふたりめは男の子のほうが育てやすくてよい。

さんこう 「一」は、ひとりという意味ではなく一番目、「二」は二番目のこと。「姫」は女の子、「太郎」は男の子という意味。もとは、初めにあととりの男の子が生まれなかったときの、なぐさめのことばとして使われた。

生みの親より育ての親 （ことわざ）

いみ 生んでくれた本当の親よりも、育ててくれた親のほうが愛情もわき、恩も深く感じられてありがたいということ。

さんこう 生んでくれた親と、育ててくれた親が別な場合、育ててくれた親のほうが手間や苦労も多いことから。「産みの親〜」とも書く。

同じいみ 生みの恩より育ての恩

四字熟語 一意専心：ひたすら一つのことにのみ心を集中する。

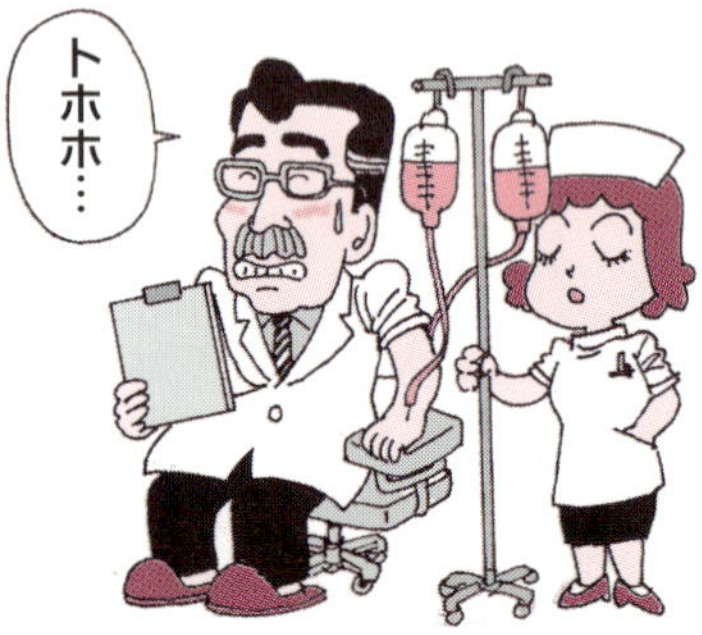

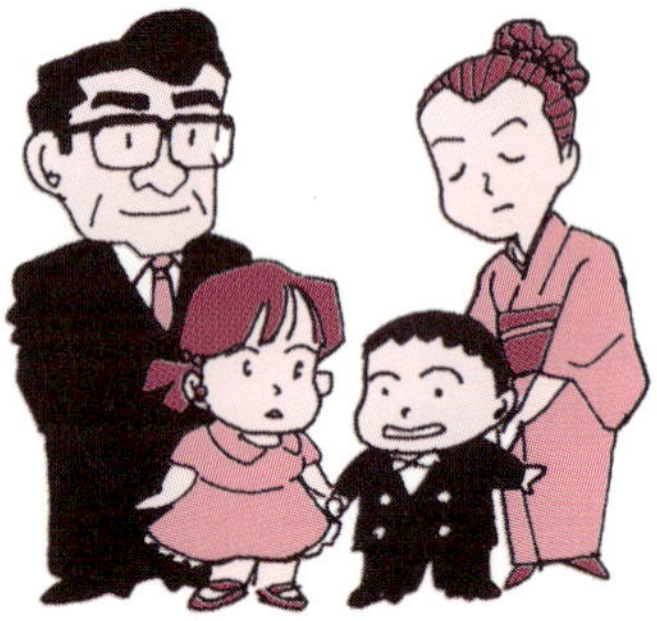

縁《えん》の下《した》の力持《ちからも》ち

ことわざ

いみ 人《ひと》にみとめられないまま、他人《たにん》のためにかげで骨《ほね》を折《お》って働《はたら》く人《ひと》のこと。

さんこう 「縁《えん》の下《した》」とは床下《ゆかした》のことで、人《ひと》目《め》にはつかないが、家《いえ》をささえる重要《じゅうよう》な基《き》礎《そ》があることから。

ようれい 舞台《ぶたい》の成功《せいこう》には、**縁《えん》の下《した》の力持《ちからも》ち**の努力《どりょく》があったことをわたしはわすれません。

同じいみ 縁《えん》の下《した》の舞《まい》

おぼえておこう！

老《お》いては子《こ》にしたがえ

ことわざ

いみ 年《とし》をとってからは、何《なに》ごとも子《こ》どもにまかせておき、これにしたがっていくほうがよいということ。

さんこう 「老《お》いて」は年《とし》をとること。「子《こ》」にはわかい人《ひと》たち、わかい世代《せだい》という意味《いみ》もある。

ようれい 「**老《お》いては子《こ》にしたがえ**ですよ。家《いえ》のことはわたしにまかせてください」と父《ちち》は祖父《そふ》に言《い》った。

縁《えん》の下《した》は垣下《えんが》？

「縁《えん》の下《した》の力持《ちからも》ち」は、「縁《えん》の下《した》の舞《まい》」と同《おな》じたとえで、「垣下《えんが》の舞《まい》」ということばからきていることわざだともいわれています。「垣下《えんが》」は、朝廷《ちょうてい》などで行《おこな》われたもてなしの場《ば》での末席《まっせき》のことで、音楽《おんがく》をかなでる楽人《がくじん》や舞人《まいびと》などがすわる場所《ばしょ》です。この目立《めだ》たぬところで、その場《ば》を盛《も》り上《あ》げるのが「垣《えん》下《が》の舞《まい》」です。他人《たにん》のためにかげで働《はたら》くばかりで、世《よ》の中《なか》に知《し》られない、ということでは、「縁《えん》の下《した》」の柱《はしら》と同《おな》じといえるかもしれません。

ことわざ・慣用句《かんようく》クイズ①

答《こた》えは274ページを見《み》てね

1 次《つぎ》の①～④の□に、ア～エの中《なか》から適当《てきとう》な漢字《かんじ》を選《えら》んでことわざ・慣用句《かんようく》を完成《かんせい》させましょう。

① 弘法《こうぼう》にも□のあやまり
② 人《ひと》の口《くち》に□は立《た》てられぬ
③ 情《なさ》けは□のためならず
④ 明日《あす》は我《わ》が□

ア 戸《と》　イ 身《み》　ウ 筆《ふで》　エ 人《ひと》

2 次《つぎ》のことわざの中《なか》に二《ふた》つ言《い》いまちがいがあります。どれかな。

ア おぼれる者《もの》はわらをもつかむ
イ 船頭多《せんどうおお》くして、船山《ふねやま》を下《くだ》る
ウ 一姫三太郎《いちひめさんたろう》
エ 縁《えん》の下《した》の力持《ちからも》ち

クイズ①は16～25ページを見《み》ながらとこう。

四字熟語《よじじゅくご》 一衣帯水《いちいたいすい》：帯《おび》のようにせまい川《かわ》や海《うみ》をへだててとなり合《あ》って近《ちか》いこと。

男《おとこ》は度胸《どきょう》、女《おんな》は愛《あい》きょう

ことわざ

いみ 男《おとこ》には度胸《どきょう》が大切《たいせつ》なように、女《おんな》には愛《あい》きょうというものが大事《だいじ》であるということ。

さんこう 「度胸《どきょう》」は、物事《ものごと》をおそれない強《つよ》い心《こころ》。「愛《あい》きょう」とは、かわいらしさとか情《なさ》けがあることで、昔《むかし》の日本《にほん》ではこういう男性《だんせい》や女性《じょせい》が人気《にんき》があった。

ようれい 男《おとこ》は度胸《どきょう》、女《おんな》は愛《あい》きょうというが、ぼくよりも妹《いもうと》のほうが、いざというとき度胸《どきょう》がある。

親方《おやかた》日《ひ》の丸《まる》

慣用句

いみ ①国《くに》や強力《きょうりょく》な組織《そしき》が後《うし》ろにひかえている団体《だんたい》や組織《そしき》のこと。②あとの始末《しまつ》は国《くに》がしてくれるから、どうなっても安心《あんしん》だ、ということ。

さんこう 「親方《おやかた》」は、自分《じぶん》の所属《しょぞく》するものの長《ちょう》のこと。自分《じぶん》たちが属《ぞく》するのは「日《ひ》の丸《まる》」、つまり国家《こっか》という意味《いみ》。安易《あんい》な経営《けいえい》や無責任《むせきにん》な意識《いしき》を皮肉《ひにく》っていうことば。

ようれい この団体《だんたい》は親方日《おやかたひ》の丸《まる》だけあって、重役《じゅうやく》ものんきなものだ。

親《おや》に似《に》ぬ子《こ》は鬼子《おにご》

ことわざ

いみ 人《ひと》の子《こ》なら、必《かなら》ずその親《おや》に姿《すがた》や性格《せいかく》が似《に》るものだ、ということのたとえ。

さんこう 「鬼子《おにご》」とは鬼《おに》の子《こ》ども、つまり人間《にんげん》でないことを指《さ》している。このことばは、悪《わる》さをする子《こ》どもに対《たい》して、親《おや》が「悪《わる》さをするような子《こ》はウチの子《こ》ではない」という意味合《いみあ》いで使《つか》われる。また、鬼子《おにご》だけでも親《おや》に似《に》ない子《こ》という意味《いみ》がある。

親《おや》の心《こころ》子《こ》知《し》らず

ことわざ

いみ 親《おや》は子《こ》どものことをいろいろと心配《しんぱい》するものだが、その子《こ》は親《おや》の気持《きも》ちを知《し》らないで、勝手気《かってき》ままなふるまいをするものだということ。

さんこう 「親《おや》の心《こころ》」は、先生《せんせい》など、親《おや》のような立場《たちば》にある人《ひと》の場合《ばあい》にも使《つか》われる。

ようれい 親《おや》の心《こころ》子《こ》知《し》らずで、息子《むすこ》のためにあちこちさがし回《まわ》ったプレゼントを買《か》って帰《かえ》った時《とき》には、本人《ほんにん》はすでに寝《ね》ていた。

四《よ》字《じ》熟《じゅく》語 一言居士《いちげんこじ》：何《なに》ごとにも自分《じぶん》の意見《いけん》を言《い》わずにはいられない人《ひと》のこと。

親《おや》のすねをかじる

慣用句

いみ 子《こ》どもが経済的《けいざいてき》に自立《じりつ》できないまま、親《おや》にめんどうをみてもらうこと。

さんこう 「すね」は、足《あし》のひざからくるぶしまでの部分《ぶぶん》。その親《おや》の大事《だいじ》なところに食《く》らいついて、細《ほそ》くしているということから。

ようれい 親《おや》のすねをかじっている兄《あに》は、親《おや》に買《か》ってもらった高級時計《こうきゅうどけい》を見《み》せびらかしている。

親《おや》の光《ひかり》は七光《ななひかり》

ことわざ

いみ 親《おや》がりっぱだったり力《ちから》があったりすると、そのおかげで子《こ》に実力《じつりょく》がなくてもいろんな面《めん》で大切《たいせつ》にされるので、得《とく》をするということのたとえ。

さんこう 「光《ひかり》」は、人《ひと》をしたがわせる勢《いきお》いや力《ちから》の意味《いみ》。「七光《ななひかり》」は、その光《ひかり》があちこちに長《なが》くおよぶということ。

ようれい あの人《ひと》の出世《しゅっせ》は親《おや》の光《ひかり》は七光《ななひかり》というやつで、本人《ほんにん》は大《たい》した実力《じつりょく》を持《も》っていない。

同じいみ 親《おや》の七光《ななひかり》／親《おや》の光《ひかり》は七所《ななところ》照《て》らす

親《おや》はなくても子《こ》は育《そだ》つ

ことわざ

いみ 世《よ》の中《なか》のことはそう心配《しんぱい》しなくてもなんとかなるものだ、ということのたとえ。

さんこう 親《おや》と早《はや》く別《わか》れても、残《のこ》った子《こ》は、自分自身《じぶんじしん》の力《ちから》やまわりの助《たす》けによってどうにか育《そだ》っていく、ということから。

ようれい 親《おや》はなくても子《こ》は育《そだ》つで、旅先《たびさき》で迷子《まいご》になった弟《おとうと》は、自分《じぶん》で電車《でんしゃ》とバスを乗《の》りついで自宅《じたく》へ帰《かえ》ってきた。

同じいみ やぶの外《そと》でも若竹育《わかたけそだ》つ

金持《かねも》ちけんかせず

ことわざ

いみ よゆうのある人《ひと》は、なんの得《とく》にもならないけんかなどはしないものだということ。

さんこう 「金持《かねも》ち」とは財産家《ざいさんか》のこと。そんな人《ひと》は利益《りえき》にびんかんなので、けんかは損《そん》をするばかりで利益《りえき》にはならないと知《し》っていて、人《ひと》と争《あらそ》ったりはしない、ということから。

ようれい たけしくんにけんかを売《う》られたが、金持《かねも》ちけんかせずで、相手《あいて》にしなかった。

同じいみ 金持《かねも》ち舟《ふね》に乗《の》らず

四《よ》字《じ》熟《じゅく》語《ご》 一期一会《いちごいちえ》：一生《いっしょう》に一度《いちど》だけの大切《たいせつ》な出会《であ》い。

ことわざ

兄弟《きょうだい》は他人《たにん》の始《はじ》まり

いみ 親子《おやこ》の関係《かんけい》とちがって、血《ち》のつながりがあるといっても、兄弟《きょうだい》ともなれば情愛《じょうあい》もうすくなる。それぞれが別《べつ》の人生《じんせい》を送《おく》れば、心《こころ》のつながりもうすれてしまい、やがては他人《たにん》のようになってしまうということ。

ようれい 兄弟《きょうだい》は他人《たにん》の始《はじ》まりというが、兄《にい》さんの口《くち》から、あんなに冷《つめ》たいことばが出《で》てくるとは思《おも》わなかった。

反対のいみ 血《ち》は水《みず》よりも濃《こ》い

ことわざ

勤勉《きんべん》は成功《せいこう》の母《はは》

いみ 人生《じんせい》に成功《せいこう》するためには、勤勉《きんべん》さがいちばんである、ということのたとえ。

さんこう 「勤勉《きんべん》」は、仕事《しごと》や勉強《べんきょう》などに一生《いっしょう》けんめいはげむこと。「成功《せいこう》の母《はは》」は、成功《せいこう》につながるもと、という意味《いみ》。西洋《せいよう》のことわざから。

ようれい 今《いま》は大変《たいへん》でも、勤勉《きんべん》は成功《せいこう》の母《はは》だ。そのうち成果《せいか》が得《え》られるだろうと、先生《せんせい》がはげましてくれた。

ことわざ

君子《くんし》危《あや》うきに近寄《ちかよ》らず

おぼえておこう!

いみ 人格《じんかく》のすぐれた人《ひと》は、軽《かる》はずみにあぶないことに近《ちか》づくようなことはしない、ということ。

さんこう 「君子《くんし》」は、人《ひと》がらや行《おこな》いが非《ひ》常《じょう》にりっぱな人格者《じんかくしゃ》のこと。

ようれい こっちの道《みち》は、落石《らくせき》が多《おお》い。君子《くんし》危《あや》うきに近寄《ちかよ》らずで、遠回《とおまわ》りでも安《あん》全《ぜん》な道《みち》を選《えら》ぼう。

慣用句

紅顔《こうがん》の美少年《びしょうねん》

いみ 年《とし》がわかく、はつらつとして顔《かお》かたちの美《うつく》しい少年《しょうねん》のこと。

さんこう 「紅顔《こうがん》」は、紅《あか》(赤《あか》)い顔《かお》と書《か》くが、わかわかしく、血色《けっしょく》のいい顔《かお》のこと。

ようれい うちのおじいさんは、昔《むかし》は紅顔《こうがん》の美少年《びしょうねん》だったっていうけど、本当《ほんとう》かな。

四《よ》字《じ》熟《じゅく》語《ご》 一言半句《いちごんはんく》:ほんのわずかな、ちょっとしたことば。

孝行《こうこう》のしたい時分《じぶん》に親《おや》はなし

ことわざ

いみ 親《おや》を大切《たいせつ》にすればよかったなどと、あとからくやむことが多《おお》いから、孝行《こうこう》は少《すこ》しでも早《はや》く、できるうちにやっておくほうがよいということ。

さんこう 「孝行《こうこう》」は、子《こ》が親《おや》のためにつくすこと。親《おや》の元気《げんき》なうちは気《き》にもかけないで、さて孝行《こうこう》しようと思《おも》いだしたころには、親《おや》は死《し》んでしまっていない、ということから。

同じいみ 石《いし》に布団《ふとん》は着《き》せられない／風樹《ふうじゅ》の嘆《たん》

弘法筆《こうぼうふで》を選《えら》ばず

ことわざ

いみ 本当《ほんとう》の名人《めいじん》は、道具《どうぐ》のよしあしにかかわらず、すばらしい仕事《しごと》をする。

さんこう 書《しょ》の名人《めいじん》といわれた弘法大師《こうぼうだいし》は、道具《どうぐ》のよい悪《わる》いなどは問題《もんだい》にしないで、りっぱに書《か》き上《あ》げたということから。

ようれい テニスの得意《とくい》なはじめくんは、弘法筆《こうぼうふで》を選《えら》ばずといった感《かん》じで、人《ひと》のラケットを使《つか》って試合《しあい》に勝《か》った。

同じいみ 能書筆《のうしょふで》を選《えら》ばず

反対のいみ へたの道具《どうぐ》調《しら》べ

子《こ》どものけんかに親《おや》が出《で》る

ことわざ

いみ ささいなことに外《そと》から口出《くちだ》しして、さわぎを大《おお》きくすることのたとえ。

さんこう 子《こ》どもどうしのけんかに、その親《おや》がおとなげなく口出《くちだ》しする、という意味《いみ》から。

ようれい 子《こ》どものけんかに親《おや》が出《で》て、思《おも》いがけず大《おお》きなさわぎになってしまった。

子《こ》はかすがい

ことわざ

いみ たとえ仲《なか》の悪《わる》い夫婦《ふうふ》でも、子《こ》どもがいると夫婦《ふうふ》をつなぎ止《と》める役割《やくわり》をはたして、うまくやっていける、ということのたとえ。

さんこう 「かすがい」は、二本《にほん》の材木《ざいもく》をつなぎ止《と》めるために打《う》ちこむ、「コ」の字型《じがた》をした釘《くぎ》のこと。

ようれい やっぱり子《こ》はかすがいだ。両親《りょうしん》のけんかも、子《こ》どもの名前《なまえ》が出《で》たとたん、いっきにしぼんでしまった。

同じいみ 縁《えん》の切《き》れ目《め》は子《こ》でつなぐ

四《よ》字《じ》熟《じゅく》語《ご》 一日千秋《いちじつせんしゅう》：一日《いちにち》が千年《せんねん》にも感《かん》じられるほど、待《ま》ち遠《どお》しい。

子を持って知る親の恩 （ことわざ）

いみ
親のありがたさは、自分が親になって初めてわかるものだということ。

さんこう
「子を持って」は、子どもができ、自分が今までの子だった立場から親の立場になる、ということ。

よいれい
子を持って知る親の恩ということばがありますが、わたしも母親になってみて、お母さんが毎日わたしのために、お弁当を作ってくれたときの苦労がわかりました。

三人行えば必ず我が師あり （ことわざ）

いみ
いっしょに物事を行う場合、少数の人のなかにも、自分の学ぶべき手本となるような人は必ずいるものだ、ということのたとえ。

さんこう
「よいことを行う人はそれを見習って、悪いことを行う人は自分の反省の材料になるから、自分が学ぶべき人は必ずいる」という、中国の『論語』という書物に出てくることば。

よいれい
討論会ではいろんな人が、自分には想像もつかない意見をのべるのでとても参考になる。三人行えば必ず我が師ありだ。

おぼえておこう！

三尺下がって師の影をふまず （ことわざ）

いみ
弟子というものは師をうやまい、礼儀を失わないようにしなければならないということ。

さんこう
「尺」は、昔の長さの単位で、「三尺」は約九十センチ。先生の後ろ影をふむほどくっついて歩いては失礼になるので、九十センチくらいははなれてついてゆきなさい、ということから。

同じいみ
七尺去って師の影をふまず／三尺去って師の影をふまず

三人寄れば文殊の知恵 （ことわざ）

いみ
ふつうの人でも、三人で協力して考えれば、よい知恵が出るということ。

さんこう
「文殊」は、仏教で知恵を受け持つ仏さま、文殊菩薩のこと。

よいれい
三人寄れば文殊の知恵だから、みんなで、いろんな意見を出し合って、この問題を解いてみよう。

同じいみ
三人寄れば師匠の出来

四字熟語　一念発起：あることをやりとげようと新たに決意する。

親《した》しき中《なか》にも礼儀《れいぎ》あり

ことわざ

いみ 親《した》しい間《あいだ》がらでも、節度《せつど》を持《も》った礼《れい》儀《ぎ》だけは、わすれてはいけないということ。

さんこう 「中《なか》」は「仲《なか》」とも書く。

ようれい 友《とも》だちの教科書《きょうかしょ》を借《か》りて「助《たす》かったよ。ありがとう」と、ていねいにお礼《れい》を言《い》った。**親《した》しき中《なか》にも礼儀《れいぎ》あり**だ。

同じいみ 親《した》しき中《なか》に垣《かき》をせよ／よい仲《なか》も笠《かさ》をぬげ

おぼえておこう!

本貸《ほんか》してくれてどうもありがとう
わざわざありがとう

死人《しにん》に口《くち》なし

ことわざ

いみ 死《し》んでしまった人《ひと》からはもう何《なに》も聞《き》き出《だ》せないし、死人《しにん》は証人《しょうにん》にもなれないということ。

さんこう 「口《くち》なし」は、しゃべることができないという意味《いみ》。死《し》んでしまった人《ひと》に無実《むじつ》の罪《つみ》をきせるという場合《ばあい》によく使《つか》う。

ようれい **死人《しにん》に口《くち》なし**で、事件《じけん》の真相《しんそう》は、容疑者《ようぎしゃ》の死《し》とともに、やみにほうむられてしまった。

危険《きけん》なものもつかむ?

16ページで紹介《しょうかい》した「おぼれる者《もの》はわらをもつかむ」は、西洋《せいよう》からきたことわざです。ヨーロッパから東南《とうなん》アジアにかけて、広《ひろ》いはん囲《い》で似《に》たことわざがあり、「わら」を「小枝《こえだ》」、「草《くさ》の葉《は》」、「あわ」という場合《ばあい》もあります。

また、スペインでは「真《ま》っ赤《か》に焼《や》けた針《はり》」、リトアニアでは「かみそり」、トルコでは「へび」となり、どんなたよりないものでもつかむ、というところが、どんなに危険《きけん》なものでもつかむ、と変《か》わっています。

ことわざ・慣用句《かんようく》クイズ②

答《こた》えは274ページを見《み》てね

1 次《つぎ》の①～④の□にア～エの中《なか》の適当《てきとう》な漢字《かんじ》を入《い》れてことわざを完成《かんせい》させましょう。

① 親《おや》の心《こころ》□知《し》らず
② 三人行《さんにんおこな》えば必《かなら》ず我《わ》が□あり
③ 死人《しにん》に□なし
④ 子《こ》どものけんかに□が出《で》る

ア 親《おや》　イ 口《くち》　ウ 子《こ》　エ 師《し》

2 次《つぎ》のことわざ・慣用句《かんようく》の中《なか》に二《ふた》つ言《い》いまちがいがあります。どれでしょう。

ア 親《した》しき中《なか》にも礼儀《れいぎ》あり
イ 金持《かねも》ちけんかせず
ウ 三人《さんにん》来《く》れば文殊《もんじゅ》の知恵《ちえ》
エ 君子危《くんしあや》うきに近寄《ちかよ》る
オ 親《おや》のすねをかじる

クイズ②は26～31ページを見《み》ながらとこう。

四字熟語《よじじゅくご》 **一部始終《いちぶしじゅう》**：物事《ものごと》の始《はじ》めから終《お》わりまですべて。

ことわざ

正直者《しょうじきもの》がばかを見《み》る

いみ 正直《しょうじき》な者《もの》は、規則《きそく》をよく守《まも》るために、かえって不自由《ふじゆう》な思《おも》いや損《そん》ばかりして、くやしい思《おも》いをすることが多《おお》いということ。

さんこう 正直《しょうじき》な者《もの》が損《そん》をする半面《はんめん》、悪《わる》がしこい者《もの》はずるく立《た》ち回《まわ》って利益《りえき》を得《え》るという、社会《しゃかい》の矛盾《むじゅん》などについていうことば。

ようれい 大好《だいす》きなテレビを見《み》ないで宿題《しゅくだい》を期日《きじつ》までにきちんとやったが、クラスでわすれた人《ひと》が多《おお》かったので、期日《きじつ》がのびてしまった。正直者《しょうじきもの》がばかを見《み》るって本当《ほんとう》だ。

反対のいみ 正直《しょうじき》の頭《こうべ》に神宿《かみやど》る（→159ページ）／正直《しょうじき》は一生《いっしょう》の宝《たから》（→205ページ）

ことわざ

少年《しょうねん》よ大志《たいし》をいだけ

いみ 若者《わかもの》は未来《みらい》があるのだから、大《おお》きな目標《もくひょう》を持《も》てば持《も》つほどよい。そして目標《もくひょう》に向《む》かってつき進《すす》むことだ、ということ。

さんこう 明治初年《めいじしょねん》、札幌農学校《さっぽろのうがっこう》の教頭《きょうとう》だったアメリカ人《じん》のクラーク博士《はかせ》が、学校《がっこう》を去《さ》るときに学生《がくせい》たちに残《のこ》したことば。

ようれい 先生《せんせい》に少年《しょうねん》よ大志《たいし》をいだけと言《い》われて、うちの息子《むすこ》はゆくゆくは博士《はかせ》か大臣《だいじん》になる夢《ゆめ》をいだいている。

※クラーク博士《はかせ》のことばですが教訓《きょうくん》をふくんだことわざとして使《つか》われています。

慣用句

知《し》らぬ顔《かお》の半兵衛《はんべえ》

いみ 知《し》っていながら、ぜんぜん知《し》らないふりをすること。

さんこう 戦国時代《せんごくじだい》、竹中半兵衛《たけなかはんべえ》という武将《ぶしょう》は、織田信長《おだのぶなが》からめしかかえたいと再三申《さいさんもう》しこまれたが、いつもとぼけて取《と》り合《あ》わなかったという話《はなし》から。「半兵衛《はんべえ》を決《き》めこむ」ともいう。

ようれい デパートで、友《とも》だちといっしょにいる兄《あに》に出会《であ》ったが、知《し》らぬ顔《かお》の半兵衛《はんべえ》で、そのまま行《い》ってしまった。

慣用句

知《し》る人《ひと》ぞ知《し》る

いみ そのことを知《し》っている人《ひと》だけがわかる、というたとえ。

ようれい あそこのお店《みせ》は知《し》る人《ひと》ぞ知《し》る名店《めいてん》で、通《つう》しか来《こ》ないラーメン屋《や》なんだ。／あの人《ひと》こそは知《し》る人《ひと》ぞ知《し》る美容師《びようし》さんだ。

あれはだれ？
知《し》らないのカリスマ美容師《びようし》よ

死《し》んだ子《こ》の年《とし》を数《かぞ》える

ことわざ

いみ 言《い》っても今《いま》さらどうしようもない、過《す》ぎたことのぐちを言《い》うことのたとえ。

さんこう 死《し》んだ子《こ》が、今《いま》生《い》きていればいくつになっているだろうかと、今《いま》さら数《かぞ》えても意味《いみ》のない年齢《ねんれい》を数《かぞ》えるということから。

ようれい あのとき会社《かいしゃ》がつぶれていなければ、今《いま》ごろは大金持《おおがねも》ちだったなどというのは、死《し》んだ子《こ》の年《とし》を数《かぞ》えるようなものだ。

立《た》っている者《もの》は親《おや》でも使《つか》え

慣用句

いみ 急《きゅう》な用事《ようじ》のときは、だれであろうとそばにいる者《もの》を使《つか》うのが早《はや》くてよい、ということのたとえ。

さんこう ふつう、子《こ》が親《おや》にものを命《めい》じることはないが、急《いそ》いでいるときはその親《おや》でさえ、遠《えん》りょをしないで使《つか》ったほうがよい、という意味《いみ》。すわっている者《もの》が、手近《てぢか》な人《ひと》に用事《ようじ》をたのむときの言《い》いわけに用《もち》いる。

ようれい 年《とし》むかえの準備《じゅんび》は、立《た》っている者《もの》は親《おや》でも使《つか》えというほどのあわただしさだった。

盗人《ぬすびと》を見《み》て縄《なわ》をなう

ことわざ

いみ 何《なに》かが起《お》きてから、あわてて対策《たいさく》を考《かんが》えるということ。

さんこう どろぼうを見《み》つけてから、つかまえるための縄《なわ》を用意《ようい》するというように、対応《たいおう》がおくれて間《ま》に合《あ》わないということから。「泥縄《どろなわ》」ともいう。

ようれい テストの当日《とうじつ》になってから、あわてて参考書《さんこうしょ》をペラペラとめくるのは、盗人《ぬすびと》を見《み》て縄《なわ》をなうようなものだ。

寝《ね》た子《こ》を起《お》こす

慣用句

いみ 物事《ものごと》がおさまっているのに、よけいなことをして、またさわぎを起《お》こしてしまうこと。

さんこう ようやく寝《ね》ついた子《こ》どもを、わざわざ起《お》こして泣《な》かせてしまう、ということから。

ようれい 子《こ》どもが、せっかくあきらめたオモチャを友《とも》だちの家《いえ》で見《み》てしまって、寝《ね》た子《こ》を起《お》こすことになった。

四字熟語 一網打尽《いちもうだじん》：悪人《あくにん》や悪党《あくとう》などを一度《いちど》に一人《ひとり》残《のこ》らずとらえる。

必要《ひつよう》は発明《はつめい》の母《はは》

ことわざ

いみ 必要《ひつよう》とすることがあってこそ工夫《くふう》があり、発明《はつめい》というものも生《う》まれてくる、ということのたとえ。

さんこう 「母《はは》」とは、物事《ものごと》を生《う》み出《だ》すみなもと、という意味《いみ》。もとは西洋《せいよう》のことわざ。

ようれい **必要《ひつよう》は発明《はつめい》の母《はは》**で、人《ひと》の欲《ほ》しがる薬《くすり》は、どんどんつくられる。

同じいみ 窮《きゅう》すれば通《つう》ず（→217ページ）

人《ひと》のうわさも七十五日《しちじゅうごにち》

ことわざ

よくでる！

いみ 世間《せけん》のうわさは、長《なが》くは続《つづ》かない。しばらくたつうちに、しぜんにわすれられてしまうものだということ。

さんこう 「七十五日《しちじゅうごにち》」は、そう長《なが》くはないことのたとえ。

ようれい ぼくはやっていないのに、カンニングしたとうわさされた。**人《ひと》のうわさも七十五日《しちじゅうごにち》**というから、気《き》にしないことにした。

人《ひと》のふり見《み》て我《わ》がふり直《なお》せ

ことわざ

いみ 他人《たにん》の行《おこな》いのよしあしを見《み》て、自分《じぶん》の行《おこな》いを正《ただ》すのに役立《やくだ》てなさい。

さんこう 「ふり」は、なりふりのふりで、ふるまいや態度《たいど》のこと。

ようれい 父親《ちちおや》がだらしない態度《たいど》をしていたが、**人《ひと》のふり見《み》て我《わ》がふり直《なお》せ**で、ぼくも態度《たいど》には気《き》をつけよう。

同じいみ 他山《たざん》の石《いし》（故事成語《こじせいご》→254ページ）

人《ひと》のふんどしで相撲《すもう》をとる

慣用句

いみ 他人《たにん》のものを利用《りよう》して、自分《じぶん》の利《り》益《えき》になるようにすること。

さんこう 自分《じぶん》のふんどし（まわし）を使《つか》わないで、他人《たにん》のものを借《か》りて相撲《すもう》をとる、という意味《いみ》から。

ようれい 参考書《さんこうしょ》を借《か》りた友《とも》だちよりいい成績《せいせき》を取《と》ってしまうなんて、**人《ひと》のふんどしで相撲《すもう》をとる**とはこのことだ。

四字熟語《よじじゅくご》 **一獲千金《いっかくせんきん》**：あまり苦労《くろう》しないで、一度《いちど》に大金《たいきん》を手《て》に入《い》れる。

ことわざ

人《ひと》は見《み》かけによらぬもの

いみ 人《ひと》は、うわべだけでは本当《ほんとう》の性格《せいかく》や、才能《さいのう》のよしあしは判断《はんだん》できないものだということ。

さんこう 「見《み》かけ」は、外《そと》から見《み》たようす。「見《み》かけによらぬ」は、見《み》かけで想像《そうぞう》していたのとはちがって、という意味《いみ》。

ようれい こわい顔《かお》の先生《せんせい》が生《い》け花《ばな》がしゅ味《み》だなんて、人《ひと》は見《み》かけによらぬものだ。

ことわざ

人《ひと》を見《み》たらどろぼうと思《おも》え

いみ 他人《たにん》を軽々《かるがる》しく信用《しんよう》しないで、まずうたがって用心《ようじん》しなさい、という教《おし》え。

ようれい 旅行先《りょこうさき》では、バッグは肌身《はだみ》はなさずに。人《ひと》を見《み》たらどろぼうと思《おも》うことがかんじんです。

反対のいみ 七度《ななたび》たずねて人《ひと》を疑《うたが》え

ことわざ

坊主《ぼうず》の不信心《ふしんじん》

いみ 人《ひと》にはりっぱなことを言《い》いながら、自分《じぶん》は実行《じっこう》がともなわないこと。

さんこう 信仰《しんこう》や道理《どうり》を説《と》いているお坊《ぼう》さん自身《じしん》が、その教《おし》えを信《しん》じていない、ということから。

ようれい 坊主《ぼうず》の不信心《ふしんじん》で、約束《やくそく》した時間《じかん》は必《かなら》ず守《まも》れといつも言《い》っていた父《ちち》が、外《そと》での待《ま》ち合《あ》わせに三十分《さんじっぷん》もちこくしてきた。

同じいみ 医者《いしゃ》の不養生《ふようじょう》（→24ページ）／紺屋《こうや》の白《しろ》ばかま（→218ページ）

慣用句

右《みぎ》に出《で》る者《もの》がない

いみ その人《ひと》にくらべるような人《ひと》がいないほど、いちばんすぐれている、ということのたとえ。

さんこう 昔《むかし》、中国《ちゅうごく》で、右側《みぎがわ》の席《せき》は位《くらい》の上《うえ》の人《ひと》がすわる席《せき》とされていたことから。「右《みぎ》に出《で》る者《もの》はいない」ともいう。

ようれい 足《あし》の速《はや》さなら、この学校《がっこう》では上田《うえだ》くんの右《みぎ》に出《で》る者《もの》がない。

四字熟語《よじじゅくご》 一喜一憂《いっきいちゆう》：状《じょう》きょうが変《か》わるたびに、喜《よろこ》んだり心配《しんぱい》したりする。

三《み》つ子《ご》のたましい百《ひゃく》まで

ことわざ

おぼえておこう！

いみ 幼《おさな》いころの性格《せいかく》は、年《とし》をとっても変《か》わらないということ。

さんこう 「三《み》つ子《ご》」は、三歳《さんさい》の子《こ》どものことで幼《おさな》いころを、「百《ひゃく》」は百歳《ひゃくさい》で、年《とし》をとったころを意味《いみ》している。

ようれい 小《ちい》さいころ好《す》きだったお祭《まつ》りのおはやしが聞《き》こえてくると、今《いま》でもうずうずしてくる。「三《み》つ子《ご》のたましい百《ひゃく》までだね」と言《い》われた。

同じいみ すずめ百《ひゃく》までおどり忘《わす》れず（→130ページ）

元《もと》も子《こ》もない

慣用句

いみ せっかくの努力《どりょく》が、すべてむだになってしまうこと。

さんこう 「元《もと》」は、元《もと》になるお金《かね》、元金《がんきん》のこと。「子《こ》」はそれによって得《え》られるもうけや利子《りし》のことで、そのすべてをなくしてしまう、ということから。

ようれい せっかく仕上《しあ》げた絵《え》の上《うえ》に、うっかり手《て》をついてしまい、絵《え》をだいなしにしてしまって元《もと》も子《こ》もない。

門前《もんぜん》の小僧《こぞう》習《なら》わぬ経《きょう》を読《よ》む

ことわざ

いみ とくに習《なら》わなくても、いつも見《み》たり聞《き》いたりしていると、しぜんに身《み》につくことのたとえ。

さんこう 寺《てら》のそばに住《す》んでいる子《こ》どもは、いつもお坊《ぼう》さんのお経《きょう》が耳《みみ》にはいってくるので、わざわざ習《なら》わなくてもお経《きょう》が読《よ》めるようになる、ということから。

ようれい 親《おや》がマジシャンの小林《こばやし》くんは、手品《てじな》がとても上手《じょうず》だ。門前《もんぜん》の小僧《こぞう》習《なら》わぬ経《きょう》を読《よ》むとはこのことだ。

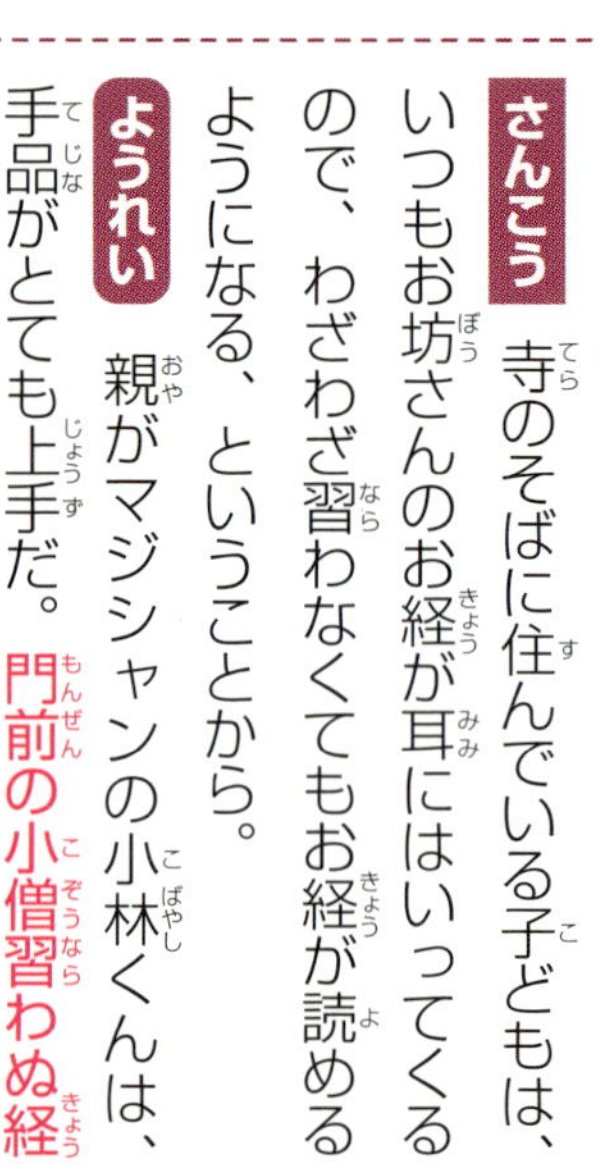

類《るい》は友《とも》を呼《よ》ぶ

ことわざ

いみ 考《かんが》えやしゅ味《み》などが同《おな》じ人《ひと》たちは、しぜんと集《あつ》まって仲間《なかま》になるものだ、ということのたとえ。

さんこう 「類《るい》」は、共通《きょうつう》したところがあるもの。

ようれい ぬいぐるみ好《ず》きの西村《にしむら》さんとわたしは、類《るい》は友《とも》を呼《よ》ぶというが、同《おな》じいつの間《ま》にか仲良《なかよ》しになった。

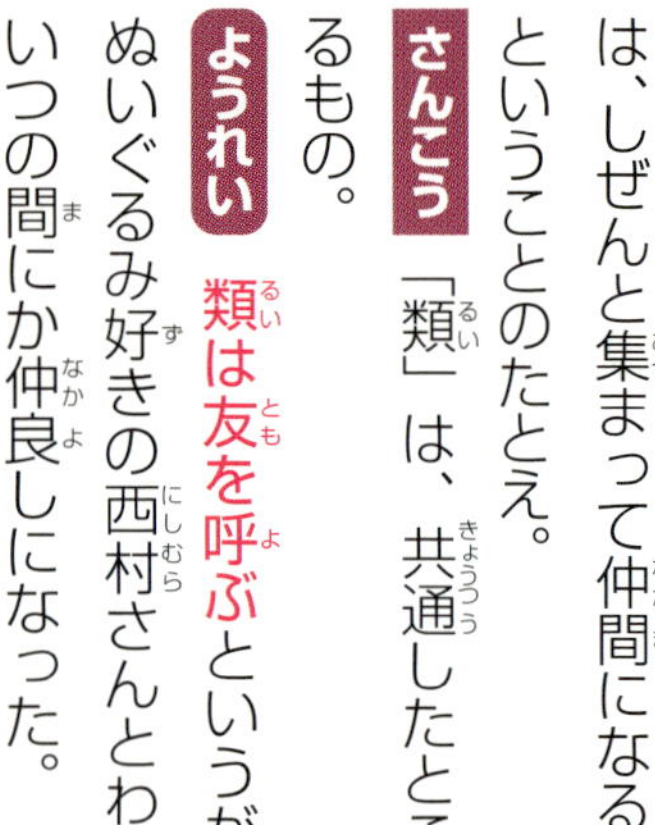

四《よ》字《じ》熟《じゅく》語《ご》 一騎当千《いっきとうせん》：並外《なみはず》れて強《つよ》い。

気《き》や心《こころ》にかかわる

ことわざ・慣用句《かんようく》

「気《き》や心《こころ》」にかかわる
ことわざ・慣用句《かんようく》を集《あつ》めました。

気《き》が置《お》けない

慣用句

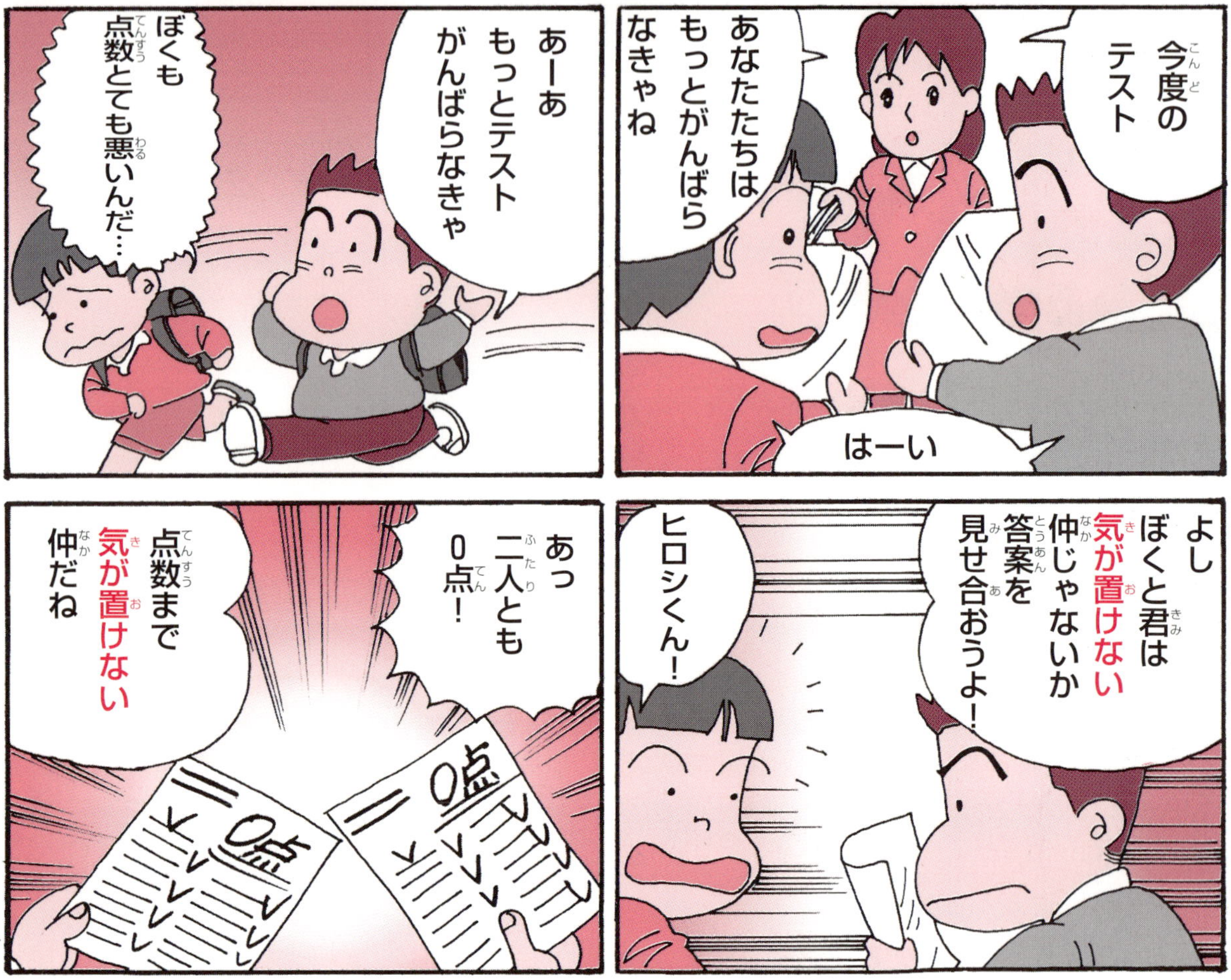

今度《こんど》のテスト
あなたたちはもっとがんばらなきゃね
はーい
あーあもっとテストがんばらなきゃ
ぼくも点数《てんすう》とても悪《わる》いんだ…
よしぼくと君《きみ》は気《き》が置《お》けない仲《なか》じゃないか答案《とうあん》を見《み》せ合《あ》おうよ!
ヒロシくん!
あっ二人《ふたり》とも0点《てん》!
点数《てんすう》まで気《き》が置《お》けない仲《なか》だね

よくでる!

いみ おたがい相手《あいて》のことがよくわかっていて、気《き》がねや遠《えん》りょがいらない、ということ。

さんこう 「気《き》を置《お》く」は、気《き》をつかうという意味《いみ》で、「気《き》が置《お》けない」は気《き》をつかわなくていいという意味《いみ》。気《き》が許《ゆる》せない、油断《ゆだん》できない、という意味《いみ》で使《つか》うのはまちがい。

ようれい 幼稚園《ようちえん》から仲《なか》よしの杉田《すぎた》くんとは、気《き》が置《お》けない仲《なか》だ。

こういう友《とも》だちをひとりでも多《おお》くつくりたいよね

四《よ》字《じ》熟《じゅく》語《ご》 一挙一動《いっきょいちどう》：一《ひと》つ一《ひと》つの動作《どうさ》や立《た》ちふるまい。

帰心矢《きしんや》のごとし

慣用句

ただいまー
まあ とつぜん どうしたの?
帰心矢《きしんや》のごとしでね
母《かあ》さんのご飯《はん》が食《た》べたくなったんだ
やっぱりわが家《や》はいいなあ~
じゃあ また行《い》ってきます
あら もう帰《かえ》るの?
ホームシックが解消《かいしょう》されたんだな

おぼえておこう!

いみ 家《いえ》やふるさとに、ひたすら帰《かえ》りたくてたまらない、ということのたとえ。

さんこう 「帰心《きしん》」は、家《いえ》やふるさとに帰《かえ》りたいと思《おも》う気持《きも》ち。そのはやるような気持《きも》ちから、矢《や》のように飛《と》んでいきたい、という意味《いみ》。

ようれい アメリカに三年間留学《さんねんかんりゅうがく》している大学生《だいがくせい》の兄《あに》から手紙《てがみ》がとどき、帰心矢《きしんや》のごとしだ、と書《か》いてあった。

見《み》たいテレビが始《はじ》まる そんなときは こんな気持《きも》ちになるね

四字熟語《よじじゅくご》 一挙両得《いっきょりょうとく》：一《ひと》つの事《こと》がらを行《おこな》うだけで、二《ふた》つの利益《りえき》を得《え》る。

気《き》が重《おも》い

慣用句

いみ 何《なに》かを負担《ふたん》に感《かん》じたりして心《こころ》が晴《は》れず、気持《きも》ちがしずむようす。

ようれい テストの点数《てんすう》のことを考《かんが》えると、**気《き》が重《おも》い**。

同じいみ 心《こころ》が重《おも》い（↓43ページ）

反対のいみ 気《き》が軽《かる》い

気《き》が利《き》く

慣用句

いみ ①細《こま》かいことにも注意《ちゅうい》や心《こころ》くばりが行《ゆ》きとどく。②工夫《くふう》があってしゃれている。

ようれい ①暑《あつ》い日《ひ》に冷《つめ》たい麦茶《むぎちゃ》と冷《つめ》たいおしぼりを出《だ》してくれるなんて、**気《き》が利《き》い**ているね。／孫《まご》はまだ小《ちい》さいのに、**気《き》が利《き》く**子《こ》だ。②あの子《こ》はいつも、**気《き》が利《き》い**た服《ふく》装《そう》で出席《しゅっせき》する。

同じいみ ①気《き》がつく（↓本《ほん》ページ下段《げだん》）

気《き》がつく

慣用句

いみ ①細《こま》かいところまで注意《ちゅうい》が行《ゆ》きとどくこと。②意識《いしき》を取《と》りもどして正気《しょうき》に返《かえ》るようす。

ようれい ①幸子《さちこ》さんはよく**気《き》がつく**ので、なんでもまかせられる。②**気《き》がつい**たら、五分《ごふん》ほど寝《ね》ていた。

同じいみ ①気《き》が利《き》く（↓本《ほん》ページ上段《じょうだん》）

気《き》がぬける

慣用句

いみ ①張《は》り切《き》っていた気持《きも》ちが、急《きゅう》にしぼんでしまう。②そのもの独特《どくとく》のかおりや味《あじ》などがなくなること。

ようれい ①きん張《ちょう》して面接《めんせつ》にのぞんだが、面接官《めんせつかん》が知《し》っている人《ひと》だったので、**気《き》がぬけ**てしまった。②**気《き》がぬけ**たサイダーなんて、あまいだけの水《みず》みたいで、飲《の》んでもおいしくない。

四字熟語《よじじゅくご》 **一刻千金《いっこくせんきん》**：わずかな時間《じかん》が、千金《せんきん》（大金《たいきん》）をはらう価値《かち》があるほど貴重《きちょう》に思《おも》われる。

気《き》が引《ひ》ける

慣用句

いみ やましい感《かん》じがして、なんとなく気《き》おくれがすること。

ようれい わたしが大好《だいす》きなソフトクリームを食《た》べようとしたら、そばで小《ちい》さい子《こ》どもたちがじっと見《み》ていて、食《た》べるのに**気《き》が引《ひ》け**た。

気《き》に入《い》る

慣用句

いみ 好《この》みに合《あ》う。満足《まんぞく》する。

ようれい おじさんは、この中《なか》に**気《き》に入《い》る**ものがあったら、なんでも持《も》っていっていいよ、と言《い》ってくれた。

気《き》にかける

慣用句

いみ 心配《しんぱい》する。気《き》にする。

ようれい 東京《とうきょう》のおじさんは、いつもわたしの健康《けんこう》のことを**気《き》にかけ**ていてくれます。

気《き》に食《く》わない

慣用句

いみ 気《き》に入《い》らない。自分《じぶん》の気持《きも》ちに合《あ》わず、不満《ふまん》に思《おも》うこと。

ようれい あの人《ひと》は、**気《き》に食《く》わない**ことがあるとすぐ文句《もんく》を言《い》うので、みんなからけむたがられている。

気《き》にさわる

慣用句

いみ ふゆかいでしゃくにさわるようす。

ようれい 何《なに》か**気《き》にさわる**ようなことを言《い》いましたか。

同じいみ しゃくにさわる（→258ページ）

気《き》になる

慣用句

いみ 心配《しんぱい》になる。物事《ものごと》が気《き》にかかる。

ようれい 病気《びょうき》の愛犬《あいけん》・ジョンのことが**気《き》にな**って、勉強《べんきょう》に集中《しゅうちゅう》できない。

気《き》に病《や》む

慣用句

いみ くよくよ心配《しんぱい》して思《おも》いなやむこと。

ようれい チームが負《ま》けた原因《げんいん》は自分《じぶん》ではないかと、今《いま》も**気《き》に病《や》ん**でいる。

四《よ》字《じ》熟《じゅく》語《ご》 **一切合切《いっさいがっさい》**：何《なに》もかも、残《のこ》らずすべて。

気《き》は心《こころ》

慣用句

いみ 少《すこ》しにせよ、その人《ひと》の気持《きも》ちがこもっている。

さんこう 人《ひと》にものをあげるときなどに使《つか》うことば。

ようれい 気《き》は心《こころ》というから、あいさつ代《が》わりに手《て》みやげを持《も》っていこう。

気骨《きぼね》が折《お》れる

慣用句

いみ いろいろと神経《しんけい》を使《つか》うことが多《おお》くて、気《き》づかれするということ。

さんこう 「気骨《きぼね》」とは、心《こころ》づかいとか気《き》苦労《ぐろう》をいう。「気骨がある」という場合《ばあい》は「きこつ」と読《よ》み、自分《じぶん》の信念《しんねん》に忠実《ちゅうじつ》で、かんたんに人《ひと》にしたがわない強《つよ》い心《こころ》という意味《いみ》になる。

ようれい ぼくの父《ちち》がつとめる会社《かいしゃ》の社長《しゃちょう》さんは、とてもこわい人《ひと》なので、お父《とう》さんは気骨《きぼね》が折《お》れる、と言《い》う。

気《き》を失《うしな》う

慣用句

いみ 意識《いしき》をなくして何《なに》もわからなくなる。気絶《きぜつ》する。

ようれい あまりにおそろしくて、わたしは気《き》を失《うしな》ってしまった。

気《き》を落《お》とす

慣用句

いみ がっかりする。落《らく》たんする。

ようれい 気《き》を落《お》とさずに、もう一度《いちど》チャレンジしてみよう、と先《せん》生《せい》がはげましてくれた。

気《き》を配《くば》る

慣用句

いみ あれこれと気《き》をつかって心配《しんぱい》するようす。

ようれい 先生《せんせい》は、いつもクラスの生徒全員《せいとぜんいん》に気《き》を配《くば》っている。

同じいみ 心《こころ》を配《くば》る（↓46ページ）

気《き》を取《と》られる

慣用句

いみ ほかのことに、注意《ちゅうい》をうばわれること。

ようれい 好《す》きなテレビ番組《ばんぐみ》の音《おと》に気《き》を取《と》られて、落《お》ち着《つ》いて勉強《べんきょう》ができなかった。

四《よ》字《じ》熟《じゅく》語《ご》 一生懸命《いっしょうけんめい》：命《いのち》がけで努力《どりょく》し、物事《ものごと》にあたる。

気《き》を取《と》り直《なお》す
慣用句

いみ がっかりと気落《きお》ちしていた状態《じょうたい》から、思《おも》い直《なお》して元気《げんき》を取《と》りもどす。

ようれい 不合格《ふごうかく》だったが、**気《き》を取《と》り直《なお》**して勉強《べんきょう》をしなおそう。

気《き》をはく
慣用句

いみ いせいのいいところを見《み》せたり、意気《いき》ごみをしめす。

ようれい 先生《せんせい》はクラス対抗試合《たいこうじあい》に向《む》けて、みんなを元気《げんき》づけるため、ホームルームでおおいに**気《き》をは**いた。

気《き》を持《も》たせる
慣用句

いみ 相手《あいて》に期待《きたい》させるような、思《おも》わせぶりなことをすること。

ようれい 中村《なかむら》くんは、クラスでいちばんかわいい女《おんな》の子《こ》にウインクされたと有頂天《うちょうてん》になっていたが、その子《こ》は目《め》にごみが入《はい》っただけだった。**気《き》を持《も》たせる**のも考《かんが》えものだ。

気《き》をもむ
慣用句

よくでる!

いみ 心配《しんぱい》してやきもきすること。

ようれい 心配性《しんぱいしょう》のお母《かあ》さんは、帰《かえ》りのおそい弟《おとうと》のことで**気《き》をもん**でいた。／**気《き》をもん**だわりには、あっさり面接《めんせつ》が終《お》わってホッとした。

心《こころ》が重《おも》い
慣用句

いみ 心《こころ》がはればれしない、ゆううつな気分《きぶん》。

ようれい 受験《じゅけん》の時期《じき》をむかえて、**心《こころ》が重《おも》い**。

同じいみ 気《き》が重《おも》い（↓40ページ）

心《こころ》が通《かよ》う
慣用句

いみ おたがいに気持《きも》ちが通《つう》じ合《あ》うこと。

ようれい 仲《なか》のよい友《とも》だちなら、しぜんと**心《こころ》が通《かよ》**い合《あ》う。

四字熟語《よじじゅくご》 一触即発《いっしょくそくはつ》：ちょっとしたきっかけで、大事《おおごと》になりそうなきんぱくした状態《じょうたい》。

心《こころ》が残《のこ》る

慣用句

いみ 思《おも》い切れず、未練《みれん》があとに残《のこ》ること。

ようれい 夏休《なつやす》みの間《あいだ》、うちに泊《と》まっていたいとこと駅《えき》で別《わか》れたが、いつまでも心《こころ》が残《のこ》った。

心《こころ》がはずむ

慣用句

いみ うれしくて、気持《きも》ちがうきうきすること。

ようれい 明日《あす》の遠足《えんそく》のことを思《おも》うと、心《こころ》がはずんでしょうがない。

志《こころざし》を立《た》てる

慣用句

いみ はっきりとした目標《もくひょう》を、心《こころ》の中《なか》でしっかりと決《き》めること。

さんこう 「志《こころざし》」は、こうしようと心《こころ》に決《き》める、という意味《いみ》。

ようれい 兄《あに》は世界《せかい》のまずしい人《ひと》たちのためになることをしよう、と志《こころざし》を立《た》てた。

心《こころ》に浮《う》かぶ

慣用句

いみ いろいろな考《かんが》えや思《おも》いを、心《こころ》の中《なか》に思《おも》い浮《う》かべる。思《おも》い出《だ》す。

ようれい いつも心《こころ》に浮《う》かぶのは、小《ちい》さいころわたしをとてもかわいがってくれた祖母《そぼ》の面《おも》かげだ。／あゆみさんの心《こころ》に浮《う》かんだのは、故郷《こきょう》の祖母《そぼ》のことだった。

心《こころ》にかける

慣用句

いみ ①つねに胸《むね》のうちにおき、わすれないように注意《ちゅうい》すること。②心配《しんぱい》する。

さんこう 「心《こころ》にかかる」というと、心配《しんぱい》になる、気《き》になるという意味《いみ》。

ようれい ①健康《けんこう》だけはいつも心《こころ》にかけて生活《せいかつ》している。②祖母《そぼ》はいつもぼくのことを心《こころ》にかけてくれている。

四《よ》字《じ》熟《じゅく》語《ご》 一進一退《いっしんいったい》：状《じょう》きょうがよくなったり、悪《わる》くなったりする。

慣用句

心《こころ》に刻《きざ》みつける

いみ しっかりと心《こころ》にとどめて、わすれないようにすること。

ようれい 先《せん》ぱいたちは、先生《せんせい》のことばを**心《こころ》に刻《きざ》みつけ**て卒業《そつぎょう》していった。

慣用句

心《こころ》に留《と》める

いみ つねに気《き》にかけて、わすれないでおく。留意《りゅうい》すること。

ようれい 遠《とお》くはなれた故郷《こきょう》にすむ、年老《としお》いた祖母《そぼ》の体《からだ》のぐあいを、いつも**心《こころ》に留《と》め**ている。／子《こ》どもがいないおじさん夫婦《ふうふ》は、いつもぼくのことを**心《こころ》に留《と》め**ている、と言《い》った。

慣用句

心《こころ》にふれる

いみ ①自分《じぶん》の心《こころ》に何《なに》かを感《かん》じる。②他人《たにん》の考《かんが》えや気持《きも》ちがわかる。

ようれい ①あの作曲家《さっきょくか》の曲《きょく》は、いつも**心《こころ》にふれる**ものがあるので大好《だいす》きだ。②話《はな》しているうちに、一郎《いちろう》くんの**心《こころ》にふれる**ことができた。

同じいみ 琴線《きんせん》にふれる／心《こころ》にひびく

慣用句

心《こころ》を痛《いた》める

いみ あれこれと思《おも》いなやむ。

ようれい 体《からだ》の弱《よわ》い弟《おとうと》に、母《はは》はいつも**心《こころ》を痛《いた》め**ていた。

同じいみ 胸《むね》を痛《いた》める

慣用句

心《こころ》を打《う》たれる

いみ 深《ふか》い感動《かんどう》をあたえられる。

ようれい わたしが**心《こころ》を打《う》たれ**た人物《じんぶつ》のひとりに、マザー・テレサがいる。

四《よ》字《じ》熟《じゅく》語《ご》 **一心同体《いっしんどうたい》**：複数《ふくすう》の人《ひと》が、心《こころ》も体《からだ》もまるでひとりの人間《にんげん》のように強《つよ》く結《むす》びついている。

心《こころ》をうばわれる

慣用句

いみ　我《われ》をわすれてしまうほど、物事《ものごと》に夢中《むちゅう》になる。あることに引《ひ》きつけられる。

ようれい　京子《きょうこ》さんを一目見《ひとめみ》て、**心《こころ》をうばわれて**しまった。／目《め》の前《まえ》のすばらしい景色《けしき》に**心《こころ》をうばわれる**。

心《こころ》を鬼《おに》にする

慣用句

いみ　かわいそうだと思《おも》いながらも、その気持《きも》ちをおさえて、わざときびしく接《せっ》すること。

ようれい　監督《かんとく》は**心《こころ》を鬼《おに》に**して、選手《せんしゅ》たちをきたえあげた。／泣《な》いている妹《いもうと》を、母《はは》はあえて**心《こころ》を鬼《おに》に**してつきはなした。

心《こころ》をくだく

慣用句

いみ　あれこれと気《き》をつかって、苦心《くしん》すること。

ようれい　クラス内《ない》が仲《なか》よくいくように、学級委員《がっきゅういいん》は**心《こころ》をくだ**いた。

心《こころ》を配《くば》る

慣用句

いみ　まわりの人《ひと》や物事《ものごと》に、あれこれと気《き》をつかう。

ようれい　みんなに**心《こころ》を配《くば》る**ことが、リーダーの条件《じょうけん》の一《ひと》つだ。

同じいみ　気《き》を配《くば》る（→42ページ）

心《こころ》をこめる

慣用句

いみ　まごころを入《い》れて行《おこな》う。

ようれい　父《ちち》の誕生日《たんじょうび》に、わたしはへたながらも**心《こころ》をこめた**バースデーケーキをつくった。

同じいみ　丹精《たんせい》する

四字熟語《よじじゅくご》　一心不乱《いっしんふらん》：一《ひと》つのことに夢中《むちゅう》になって取《と》り組《く》むようす。

心《こころ》をとらえる

慣用句

いみ 気持《きも》ちをしっかりとつかむ。

ようれい 地球環境《ちきゅうかんきょう》の大切《たいせつ》さをうったえる、子《こ》どもたちの熱《あつ》い思《おも》いが、会場《かいじょう》のお母《かあ》さんたちの心《こころ》をとらえた。／あの子《こ》のひくバイオリンの音色《ねいろ》は、いつも人《ひと》の心《こころ》をとらえてはなさない。／映画《えいが》の感動的《かんどうてき》なラストシーンが、わたしの心《こころ》をとらえた。

心《こころ》を引《ひ》かれる

慣用句

いみ 自分《じぶん》の関心《かんしん》や気持《きも》ちが引《ひ》きつけられる。

ようれい ぼくはその本《ほん》に書《か》いてあることに、強《つよ》く心《こころ》を引《ひ》かれた。

心《こころ》を許《ゆる》す

慣用句

いみ ①ゆだんして気《き》をゆるめる。②信《しん》らいしきっている。

ようれい ①セールスマンに心《こころ》を許《ゆる》したばかりに、だまされてしまった。②心《こころ》を許《ゆる》した友《とも》だちだからこそ、なんでも相談《そうだん》できる。

ことわざ・慣用句《かんようく》クイズ③

答《こた》えは274ページを見《み》てね

1 次《つぎ》の①～⑤の□にア～オの適当《てきとう》な漢字《かんじ》を入《い》れて慣用句《かんようく》を完成《かんせい》させましょう。

① 気《き》が□けない
② □を立《た》てる
③ 帰心《きしん》□のごとし
④ □をもむ
⑤ 心《こころ》を□る

ア 気《き》　イ 置《お》　ウ 矢《や》　エ 志《こころざし》　オ 配《くば》

2 次《つぎ》のア～オの慣用句《かんようく》の□には同《おな》じ漢字《かんじ》が入《はい》ります。1と2のどちらでしょう。

ア □を取《と》られる
イ □にさわる
ウ □を持《も》たせる
エ □に食《く》わない
オ □を失《うしな》う

1 心《こころ》　2 気《き》

クイズ③は38～47ページを見《み》ながらとこう。

四字熟語《よじじゅくご》 一世一代《いっせいちだい》：一生《いっしょう》のうちで、たった一度《いちど》。

心血《しんけつ》を注《そそ》ぐ

慣用句

いみ 全身《ぜんしん》、全精神《ぜんせいしん》を注《そそ》いで物事《ものごと》に打《う》ちこむ。心身《しんしん》のすべてをつくすようす。

さんこう 「心血《しんけつ》」は、精神《せいしん》と肉体《にくたい》、すべてのこと。

ようれい わたしのおじさんが**心血《しんけつ》を注《そそ》**いだ作品《さくひん》が、コンクールで優秀賞《ゆうしゅうしょう》にかがやいた。／わたしが**心血《しんけつ》を注《そそ》**いで作《つく》った模型《もけい》が完成《かんせい》した。

病《やまい》は気《き》から

ことわざ

いみ ①病気《びょうき》は、気持《きも》ちの持《も》ち方《かた》一《ひと》つで、よくも悪《わる》くもなるということ。②病気《びょうき》はなやみ事《ごと》や心配事《しんぱいごと》など、精神的《せいしんてき》なものから起《お》きることが多《おお》い。

さんこう 病気《びょうき》だからといって、くよくよしないで、というはげましの意味《いみ》でも使《つか》われる。

ようれい **病《やまい》は気《き》から**、というから気《き》をしっかり持《も》ちなさい、と母《はは》に言《い》われた。

ことわざ・慣用句《かんようく》クイズ④

答《こた》えは274ページを見《み》てね

1 次《つぎ》の①～⑤のことわざ・慣用句《かんようく》と（　）内《ない》の意味《いみ》の中《なか》から、まちがった組《く》み合《あ》わせのものを三《みっ》つ選《えら》んで、正《ただ》しい意味《いみ》をあとのア～オの中《なか》から選《えら》びましょう。

① **気《き》が置《お》けない**（おたがい気《き》を許《ゆる》せない）
② **心《こころ》をくだく**（ゆだんして気《き》をゆるめる）
③ **病《やまい》は気《き》から**（病気《びょうき》は気《き》のもちようでどうにでもなる）
④ **帰心矢《きしんや》のごとし**（今《いま》すぐにでも帰《かえ》りたい）
⑤ **心《こころ》を鬼《おに》にする**（悪《わる》いことを考《かんが》える）

ア ほかのことに注意《ちゅうい》をひかれる
イ おたがい気《き》がねがない
ウ あれこれと気《き》をつかう
エ わざときびしく接《せっ》する
オ がっかりする

2 次《つぎ》のあ～おの（　）内《ない》の意味《いみ》を見《み》て、○にあてはまることばや漢字《かんじ》を入《い》れて慣用句《かんようく》を完成《かんせい》させましょう。

あ 気《き》を○○す（がっかりすること）
い 気《き》に○○る（心配《しんぱい》する）
う 気《き》が○○る（張《は》り切《き》っていた気持《きも》ちがしぼむ）
え 心《こころ》を○○る（まごころを入《い》れる）
お 心《こころ》に○○ぶ（心《こころ》に考《かんが》えや思《おも》いを浮《う》かべる）

クイズ④は38～48ページを見《み》ながらとこう。

四字熟語《よじじゅくご》 **一石二鳥《いっせきにちょう》**：一《ひと》つの行《おこな》いで、同時《どうじ》に二《ふた》つの利益《りえき》を得《え》ること。

体《からだ》の名前《なまえ》にかかわる

ことわざ・慣用句《かんようく》

①顔《かお》・頭《あたま》編《へん》

「体《からだ》(顔《かお》・頭《あたま》)の名前《なまえ》」にかかわる
ことわざ・慣用句《かんようく》を集《あつ》めました。

頭《あたま》が上《あ》がらない

慣用句

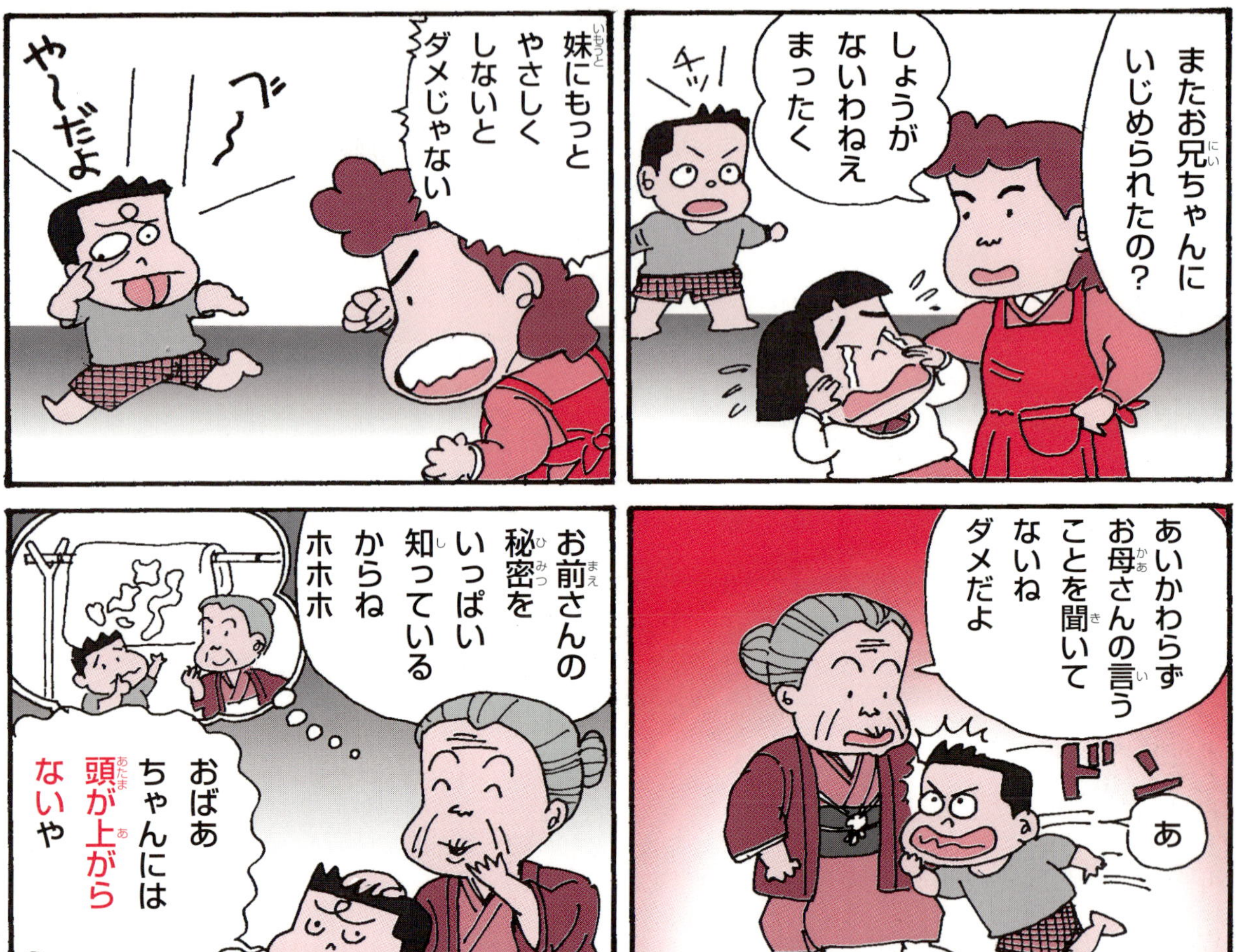

またお兄《にい》ちゃんにいじめられたの?
しょうがないわねえまったく
キッ
妹《いもうと》にもっとやさしくしないとダメじゃない
ブ~
や~だよ
あいかわらずお母《かあ》さんの言《い》うことを聞《き》いてないねダメだよ
ドン
あ
お前《まえ》さんの秘密《ひみつ》をいっぱい知《し》っているからねホホホ
おばあちゃんには頭《あたま》が上《あ》がらないや

よくでる!

いみ 相手《あいて》にひけめを感《かん》じたりして、対等《たいとう》にふるまえないことのたとえ。

さんこう ひけめなどがあると、上《うえ》からおさえつけられるように感《かん》じることから。

ようれい お世話《せわ》になった中学《ちゅうがく》のときの先生《せんせい》には、今《いま》でも**頭《あたま》が上《あ》がらない**。

ぼくもお母《かあ》さんにはまったく頭《あたま》が上《あ》がらないんだ

四《よ》字《じ》熟《じゅく》語《ご》 一朝一夕《いっちょういっせき》：わずかな時間《じかん》、短《みじか》い時間《じかん》。

寝耳《ねみみ》に水《みず》

ことわざ

山田《やま だ》くん起《お》きなさい！
トン
トン
はい漢字《かんじ》のテストよ
ハッ
あ！先生《せんせい》！
国語テスト
え～漢字《かんじ》のテストなんて寝耳《ねみみ》に水《みず》だよ～
何《なに》言《い》ってるの昨日《きのう》言《い》ったのに…昨日《きのう》も寝《ね》てたんでしょ
ひえ～
国語テスト

よくでる！

いみ とつぜんの出来事《できごと》に、びっくりすることのたとえ。

さんこう ぐっすりねむっているときに、とつぜん耳《みみ》に水《みず》を注《そそ》がれるような、まったく思《おも》いもかけない出来事《できごと》ということから。

ようれい 先生《せんせい》に今《いま》から復習《ふくしゅう》テストをすると言《い》われて、まったく寝耳《ねみみ》に水《みず》の話《はなし》で、とてもあわてた。

同じいみ やぶから棒《ぼう》（→185ページ）／青天《せいてん》のへきれき（→191ページ）

今月《こんげつ》おこづかいぬきだなんて寝耳《ねみみ》に水《みず》だよ

四《よ》字《じ》熟《じゅく》語《ご》 一長一短《いっちょういったん》：長所《ちょうしょ》もあるが、短所《たんしょ》もある。

歯《は》が浮《う》く

慣用句

ぼくはキミを一生《いっしょう》幸《しあわ》せにするつもりだよ
まあうれしい
結婚《けっこん》しよう
歯《は》が浮《う》くようなセリフだけど一度《いちど》でも言《い》われてみたいものだわ…
歯《は》が浮《う》くような…
ガグッ
…感《かん》じなんだけど虫歯《むしば》かなあ
みてみィ
コレコレイ

おぼえておこう！

いみ いかにも見《み》えすいた言動《げんどう》を見《み》たり聞《き》いたりして、いやな気持《きも》ちになる。

さんこう いやな音《おと》を聞《き》いたときなどに、歯《は》の根元《ねもと》が浮《う》き上《あ》がったような違和感《いわかん》を覚《おぼ》えることから。

ようれい 「何《なに》を着《き》てもよく似合《にあ》うわね」と、友《とも》だちから歯《は》が浮《う》くようなおせじを言《い》われた。

歯《は》が浮《う》くようなおせじを言《い》ったっておこづかいはあげません！

耳《みみ》にたこができる

慣用句

いってきまーす
ちょっと待《ま》ちなさい!
勉強《べんきょう》は? 宿題《しゅくだい》はすませた?
だから いつも言《い》ってるでしょ ぼくには 勉強《べんきょう》より 野球《やきゅう》のほうが 大切《たいせつ》なんだ
将来《しょうらい》は プロ野球《やきゅう》の 選手《せんしゅ》になって 年収一億円《ねんしゅういちおくえん》! 母《かあ》さんに家《いえ》を プレゼントして それから……
ペラペラ
ペラペラ
もう 耳《みみ》にたこが できたわ 勉強《べんきょう》しなさい

おぼえておこう!

いみ 同《おな》じことを何度《なんど》も聞《き》かされて、うんざりすることのたとえ。

さんこう この場合《ばあい》の「たこ」とは、海《うみ》にすむ「蛸《たこ》」ではなく、体《からだ》にできる「胼胝《たこ》」のこと。これは、しょっちゅうこすれあっているため、皮《ひ》ふの一部《いちぶ》がかたくなったもので、それをたとえていう。

ようれい 先生《せんせい》の奥《おく》さん自慢《じまん》は、**耳《みみ》にたこができる**ほど聞《き》かされて、いいかげんうんざりしている。

勉強《べんきょう》しろって 耳《みみ》にたこが できるくらい 言《い》われたわ

四字熟語《よじじゅくご》 **意味深長《いみしんちょう》**：人《ひと》の言動《げんどう》や詩《し》や短歌《たんか》などに、深《ふか》い意味《いみ》や味《あじ》わいがある。

目《め》と鼻《はな》の先《さき》

慣用句

タカシ 起《お》きなさい ちこく するわよ!
グ〜ッ
グ〜〜ッ
やだな〜 まだこんな 時間《じかん》じゃない
いつまでも 寝《ね》ぼけてないの! もう家《いえ》から 目《め》と鼻《はな》の先《さき》に 学校《がっこう》はないのよ!
学校
うち
そうだった! 引《ひ》っこして 今日《きょう》から バス通学《つうがく》だった んだ!

おぼえておこう!

いみ きょりがひじょうに近《ちか》いことのたとえ。

さんこう 「目《め》」と「鼻《はな》」は、顔《かお》の中《なか》でもとなりどうしで、きわめて近《ちか》くにあることからたとえていうことば。

ようれい 通《とお》りすがりの人《ひと》に道《みち》を聞《き》かれたので、学校《がっこう》は郵便局《ゆうびんきょく》から、目《め》と鼻《はな》の先《さき》ですよ、と言《い》った。

同じいみ 目《め》と鼻《はな》の間《あいだ》

学校《がっこう》は ぼくんちの 目《め》と鼻《はな》の先《さき》に あるんだ

四《よ》字《じ》熟《じゅく》語《ご》 **因果応報《いんがおうほう》**：よい行《おこな》いをするとよい結果《けっか》が、悪《わる》い行《おこな》いをすると悪《わる》い結果《けっか》が返《かえ》ってくる。

開《あ》いた口《くち》がふさがらない

慣用句

おぼえておこう！

いみ　あまりのことに、あきれてものが言《い》えないことのたとえ。

ようれい　ごちそうをすべてひとりでたいらげてしまった弟《おとうと》にあきれて、**開《あ》いた口《くち》がふさがらない**と言《い》った母《はは》。／悪《わる》いことをしておいて開《ひら》き直《なお》るなんて、**開《あ》いた口《くち》がふさがらない**とはこのことだ。

あごで使《つか》う

慣用句

おぼえておこう！

いみ　いばった態度《たいど》で、人《ひと》を自分《じぶん》の思《おも》いどおりに使《つか》うことのたとえ。

さんこう　ことばで言《い》わないで、あごを動《うご》かしたりして、人《ひと》に指示《しじ》をあたえるという、えらそうな態度《たいど》から。

ようれい　社長《しゃちょう》の息子《むすこ》は、だれも文句《もんく》を言《い》わないのをいいことに、人《ひと》を**あごで使《つか》**っている。

あごを出《だ》す

慣用句

おぼえておこう！

いみ　すっかりつかれてへたばってしまう。または、物事《ものごと》がうまくいかず、こまり果《は》てる。

さんこう　歩《ある》きつかれると腰《こし》が引《ひ》け、よく、あごだけが前《まえ》のほうに出《で》るかっこうになることから。

ようれい　マラソン大会《たいかい》でがんばったのに、あと少《すこ》しでゴールというところで、**あごを出《だ》**してしまった。

頭《あたま》が痛《いた》い

慣用句

よくでる！

いみ　心配《しんぱい》ごとやうまくいかないことがあって、なやむこと。

ようれい　両親《りょうしん》はわがまま放題《ほうだい》の妹《いもうと》のことを考《かんが》えると**頭《あたま》が痛《いた》い**と言《い》う。／明日《あす》までにすまさなければならない宿題《しゅくだい》がたくさんあって、**頭《あたま》が痛《いた》い**。

同じいみ　頭《あたま》を痛《いた》める

四字熟語《よじじゅくご》　右往左往《うおうさおう》：あわてふためいて、あちこちをうろうろする。

頭かくしてしりかくさず　ことわざ

いみ 全部をかくしたつもりになっているが、一部はかくれていないのに、そのことに気づいていないおろかしさをいうたとえ。

さんこう 鳥のきじが、首を草の中にかくしたが、尾が見えたままで平気なようすから。

よウれい 友だちとかくれんぼをしたが、かくれたつもりの友だちのおしりが見えていた。頭かくしてしりかくさずだ。

頭が下がる　慣用句　よくでる！

いみ りっぱな行いなどを見て、本当にえらいなと、感心させられること。

よウれい 寝たきりの祖母に対する、母の看病ぶりには、頭が下がる。／山田くんの医学に対する熱心さには、頭が下がる思いがする。

頭の上のはえを追え　ことわざ

いみ 人の世話をやくよりも、まず自分自身のことをやったほうがよい、自分のしまつが第一だ、という教え。

さんこう 「頭の上のはえ」とは、自分自身にたかるはえのことで、自分に起こっている身近な問題ごとをいう。自分の頭のはえも追いはらえないのに、他人のはえを気にしている場合ではないという意味から。

よウれい 友だちの進路を心配するのもいいけど、まず自分の頭の上のはえを追うことね、と母に言われた。

頭をもたげる　慣用句　おぼえておこう！

いみ ①今までかくれていた物事や考え、疑いなどが、表に出てくる。②だんだんと力をのばして、世間に知られるようになってくる。

よウれい ①岡っ引きは容疑者の申し開きを聞いていて、疑わくが少しずつ頭をもたげてきた。②最近、外国出身の力士たちが頭をもたげてきた。

四字熟語　**海千山千**（うみせんやません）：経験がゆたかで、ずるがしこい。　(けいけん)

後《うし》ろがみを引《ひ》かれる

慣用句

いみ 後《あと》のことが気《き》になって、なかなか思《おも》い切《き》れないということのたとえ。

さんこう 後《うし》ろのかみを引《ひ》っぱられて、先《さき》に進《すす》めないということから。

ようれい わたしは、ペットホテルにあずけてきた愛犬《あいけん》の鳴《な》き声《ごえ》に、後《うし》ろがみを引《ひ》かれる思《おも》いだった。

顔《かお》が売《う》れる

慣用句

おぼえておこう!

いみ 広《ひろ》く世間《せけん》に知《し》られて、有名《ゆうめい》になる。

ようれい あのタレントはテレビに出《で》てから、少《すこ》しずつ顔《かお》が売《う》れてきた。／顔《かお》が売《う》れるように、写真入《しゃしんい》りの名《めい》しにした。

顔《かお》が利《き》く

慣用句

よくでる!

いみ 力《ちから》や信用《しんよう》があるので、相手《あいて》に特別《とくべつ》にあつかってもらえる。

さんこう 「顔《かお》」は、勢力《せいりょく》や信用《しんよう》、「利《き》く」は、働《はたら》きをする、という意味《いみ》。

ようれい 多田《ただ》くんのお父《とう》さんは会社《かいしゃ》を経営《けいえい》しているので、町《まち》のいろいろな場所《ばしょ》で顔《かお》が利《き》く。

顔《かお》が立《た》つ

慣用句

おぼえておこう!

いみ 世間体《せけんてい》がたもたれる。

さんこう ここでいう「顔《かお》」とは、面目《めんぼく》とか体面《たいめん》という意味《いみ》。

ようれい 妹《いもうと》をいじめていた男《おとこ》の子《こ》を追《お》いはらった吉田《よしだ》くんは、兄《あに》として顔《かお》が立《た》った、と言《い》った。

同じいみ 面目《めんぼく》が立《た》つ

反対のいみ 顔《かお》をつぶされる（めいよが傷《きず》つけられる）。

四字熟語 雲散霧消《うんさんむしょう》：あとかたもなく、きれいに消《き》えてしまう。

顔が広い　慣用句　よくでる！

いみ 多くの人とつきあいがあって、知り合いが多いようす。

ようれい おじさんはとても顔が広いので、つきあいだけでもたいへんだそうだ。

顔から火が出る　慣用句　よくでる！

いみ はずかしくて、顔が真っ赤になるようす。

さんこう 人の前で失敗したりあがったりしてはずかしい思いをすると、顔が熱くほてったり、血の気がさして顔が赤くなることから、「赤面する」ともいう。

ようれい 先生は、授業中に上着を前後反対に着ているのに気づき、顔から火が出た、と言った。

顔に泥をぬる　慣用句　おぼえておこう！

いみ はじをかかせること。

ようれい 弟はとなりの家のへいに落書きをして、町内会長をつとめる父の顔に泥をぬってしまった。

木で鼻をくくる　慣用句　おぼえておこう！

いみ 人に対して、ひどく冷たくあしらう。

さんこう 「こくる」ということばがあやまって使われたまま一般化したもので、鼻をこするという意味。

ようれい 兄が、好きな女性に花束をわたそうとしたら、木で鼻をくくったような態度だったという。

口裏を合わせる　慣用句

いみ おたがいの話の内容がくいちがわないように、前もって打ち合わせること。つごうがよくなるよう話を合わせること。

ようれい 遊んで家の中をちらかしてしまったことを、弟と口裏を合わせて、「ねこのしわざじゃない?」と言った。

同じいみ ねこのしわざじゃない？　口を合わせる

四字熟語　**栄枯盛衰**：栄えたり、おとろえたりする。

口《くち》がうまい

慣用句

いみ じょうずに話《はな》すこと。人《ひと》に信用《しんよう》させたり、人《ひと》を丸《まる》めこむのがたくみなこと。

ようれい 口《くち》がうまい店員《てんいん》さんにのせられて、大《おお》きな買《か》い物《もの》をしてしまった。／口《くち》がうまいだけの人間《にんげん》にはなるな、と父《ちち》に教《おし》えられた。

口《くち》が重《おも》い

慣用句

いみ 口数《くちかず》が少《すく》なく、あまりものを言《い》わない。

ようれい 口《くち》が重《おも》いおじさんが、それでも少《すこ》しずつ、自分《じぶん》の戦争体験《せんそうたいけん》を話《はな》し始《はじ》めた。

反対のいみ 口《くち》が軽《かる》い （↓60ページ）

ことわざ・慣用《かんよう》句《く》クイズ⑤

答《こた》えは274ページを見《み》てね

1 次《つぎ》の①〜⑩の□にア〜シの適当《てきとう》な漢字《かんじ》を入《い》れて、ことわざ・慣用句《かんようく》を完成《かんせい》させましょう。

① 頭《あたま》が□がらない
② 寝耳《ねみみ》に□
③ □が広《ひろ》い
④ 顔《かお》が□れる
⑤ 顔《かお》から□が出《で》る
⑥ 顔《かお》に□をぬる
⑦ あごで□う
⑧ □をもたげる
⑨ □にたこができる
⑩ 頭《あたま》の上《うえ》のはえを□え

ア 顔《かお》　イ 頭《あたま》　ウ 火《ひ》　エ 水《みず》
オ 上《あ》　カ 下《さ》　キ 鼻《はな》　ク 売《う》
ケ 耳《みみ》　コ 泥《どろ》　サ 使《つか》　シ 追《お》

2 次《つぎ》のあ〜かのことわざ・慣用句《かんようく》の意味《いみ》として正《ただ》しいものをア〜カから選《えら》びましょう。

あ 開《あ》いた口《くち》がふさがらない
い 歯《は》が浮《う》く
う 後《うし》ろがみを引《ひ》かれる
え 木《き》で鼻《はな》をくくる
お 口裏《くちうら》を合《あ》わせる
か 目《め》と鼻《はな》の先《さき》

ア すぐ近《ちか》くにある
イ つごうがよいようおたがいに話《はなし》を合《あ》わせる
ウ 見《み》えすいた言動《げんどう》でいやな気《き》持《も》ちになる
エ あきれてものが言《い》えない
オ あとに心《こころ》が残《のこ》る
カ 冷《つめ》たくあしらう

クイズ⑤は50〜59ページを見《み》ながらとこう。

四《よ》字《じ》熟《じゅく》語《ご》 黄金時代《おうごんじだい》：国《くに》や人《ひと》の一生《いっしょう》などで、最《もっと》も栄《さか》えた時代《じだい》。

口《くち》がかかる

慣用句

いみ ①芸人《げいにん》が、客《きゃく》から芸《げい》をするようにたのまれること。仕事《しごと》のいらいがあること。②人《ひと》からさそわれること。

ようれい ①お笑《わら》い芸人《げいにん》のS《エス》さんは、今《いま》やあちこちから**口《くち》がかかる**人気者《にんきもの》だ。／新《あたら》しいデザインのひょうばんがよく、数社《すうしゃ》から商品《しょうひん》のデザインをしてくれと**口《くち》がかか**った。②サッカーの練習試合《れんしゅうじあい》をするのに、メンバーが足《た》りないので、ぼくに**口《くち》がかか**った。

口《くち》がかたい

慣用句

よくでる！

いみ 言《い》ってはいけない秘密《ひみつ》や重要《じゅうよう》なことを、かるがるしく人《ひと》にしゃべらないようす。

ようれい 弟《おとうと》は**口《くち》がかた**く、ぼくがいたずらをしても絶対《ぜったい》母《はは》には言《い》わない。

反対のいみ 口《くち》が軽《かる》い（↓本《ほん》ページ下段《げだん》）

口《くち》が軽《かる》い

慣用句

よくでる！

いみ ①言《い》ってはいけない秘密《ひみつ》や重要《じゅうよう》なことまで、すぐ人《ひと》にしゃべってしまうこと。②おしゃべりなこと。

ようれい ①おさむくんは**口《くち》が軽《かる》い**ので、めったなことは相談《そうだん》できない。②**口《くち》が軽《かる》い**みかちゃんがいるとパーティがもりあがる。

反対のいみ ①口《くち》がかたい（↓本《ほん》ページ上《じょう》段《だん》）②口《くち》が重《おも》い（↓59ページ）

口《くち》が酸《す》っぱくなる

慣用句

いみ 注意《ちゅうい》や忠告《ちゅうこく》など、同《おな》じことを何回《なんかい》もくり返《かえ》すこと。

ようれい **口《くち》が酸《す》っぱくなる**ほど注意《ちゅうい》したのに、なんの教訓《きょうくん》にもなっていないのは残念《ざんねん》だ。／母《はは》は**口《くち》が酸《す》っぱくなる**ほどぼくにこごとを言《い》った。

同じいみ 口《くち》を酸《す》っぱくする

四字熟語《よじじゅくご》 傍目八目《おかめはちもく》：本人《ほんにん》より、まわりで見《み》ている人《ひと》のほうが正《ただ》しく判断《はんだん》できる。

口《くち》がすべる

慣用句 よくでる！

いみ 言《い》ってはいけないことや、言《い》わなくてもよいことまで、つい、うっかりしゃべってしまうこと。

ようれい 犯人《はんにん》はつい**口《くち》がすべ**って、刑《けい》事《じ》に真相《しんそう》をしゃべってしまった。

同じいみ 口《くち》をすべらす

口《くち》が減《へ》らない

慣用句 おぼえておこう！

いみ あれこれとでまかせや、へりくつを言《い》って、言《い》いかえすようす。

ようれい お母《かあ》さんは、「ああ言《い》えばこう言《い》うで、まったく**口《くち》が減《へ》らない**子《こ》だ」と、わが子《こ》にあきれかえった。／妹《いもうと》は**口《くち》が減《へ》らない**ので、口《くち》げんかをしてもいつもぼくが負《ま》けてしまう。

口《くち》から先《さき》に生《う》まれる

慣用句

いみ あきれるほどおしゃべりな人《ひと》のこと。からかって言《い》うことが多《おお》い。

ようれい さおりちゃんは一日中《いちにちじゅう》、しゃべりどおしで、「あの子《こ》はきっと**口《くち》から先《さき》に生《う》まれ**てきたのね」と、友《とも》だちもあきれている。

口《くち》が悪《わる》い

慣用句

いみ 平気《へいき》で人《ひと》のいやがることをずけずけ言《い》う。けなしたり、にくまれ口《ぐち》をきくようす。ほめることをしない。

ようれい **口《くち》が悪《わる》い**人《ひと》ほど、心《こころ》はやさしいものだと母《はは》は言《い》う。／祖《そ》父《ふ》の**口《くち》が悪《わる》い**のはいつものことだから、気《き》にしない方《ほう》がいい。

四字熟語 温故知新《おんこちしん》：昔《むかし》の出来事《できごと》から新《あたら》しい知識《ちしき》やものの見方《みかた》を身《み》につける。

口車《くちぐるま》に乗《の》せられる

慣用句

よくでる!

いみ 口先《くちさき》だけのうまい話《はなし》に、まんまとだまされる。

さんこう 「口車《くちぐるま》」は、たくみな言《い》い回《まわ》しをすること。人《ひと》をうまくだます場合《ばあい》は、「口車《くちぐるま》に乗《の》せる」という。

ようれい 「卓球部《たっきゅうぶ》に入《はい》ると女《おんな》の子《こ》にもてるよ」という友《とも》だちの**口車《くちぐるま》に乗《の》せられ**て、入部《にゅうぶ》してしまった。

口《くち》にする

慣用句

いみ ①食《た》べる。飲《の》む。②口《くち》に出《だ》す。話題《わだい》にする。

ようれい ①心配《しんぱい》ごとがあるのか、田中《たなか》くんはサンドイッチを少《すこ》し**口《くち》に**しただけで、ほとんど食《た》べなかった。②**口《くち》にする**のもおそろしいことが、次々《つぎつぎ》と起《お》こりつつあった。

口《くち》も八丁《はっちょう》手《て》も八丁《はっちょう》

慣用句

いみ 口《くち》もうまいが、やることもよくやって、なんでもうまくこなすというたとえ。

さんこう 「八丁《はっちょう》」は、いろいろな道具《どうぐ》を使《つか》いこなすことができるほど器用《きよう》であるということ。ただ、口《くち》もすることもうまいということには、軽率《けいそつ》といったような意味合《いみあ》いもあるので、ほめことばには用《もち》いない。

同じいみ 口八丁手八丁《くちはっちょうてはっちょう》

口《くち》を利《き》く

慣用句

いみ ①ものを言《い》う。②人《ひと》の間《あいだ》に立《た》って、話《はなし》がうまくいくように仲《なか》をとりもつ。

ようれい ①山本《やまもと》くんは後《こう》はいのくせに、えらそうな**口《くち》を利《き》く**。②先《せん》ぱいに**口《くち》を利《き》**いてもらって、話《はなし》がうまくまとまった。

四字熟語《よじじゅくご》 快刀乱麻《かいとうらんま》：物事《ものごと》をあざやかに処理《しょり》するようす。

口《くち》を切《き》る

慣用句

いみ ①大《おお》ぜいの中《なか》で、いちばん初《はじ》めに発言《はつげん》する。②新《あたら》しいかんやびんのふたをあける。

ようれい ①木下《きのした》くんが口《くち》を切《き》ったのをかわきりに、いろんな意《い》見《けん》が飛《と》び出《だ》した。②一度《いちど》口《くち》を切《き》ったかんづめは、早《はや》めに食《た》べてしまったほうがいい。

同じいみ ①口火《くちび》を切《き》る（→173ページ）

口《くち》をそろえる

慣用句

いみ 多《おお》くの人《ひと》が、みな同《おな》じことを言《い》う。

ようれい 教室《きょうしつ》の花《か》びんをわった人《ひと》はだれかと先生《せんせい》に聞《き》かれたが、クラス全員《ぜんいん》が口《くち》をそろえて「知《し》りません」と言《い》った。

同じいみ 異口同音《いくどうおん》（四字熟語《よじじゅくご》→22ページ）

知《し》りません

口《くち》を出《だ》す

慣用句

いみ 人《ひと》の話《はなし》にわきからわりこんで、自《じ》分《ぶん》の意見《いけん》などを言《い》う。

ようれい 子《こ》どもがおとなの問題《もんだい》に口《くち》を出《だ》すものではない、と母《はは》にしかられた。

同じいみ 口《くち》をはさむ（→64ページ）／くちばしをいれる（→125ページ）

親《おや》のけんかに
口《くち》を出《だ》さない！

口《くち》をとがらせる

慣用句

いみ 不満《ふまん》そうな顔《かお》つきをする。

ようれい いつもぼくばかりしかられると、兄《あに》は口《くち》をとがらせた。

同じいみ くちびるをとがらす

口《くち》をにごす

慣用句

いみ ことばをあいまいにしてぼかす。

同じいみ 言葉《ことば》をにごす（→254ページ）

四《よ》字《じ》熟《じゅく》語《ご》 臥薪嘗胆《がしんしょうたん》：目的《もくてき》を達成《たっせい》させるために、苦《くる》しい努力《どりょく》を続《つづ》ける。

口《くち》をぬぐう

慣用句

いみ よくないことをしておきながら、知《し》らないふりをするようす。また、知《し》っていて知《し》らないふりをする。

さんこう 「ぬぐう」は、ふいて取《と》るという意味《いみ》。ぬすみ食《ぐ》いをしたあと、口元《くちもと》をふいて知《し》らん顔《かお》をしている、ということから。もっぱら、悪《わる》いことに使《つか》う。

ようれい **口《くち》をぬぐっ**ていた犯人《はんにん》の一人《ひとり》が、犯行《はんこう》を自供《じきょう》した。

口《くち》をはさむ

慣用句

いみ 人《ひと》の話《はな》している途中《とちゅう》に、割《わ》りこんでくること。

ようれい 木村《きむら》くんと話《はな》していたら、横《よこ》山《やま》くんが**口《くち》をはさ**んできた。

同じいみ 口《くち》を出《だ》す（→63ページ）／くちばしをいれる（→125ページ）

口《くち》を割《わ》る

慣用句

よくでる!

いみ かくしていたことを、やっとしゃべる。問《と》いつめられてしゃべるようす。

ようれい 共犯者《きょうはんしゃ》が**口《くち》を割《わ》**ったことで、事件《じけん》はいっきょに解決《かいけつ》した。

口角《こうかく》あわを飛《と》ばす

慣用句

いみ はげしいいきおいで議論《ぎろん》するようす。

さんこう 「口角《こうかく》」とは、口《くち》のわき。そこから、つばきが飛《と》ぶほどのはげしさ、ということから。

ようれい 友《とも》だちどうしでけんかして、おたがいが「そっちが悪《わる》い」と**口角《こうかく》あわを飛《と》ばし**て言《い》い合《あ》っていた。

四《よ》字《じ》熟《じゅく》語《ご》 隔靴掻痒《かっかそうよう》：足《あし》のかゆい所《ところ》を靴《くつ》の上《うえ》からかくように、思《おも》いどおりにいかず、もどかしいようす。

小耳《こみみ》にはさむ

慣用句

いみ ちらりと聞《き》く。聞《き》くつもりもなく、ちょっと耳《みみ》にする。

さんこう 「小《こ》」は、ちょっとという意味《いみ》。

ようれい 明日《あす》、映画会《えいがかい》が公園《こうえん》で行《おこな》われることを小耳《こみみ》にはさんだ。／鈴木《すずき》くんが小耳《こみみ》にはさんだところによると、となりのクラスの先生《せんせい》は今度《こんど》結婚《けっこん》するらしい。

舌打《したう》ちする

慣用句

いみ 思《おも》うようにならなかったり、いまいましい気持《きも》ちを表《あらわ》すしぐさ。

さんこう うまくいかないときなどに、舌《した》でチェッと音《おと》を立《た》てて不満《ふまん》げにすることから。

ようれい アイスの当《あ》たりクジが当《あ》たらず、思《おも》わず「チェッ」と舌打《したう》ちしてしまった。

舌《した》が肥《こ》える

慣用句

いみ おいしいものをいろいろと食《た》べている経験《けいけん》などから、味《あじ》のよしあしがよくわかること。

ようれい おじさんは舌《した》が肥《こ》えているので、おいしい料理《りょうり》を出《だ》すレストランへよく連《つ》れて行《い》ってくれる。

ことわざ・慣用句《かんようく》クイズ⑥

答《こた》えは274ページを見《み》てね

次《つぎ》のあ～おの（　）の意味《いみ》を見《み》て、○にあてはまることばや漢字《かんじ》を入《い》れて慣用句《かんようく》を完成《かんせい》させましょう。

あ 口《くち》が○○い（かるがるしく人《ひと》にしゃべらない）

い 口《くち》が○○ない（あれこれとへらずぐちをきく）

う 口《くち》を○○○る（みな同《おな》じことを言う）

え 口《くち》を○○す（ことばをあいまいにする）

お 口《くち》を○る（かくしていたことをしゃべる）

クイズ⑥は60～64ページを見《み》ながらとこう。

四《よ》字《じ》熟《じゅく》語《ご》 画竜点睛《がりょうてんせい》：最《もっと》も大切《たいせつ》なところに最後《さいご》に手《て》を加《くわ》え、完成《かんせい》させること。

舌《した》が回《まわ》る

慣用句

いみ よくしゃべる。

さんこう ぺらぺらと、よく舌《した》が回転《かいてん》するということから。

ようれい 近所《きんじょ》のおばさんはよく**舌《した》が回《まわ》る**。今日《きょう》もうちの母親《ははおや》をつかまえて、近所《きんじょ》の出来事《できごと》を次《つぎ》から次《つぎ》へと話《はな》している。

同じいみ 口《くち》が回《まわ》る

舌足《したた》らず

慣用句

いみ ①表現《ひょうげん》が不十分《ふじゅうぶん》で、説明《せつめい》が足《た》りない。②舌《した》の回《まわ》り方《かた》が十分《じゅうぶん》でなく、ことばがはっきりしない。

ようれい ①授業中《じゅぎょうちゅう》、問題《もんだい》の説明《せつめい》をまかされたが、**舌足《したた》らず**で、聞《き》いている人《ひと》に内容《ないよう》がよく伝《つた》わらなかった。②あの子《こ》の**舌足《したた》らず**なしゃべり方《かた》は、もって生《う》まれたものらしい。

舌《した》つづみを打《う》つ

慣用句

いみ おいしいものを食《た》べたときなどのしぐさ。味《あじ》のよさに満足《まんぞく》する。

さんこう 「つづみ」は、打楽器《だがっき》のこと。これを打《う》ち鳴《な》らすように、おいしさに、思《おも》わず舌《した》を鳴《な》らすことから。

ようれい 次々《つぎつぎ》に出《で》てくる料理《りょうり》のおいしさに、全員《ぜんいん》が**舌《した》つづみを打《う》**った。

おいしいー

舌《した》の根《ね》もかわかぬうちに

慣用句

いみ あることを言《い》ったすぐ後《あと》。

さんこう 前《まえ》に言《い》ったこととちがう言動《げんどう》を、非難《ひなん》するときに用《もち》いる。

ようれい 今日《きょう》からダイエットすると言《い》ったその**舌《した》の根《ね》もかわかぬうちに**、母《はは》はつまみ食《ぐ》いをしている。

ダイエットするわ！
あら おいしそう！

四《よ》字《じ》熟《じゅく》語《ご》 **緩急自在《かんきゅうじざい》**：物事《ものごと》を思《おも》うがままにあやつる。

舌《した》を巻《ま》く

慣用句

いみ ひどく感心《かんしん》する。ことばも出《で》ないほどおどろく。

さんこう ひどくおどろいて、声《こえ》も出《で》ないということから。

ようれい 天才《てんさい》といわれる少年《しょうねん》の見事《みごと》な絵《え》を見《み》せられて、周囲《しゅうい》は舌《した》を巻《ま》いた。

しり目《め》にかける

慣用句

いみ 相手《あいて》をばかにしたような目《め》つきで見《み》る。軽《かる》く見《み》る。

さんこう 「しり目《め》」は、相手《あいて》に顔《かお》を向《む》けず、目《め》だけ動《うご》かして後《うし》ろのほうを見《み》る目《め》つきのこと。

ようれい 追《お》い上《あ》げてきた選手《せんしゅ》は、ほかの選手《せんしゅ》をしり目《め》にかけて走《はし》り去《さ》った。

白《しろ》い目《め》で見《み》る

慣用句

いみ 冷《れい》たんな目《め》つきで、軽《けい》べつするように人《ひと》を見《み》る。

ようれい ふざけていて窓《まど》ガラスを割《わ》ってしまった事件《じけん》のときは、みんなから白《しろ》い目《め》で見《み》られた。

同じいみ 白眼視《はくがんし》する

すずしい顔《かお》

慣用句

いみ 自分《じぶん》には何《なん》のかかわりもないというような、平気《へいき》な顔《かお》つきのこと。自分《じぶん》がやったのに知《し》らないふりをすること。

ようれい 戸《と》だなのケーキを食《た》べた兄《あに》は、母親《ははおや》に追《つい》きゅうされても「知《し》らないよ」と、すずしい顔《かお》をしていた。

同じいみ 知《し》らん顔《かお》

四《よ》字《じ》熟《じゅく》語《ご》 完全無欠《かんぜんむけつ》：欠点《けってん》や不足《ふそく》がまったくなく、完《かん》ぺきなようす。

忠言耳に逆らう 〔慣用句〕

いみ 忠告のことばは、それが自分にとっていいことでも、素直には聞き入れられない。

さんこう 「忠言」は、相手のためを思っていさめることばという意味。

ようれい 忠言耳に逆らうで、今あの子に何を言ってもだめだ。

同じいみ 良薬は口に苦し（→186ページ）

なみだにくれる 〔慣用句〕

いみ 悲しみの気持ちでくらす。

ようれい 父の会社がつぶれたのはショックだが、明日からのことを考えたら、なみだにくれているひまなどない。

なみだにまよう 〔慣用句〕

いみ 悲しみのために、とほうにくれる。

ようれい 子どもをなくしてなみだにまよう母親の姿が、新聞で報道された。

なみだをのむ 〔慣用句〕 【おぼえておこう！】

いみ 泣きたいほどつらい気持ちや、無念の思いをじっとがまんするようす。

ようれい 小林くんはなみだをのんで、進学をあきらめた。

なみだをふるって 〔慣用句〕

いみ 同情や個人的な感情をおさえ、ふるいのけること。

ようれい 試合に負けてくやしかったが、なみだをふるって、明日からまた練習に出ようと決意した。

歯が立たない 〔慣用句〕

いみ ①相手のほうがまさっていて、とてもかなわないこと。②かたくてかむことができないこと。

さんこう かたくてかむことができない、ということから。

ようれい ①おとなとの対戦では、やはり歯が立たなかった。②このせんべいはとてもかたくて、まったく歯が立たない。

四字熟語 危機一髪：髪の毛一本ほどの近さに危機がせまっているように、ひじょうにあぶない状態である。

鼻《はな》が高《たか》い

慣用句

よくでる!

いみ ほこりに感《かん》じ、得意《とくい》なこと。

ようれい 優勝《ゆうしょう》をはたしたクラスの担任《たんにん》の先生《せんせい》は、職員室《しょくいんしつ》でも**鼻《はな》が高《たか》**かった。

鼻《はな》であしらう

慣用句

おぼえておこう!

いみ 相手《あいて》をばかにして冷《つめ》たく、あるいはいいかげんにあつかうこと。

さんこう 鼻先《はなさき》で、ふんというように応答《おうとう》することから。

ようれい 上級生《じょうきゅうせい》に、対等《たいとう》な勝負《しょうぶ》をしようと言《い》ったら、**鼻《はな》であしら**われた。

同じいみ 鼻先《はなさき》であしらう

鼻《はな》にかける

慣用句

おぼえておこう!

いみ 自《じ》まんする。得意《とくい》がる。

ようれい 平田《ひらた》くんは学歴《がくれき》を**鼻《はな》にかける**ので、みんなからきらわれている。

鼻《はな》につく

慣用句

おぼえておこう!

いみ あきてしまい、いやになる。

さんこう いつも同《おな》じにおいをかいでいると、そのにおいが鼻《はな》にこびりついてしまうことから。

ようれい 毎晩《まいばん》カレーでは、**鼻《はな》につ**いてしょうがない。／あの人《ひと》のなれなれしい態度《たいど》が**鼻《はな》につ**いた。

鼻《はな》を明《あ》かす

慣用句

おぼえておこう!

いみ 相手《あいて》をだしぬいて、あっと言《い》わせることのたとえ。

さんこう 本来《ほんらい》は、自分《じぶん》よりも実力《じつりょく》が格上《かくうえ》の相手《あいて》に対《たい》して使《つか》う。

ようれい 今度《こんど》の試験《しけん》では満点《まんてん》を取《と》って、クラスのみんなの**鼻《はな》を明《あ》か**してやりたい。

四字熟語 起死回生《きしかいせい》：死《し》にかかった状態《じょうたい》から息《いき》をふき返《かえ》す。

歯《は》に衣《きぬ》を着《き》せない

慣用句

いみ 相手《あいて》の気持《きも》ちなどは気《き》にしないで、思《おも》っていることをずけずけ言《い》うことのたとえ。

さんこう 歯《は》に衣《きぬ》（着《き》るもの）をかぶせないで、ありのままを伝《つた》える、という意味《いみ》から。

ようれい ぼくのおじさんは、会社《かいしゃ》の上司《じょうし》にも**歯《は》に衣《きぬ》を着《き》せない**言《い》い方《かた》をする。／派手《はで》なかっこうの女性《じょせい》を見《み》て、お年寄《としよ》りが**歯《は》に衣《きぬ》を着《き》せない**説教《せっきょう》をしていた。

歯《は》のぬけたよう

慣用句

いみ ところどころがぬけていて、まばらなようす。

ようれい 講演《こうえん》が行《おこな》われる会場《かいじょう》は、開始時間《かいしじかん》になっても人《ひと》が集《あつ》まらず、客席《きゃくせき》は**歯《は》のぬけたよう**な状態《じょうたい》だった。

同じいみ くしの歯《は》が欠《か》けたよう（→172ページ）

額《ひたい》を集《あつ》める

慣用句

いみ みんなでいっしょになって、相談《そうだん》することのたとえ。

さんこう おたがいの額《ひたい》がくっつくぐらい顔《かお》を近《ちか》づけ、寄《よ》り集《あつ》まるということから。

ようれい クラスのみんなで**額《ひたい》を集《あつ》めて**、文化祭《ぶんかさい》の企画《きかく》を考《かんが》えた。

仏頂面《ぶっちょうづら》

慣用句

いみ ふくれっつら。無愛想《ぶあいそ》な顔《かお》つきのこと。

さんこう 「仏頂《ぶっちょう》」は、仏頂尊《ぶっちょうそん》という、こわい仏《ほとけ》さまのことを指《さ》している。

ほおをそめる

慣用句

いみ 顔《かお》をほんのりと赤《あか》らめること。

ようれい さくらさんの名前《なまえ》を聞《き》いただけで、ひとしくんは**ほおをそめた**。

四《よ》字《じ》熟《じゅく》語《ご》 起承転結《きしょうてんけつ》：文章《ぶんしょう》や物事《ものごと》の順序《じゅんじょ》や組《く》み立《た》て。

ほおをふくらます

慣用句

いみ　不満《ふまん》な顔《かお》つきをする。

さんこう　おこったように、ぷーとほおをふくらますしぐさから。

ようれい　ケーキのとり分《わ》けで、自分《じぶん》の分《ぶん》が小《ちい》さいといって弟《おとうと》はほおをふくらませておこった。

ほっぺたが落《お》ちる

慣用句

いみ　食《た》べたものが、とてもおいしいことのたとえ。

ようれい　このりんごは、ほっぺたが落《お》ちそうなほどおいしい。

同じいみ　ほおが落《お》ちる／あごが落《お》ちる

ことわざ・慣用句《かんようく》クイズ⑦

答《こた》えは274ページを見《み》てね

1 次《つぎ》の①～⑤の慣用句《かんようく》と（　）内《ない》の意味《いみ》の中《なか》から、まちがった組《く》み合《あ》わせのものを三《みっ》つ選《えら》んで、正《ただ》しい意味《いみ》をア～オの中《なか》から選《えら》びましょう。

① 口角《こうかく》あわを飛《と》ばす（はげしく議論《ぎろん》し合《あ》う）

② 舌《した》の根《ね》もかわかぬうちに（おいしいものを食《た》べる）

③ しり目《め》にかける（相手《あいて》をばかにしたような目《め》つき）

④ 忠言耳《ちゅうげんみみ》に逆《さか》らう（忠告《ちゅうこく》を素《す》直《なお》に聞《き》き入《い》れる）

⑤ 歯《は》に衣《きぬ》を着《き》せない（思《おも》ったことがいえない）

ア　あることを言《い》ったすぐあと

イ　ひどく感心《かんしん》する

ウ　思《おも》ったことをずけずけと言《い》う

エ　じっくり議論《ぎろん》する

オ　忠告《ちゅうこく》はいいことでも聞《き》き入《い》れない

2 次《つぎ》のあ～おの（　）の意味《いみ》を見《み》て、○にあてはまることばや漢字《かんじ》を入《い》れて慣用句《かんようく》を完《かん》成《せい》させましょう。

あ　舌《した》が○○る（味《あじ》のよしあしがよくわかる）

い　舌《した》が○る（よくしゃべる）

う　舌《した》を○く（ひどく感心《かんしん》する）

え　なみだを○○（無念《むねん》の思《おも》いをぐっとがまんする）

お　なみだに○○る（悲《かな》しみの気《き》持《も》ちでくらす）

クイズ⑦は64～70ページを見《み》ながらとこう。

四字熟語《よじじゅくご》　喜色満面《きしょくまんめん》：顔全体《かおぜんたい》に喜《よろこ》びがあふれているようす。

まゆつばもの

慣用句

いみ あやしくて、いいかげんで、信用《しんよう》できそうにないもの。

さんこう 「まゆ」につばをつけると、きつねなどに化《ば》かされないといわれていることから、うたがわしいものを「まゆつば」というようになった。

ようれい 買《か》った人《ひと》には必《かなら》ず幸運《こううん》がおとずれるというつぼを売《う》りつけられたが、**まゆつばもの**だ。

まゆをひそめる

慣用句

いみ ①他人《たにん》の不《ふ》ゆかいな行《おこな》いに対《たい》して、顔《かお》をしかめる。②心配《しんぱい》ごとなどで顔《かお》をしかめる。

ようれい ①子《こ》どものマナーの悪《わる》さに、乗客《じょうきゃく》は**まゆをひそめ**た。
②親友《しんゆう》が元気《げんき》がないので、姉《あね》は**まゆをひそめ**て心配《しんぱい》している。

耳《みみ》が痛《いた》い

慣用句

いみ 自分《じぶん》の欠点《けってん》をつかれて、そのことを聞《き》くのがつらい。

ようれい 苦手《にがて》な勉強《べんきょう》のことを言《い》われると、**耳《みみ》が痛《いた》い**。

耳《みみ》が早《はや》い

慣用句

いみ うわさや情報《じょうほう》などを聞《き》きつけるのが、とても早《はや》い。

ようれい **耳《みみ》が早《はや》い**生徒《せいと》は、先生《せんせい》がやめることをもう知《し》っていた。

同じいみ 耳《みみ》ざとい

耳《みみ》にする

慣用句

いみ ごくしぜんに聞《き》きつける。

ようれい 最近《さいきん》、二人《ふたり》のうわさをよく**耳《みみ》にする**が、本当《ほんとう》はどうなんだ。

耳《みみ》よりな

慣用句

いみ そのことを聞《き》くことで、得《とく》をするようす。

ようれい **耳《みみ》よりな**情報《じょうほう》だよ、と言《い》って加藤《かとう》くんはゲームソフトの発売日《はつばいび》を教《おし》えてくれた。

四《よ》字《じ》熟《じゅく》語《ご》 **疑心暗鬼《ぎしんあんき》**：うたがいだすと、何《なん》でもないことまでうたがわしく思《おも》える。

耳《みみ》を疑《うたが》う

慣用句

おぼえておこう!

いみ 信《しん》じられないようなことを聞《き》いて、聞《き》きまちがいではないかとおどろくこと。

ようれい 妹《いもうと》が美少女《びしょうじょ》コンテストで優勝《ゆうしょう》したというアナウンスに**耳《みみ》を疑《うたが》**った。／ぼくにとって**耳《みみ》を疑《うたが》う**ような事実《じじつ》を知《し》らされた。

耳《みみ》をそろえる

慣用句

いみ 必要《ひつよう》な金額《さんがく》などを、不足《ふそく》なくそろえる。

さんこう 平《ひら》たいものの両《りょう》はじを「耳《みみ》」といい、小判《こばん》などの両《りょう》はじをそろえて金銭《きんせん》を調《ととの》えるということから。主《おも》に借金《しゃっきん》の返済《へんさい》の意《い》味《み》に使《つか》う。

ようれい おじに借《か》りていたお金《かね》を、**耳《みみ》をそろえ**て返《かえ》した。

目《め》が利《き》く

慣用句

よくでる!

いみ 物事《ものごと》のいい悪《わる》いを見分《みわ》ける力《ちから》にすぐれている。

ようれい このつぼに目《め》をつけるなんて、あなたは**目《め》が利《き》く**んですね。

同じいみ 目《め》が高《たか》い（→本《ほん》ページ左《ひだり》）

目《め》が肥《こ》える

慣用句

よくでる!

いみ いいものを多《おお》く見《み》ていて、もののよしあしを見分《みわ》ける力《ちから》が増《ま》す。

ようれい 芸術家《げいじゅつか》の父《ちち》をもつたかしくんは、絵《え》を見《み》る**目《め》が肥《こ》え**ている。

目《め》が高《たか》い

慣用句

よくでる!

いみ よい悪《わる》いを見分《みわ》ける力《ちから》がすぐれている。

ようれい 「さすがに**目《め》が高《たか》い**」と、店員《てんいん》はお客《きゃく》をほめちぎった。

同じいみ 目《め》が利《き》く（→本《ほん》ページ右《みぎ》）

四《よ》字《じ》熟《じゅく》語《ご》 奇想天外《きそうてんがい》：ふつうでは思《おも》いつかないような奇《き》ばつな考《かんが》え。

目《め》がない

慣用句

よくでる!

いみ ①たいそう好《す》きで、夢中《むちゅう》になるようす。②よい悪《わる》いを正《ただ》しく見分《みわ》ける力《ちから》がないこと。

ようれい ①わたしはチョコパフェには目《め》がない。②専門家《せんもんか》に鑑定《かんてい》してもらったら、すべてがらくただった。物《もの》を見《み》る目《め》がない証《しょう》こだと言《い》われた。

目《め》が回《まわ》る

慣用句

おぼえておこう!

いみ たいそういそがしいことのたとえ。

さんこう いそがしくてめまいがするほどだ、という意味《いみ》から。

ようれい 人気店《にんきてん》のコックは、目《め》が回《まわ》るようないそがしさだった。

同じいみ 目《め》を回《まわ》す

目《め》から鼻《はな》へぬける

慣用句

おぼえておこう!

いみ 頭《あたま》の回転《かいてん》が速《はや》くて、利口《りこう》で機転《きてん》がきくことのたとえ。

ようれい 大学《だいがく》の教授《きょうじゅ》になったおじは、小《ちい》さいときから目《め》から鼻《はな》へぬけるようなかしこい子《こ》どもだったそうだ。

同じいみ 一《いち》を聞《き》いて十《じゅう》を知《し》る（→149ページ）

目《め》くじらを立《た》てる

慣用句

いみ ささいなことまで取《と》り立《た》てて、あれこれと悪《わる》く言《い》う。

さんこう 「目《め》くじら」は、目《め》のはじ、目《め》じりのこと。目《め》じりをつり上《あ》げておこる、という意味《いみ》から。

ようれい そんなことにまでいちいち目《め》くじらを立《た》てているようでは、神経《しんけい》がもたない。

四《よ》字《じ》熟《じゅく》語《ご》 喜怒哀楽《きどあいらく》：人《ひと》が持《も》つさまざまな感情《かんじょう》。

目《め》くそ鼻《はな》くそを笑《わら》う

ことわざ

おぼえておこう!

いみ 自分《じぶん》の欠点《けってん》には気《き》づかないで、他人《たにん》の欠点《けってん》をあざ笑《わら》うことのたとえ。

さんこう どちらもたいして変《か》わらないのに、目《め》やにが鼻《はな》くそのことをきたないと言《い》って笑《わら》う、という意味《いみ》から。

ようれい 山田《やまだ》くんのテストの点数《てんすう》を笑《わら》った中村《なかむら》くんだが、同《おな》じような点数《てんすう》だったので、目《め》くそ鼻《くそ》くそを笑《わら》うだ。

目《め》に余《あま》る

慣用句

いみ やることがひどすぎて、見《み》すごすことができない。

ようれい 子《こ》どもたちの目《め》に余《あま》るいたずらに、ついに先生《せんせい》のいかりがばく発《はつ》した。

「目《め》くじら」と「目《め》じり」

目《め》は、顔《かお》の中《なか》でも表情《ひょうじょう》を表《あらわ》す重要《じゅうよう》なポイントですが、「目《め》くじら」とはその目《め》のはしの部分《ぶぶん》で、目頭《めがしら》の反対側《はんたいがわ》、いわゆる目《め》じりのことです。その部分《ぶぶん》をつり上《あ》げるとおこっている表情《ひょうじょう》になり、「目《め》くじらを立《た》てる」は、ささいなことを取《と》り立《た》ててあれこれ言《い》うという意味《いみ》になります。

反対《はんたい》に、その部分《ぶぶん》を下《さ》げるとニヤニヤするという表情《ひょうじょう》になって、うれしいときや気《き》にいったとき、あるいは女性《じょせい》に見《み》とれたりするときの目《め》ということになります。

しかしこの場合《ばあい》は、目《め》くじらを下《さ》げる、とは言《い》いません。慣用句《かんようく》では「目《め》じりを下《さ》げる」という言《い》い方《かた》になります。

▲目《め》くじらを立《た》てる　▲目《め》じりを下《さ》げる

四《よ》字《じ》熟《じゅく》語《ご》 牛飲馬食《ぎゅういんばしょく》：牛《うし》や馬《うま》のようにたくさん飲《の》んだり、食《た》べたりする。

目に角を立てる 〔慣用句〕

いみ おこって、きつい目で見ること。「角」は物のつき出た部分で、とげとげしいこと。「角が立つ」で、おだやかでなくなることを意味する。

ようれい 近所のおじさんは、わたしの家のねこのいたずらに、いつも目に角を立てている。

目の中に入れても痛くない 〔慣用句〕

いみ 子どもなどがかわいくて、たまらないさま。あるいは、たいへんかわいがっていることのたとえ。

ようれい となりのおじいちゃんは、孫娘を、目の中に入れても痛くないほどかわいがっている。

同じいみ 目に入れても痛くない

おぼえておこう！

目には目を、歯には歯を 〔ことわざ〕

いみ 相手のやったやり方と同じ方法で、仕返しをすること。

さんこう 古代バビロニアの「ハンムラビ法典」にあることばで、「自分の目をつぶされたら相手の目をつぶし、歯が折られたら相手の歯を折れ」ということ。

ようれい 友だちにいたずらされた弟は、目には目を、歯には歯をといって、同じいたずらをやり返した。

目は口ほどに物を言う 〔ことわざ〕

いみ 目というものは、口で話すのと同じぐらい、人の気持ちを伝えてくれるものだ、というたとえ。

ようれい 目は口ほどに物を言うで、「あなたが何も言わなくても、何かやましいことがないかどうかぐらいわかるわ」と母は言った。

四字熟語 旧態依然（きゅうたいいぜん）：古いままで進歩や発展のないようす。

目鼻《めはな》がつく

慣用句　おぼえておこう！

いみ 物事《ものごと》のだいたいの見通《みとお》しが立《た》つ。だいたい出来上《できあ》がる。

さんこう 「目《め》」と「鼻《はな》」がそろえば、顔立《かおだ》ちがほぼ整《ととの》うという意《い》味から。「目鼻《めはな》をつける」ともいう。

ようれい こじれていた問題《もんだい》にも、ようやく解決《かいけつ》の目鼻《めはな》がついたようだ。

目《め》も当《あ》てられない

慣用句　おぼえておこう！

いみ あまりにひどい状態《じょうたい》で、見《み》ていられない。

ようれい 台風《たいふう》の被害《ひがい》で、あたりは目《め》も当《あ》てられない状《じょう》きょうになっていた。

目《め》もくれない

慣用句

いみ ちっとも関心《かんしん》を持《も》たず、見向《みむ》きもしない。

ようれい さるたちはえさには目《め》もくれないで、山《やま》の方《ほう》へ走《はし》り去《さ》った。

目《め》をかける

慣用句

いみ 特別《とくべつ》にかわいがって、世話《せわ》をする。

ようれい わたしが入《はい》っているバレー部《ぶ》の監督《かんとく》は、いつもわたしに目《め》をかけてくれている。

目《め》を皿《さら》のようにする

慣用句　おぼえておこう！

いみ 目《め》を大《おお》きく見開《みひら》いているようす。

さんこう 目《め》を大《おお》きく見開《みひら》いて皿《さら》のようにすることから。おどろいたり、なくしたものをさがしたりするときの目《め》つきをいう。

ようれい コンタクトレンズを床《ゆか》に落《お》としてしまい、目《め》を皿《さら》のようにしてさがした。

どうしたの？
コンタクトなくした

目《め》をつぶる

慣用句　おぼえておこう！

いみ 欠点《けってん》や失敗《しっぱい》をとがめずに、見《み》て見《み》ないふりをすること。

さんこう 「つぶる」は、つむるともいい、目《め》を閉《と》じるという意味《いみ》。

ようれい 先生《せんせい》は、今日《きょう》のち刻《こく》だけは目《め》をつぶると言《い》ってくれた。

四字熟語　急転直下《きゅうてんちょっか》：急《きゅう》に状《じょう》きょうが変《か》わって、決着《けっちゃく》がつく。

目をぬすむ 〔慣用句〕

いみ 見つからないように、そっと物事を行うようす。

さんこう 悪いことをするときに使われることば。

ようれい 母の目をぬすんで、つまみ食いをした。

目を丸くする 〔慣用句〕

いみ おどろいて、目を大きく見開く。

ようれい 単身赴任のため、久しぶりに会った息子の成長ぶりには、お父さんも目を丸くした。

弱り目にたたり目 〔ことわざ〕

いみ こまっているときに、さらにこまったことや不運、災難が重なって起こる。

さんこう 「弱り目」は、こまっているとき。「たたり目」は、たたりを受けるとき。頭をかかえてこまっているときに、神仏のたたりまで受ける、という意味から。

同じいみ 泣きっ面にはち（→114ページ）

ことわざ・慣用句クイズ⑧

答えは274ページを見てね

❶ 次の①〜⑤の□にア〜カの適当な漢字を入れて、ことわざ・慣用句を完成させましょう。

① 目が□く
② 目が□える
③ 目□がつく
④ □を疑う
⑤ 目を□のようにする
⑥ 目も当てられない
   弱り目にたたり目
   耳をそろえる

ア 耳　イ 鼻　ウ 肥　エ 皿　オ 高　カ 利

❷ 次の①〜⑥のことわざ・慣用句と同じ意味の文章をア〜カから選ぼう。

① まゆつばもの
② 目くそ鼻くそを笑う
③ 目に角を立てる

ア あまりにひどい状態
イ 必要なお金をすべてそろえる
ウ あやしくていいかげんなもの
エ こまっているところへ、さらに問題が起きる
オ おこってきつい目で見る
カ 自分の欠点をさしおいて、他人の欠点を笑う

クイズ⑧は72〜78ページを見ながらとこう。

四字熟語 興味津津：次から次へ興味がわき、つきない。

体《からだ》の名前《なまえ》にかかわる ことわざ・慣用句《かんようく》

②その他《た》の体編《からだへん》

「その他《た》の体《からだ》の名前《なまえ》」にかかわる
ことわざ・慣用句《かんようく》を集《あつ》めました。

足《あし》が棒《ぼう》になる

慣用句

一日《いちにち》歩《ある》き回《まわ》ったら 足《あし》が棒《ぼう》に なっちゃったよ
出口
おつかれ さまでした
あの人《ひと》は 歩《ある》かないから つかれないんだ
ねえ オンブ
がまん しなさい
一日中《いちにちじゅう》 立《た》ちっぱなしで 足《あし》が棒《ぼう》のようだ

よくでる!

いみ 長時間《ちょうじかん》立《た》ち続《つづ》けたり歩《ある》いたりして、足《あし》がひどくつかれることのたとえ。

ようれい 一軒一軒《いっけんいっけん》、町内《ちょうない》を回《まわ》っていたら、足《あし》が棒《ぼう》になってしまった。／迷子《まいご》になった弟《おとうと》をさがしまわって、足《あし》が棒《ぼう》になった。

同じいみ 足《あし》を棒《ぼう》にする（目的《もくてき》があって、あちこちと長時間《ちょうじかん》歩《ある》き回《まわ》る）

警備員《けいびいん》のおじさんは ずっと立《た》っているので 足《あし》が棒《ぼう》になる って言《い》ってたよ

四字熟語《よじじゅくご》 玉石混淆《ぎょくせきこんこう》：すぐれたものと、おとったものが入《い》りまじっている。

腰《こし》を折《お》る

慣用句

わたしは
アイドルの
C《シー》ちゃんが
好《す》き
そうだね
C《シー》ちゃんが
一番《いちばん》かわいいね
アイドルの
C《シー》ちゃんのこと
はどうでも
いいから
もう!
お母《かあ》さんてば
いつも
わたしたちの
話《はなし》の腰《こし》を
折《お》ってばかり!
だって
わたしは歌番組《うたばんぐみ》より
ドラマが
見《み》たいんだもの♪

おぼえておこう!

いみ ①腰《こし》をかがめる。②話《はなし》などの途中《とちゅう》でじゃまをして、勢《いきお》いをくじくこと。

さんこう ②の意味《いみ》では、「話《はなし》の腰《こし》を折《お》る」ともいう。

ようれい ①おじいさんは、**腰《こし》を折《お》っ**て草《くさ》むしりに一生《いっしょう》けんめいだ。②友《とも》だちがいつも話《はなし》の**腰《こし》を折《お》る**ので、なかなか先《さき》に進《すす》まない。

いつも
話《はなし》の腰《こし》を折《お》って
ばかりいるので
注意《ちゅうい》され
るんだ

四《よ》字《じ》熟《じゅく》語《ご》 金科玉条《きんかぎょくじょう》：最《もっと》も大切《たいせつ》な法律《ほうりつ》や決《き》まり、教訓《きょうくん》や信条《しんじょう》。

背《せ》に腹《はら》はかえられない

ことわざ

わ~
くまだ!
ガサガサ
リュックが重《おも》くて速《はや》く走《はし》れないよ~
にげろ!
背《せ》に腹《はら》はかえられない おしいけど リュックは すてよう
ドサッ
この味《あじ》 いっぺん おぼえたら やめられ ないよ
ああ~ お弁当が……
モグ モグ
モグ

よくでる!

いみ 差《さ》しせまったことのために、多《た》少《しょう》のぎせいはやむをえないというような、ゆとりのないことのたとえ。

さんこう 背中《せなか》も大切《たいせつ》だけど、背中《せなか》のためといって、大切《たいせつ》な腹《はら》をぎせいにすることはできない、という意味《いみ》から。

ようれい お父《とう》さんの入院費用《にゅういんひよう》がたりなくなり、**背《せ》に腹《はら》はかえられない**と、お母《かあ》さんは大事《だいじ》なへそくりを投《な》げ出《だ》した。

同じいみ 背《せ》より腹《はら》

欲《ほ》しいもののためには背《せ》に腹《はら》はかえられないマンガを買《か》うのをがまんしよう

ぬれ手《て》であわ

ことわざ

不景気《ふけいき》で返品《へんぴん》の山《やま》だ どうしよう…
返品
返品
社長《しゃちょう》さん これぜ〜んぶ ぼくに くれませんか？
え… じゃあ もっていって いいよ
モンちゃん人形《にんぎょう》 かわいい〜
きゃ〜 カワイイ！
名前《なまえ》を くふうして 売《う》り出《だ》したら 空前《くうぜん》の大《だい》ヒット！
モンちゃん人形 予約発売会
少年起業家 ぬれ手であわの 大もうけ！
8新聞

おぼえておこう！

いみ 苦労《くろう》をしないで、たやすく利益《りえき》を手《て》に入《い》れることのたとえ。

さんこう 「あわ」は米《こめ》、麦《むぎ》などと同《おな》じ穀物《こくもつ》の一種《いっしゅ》。水《みず》にぬれた手《て》であわをつかめば、あわのつぶがくっついて、苦労《くろう》しないで多《おお》くつかむことができる、ということから。

ようれい 原価《げんか》が安《やす》い商品《しょうひん》が高《たか》く売《う》れて、**ぬれ手《て》であわ**の大《おお》もうけとなった。

同じいみ 一獲千金《いっかくせんきん》（四字熟語《よじじゅくご》→34ページ）

ぬれ手《て》であわをつかむようなことってめったにないって父《ちち》が言《い》ってたわ

四字熟語 空前絶後《くうぜんぜつご》：今《いま》までにもなく、これからもないような、たいへんめずらしいこと。

のど元過《もとす》ぎれば熱《あつ》さを忘《わす》れる

ことわざ

あちゃ～
やっぱ0点《てん》かぁ
ようし
今日《きょう》から毎日《まいにち》
11時《じ》まで
勉強《べんきょう》するぞ
ドン
そういう
わけですから
母《かあ》さんも
夜食《やしょく》の協力《きょうりょく》を
おねがい
しますね
いいわよ
でも、のど元過《もとす》ぎれば熱《あつ》さを忘《わす》れるにならないよう
気《き》をつけてね
一週間後《いっしゅうかんご》…
あらマッ！
エイ
ズキュン
エイ
エイ

よくでる！

いみ 苦《くる》しいこともつらいことも、そのときだけのことで、過《す》ぎてしまえばすっかり忘《わす》れてしまう、というたとえ。

さんこう 口《くち》に入《い》れて熱《あつ》いものでも、のどを通《とお》り過《す》ぎれば熱《あつ》さは感《かん》じなくなる、ということから。『いろはがるた』にあることば。

ようれい あれほど腹痛《ふくつう》で苦《くる》しんだのに、**のど元過《もとす》ぎれば熱《あつ》さを忘《わす》れる**で、食《た》べたい放題《ほうだい》食《た》べている。

おなかを
こわさないよう
食《た》べすぎには
注意《ちゅうい》しようね

四《よ》字《じ》熟《じゅく》語《ご》 君子豹変《くんしひょうへん》：今《いま》までの態度《たいど》や考《かんが》え方《かた》が急《きゅう》に変《か》わる。

骨折《ほねお》り損《ぞん》のくたびれもうけ

ことわざ

せっせ
せっせ
せっせ
せっせ
めずらしく熱心《ねっしん》に勉強《べんきょう》してると思《おも》ったら…
やだなあ テレビのクイズ番組《ばんぐみ》のけん賞《しょう》だよ
当《あ》たったら百万円《ひゃくまんえん》もらえるんだ そしたら母《かあ》さんにも…
いらない いらない
どうせ骨折《ほねお》り損《ぞん》のくたびれもうけよ

おぼえておこう!

いみ 苦労《くろう》したかいもなく、何《なん》の利《り》益《えき》も得《え》られないことのたとえ。

さんこう 「骨折《ほねお》り」は、一生《いっしょう》けんめい苦心《くしん》すること。それにもかかわらず、苦労《くろう》がむだになって、くたびれただけだった、ということから。

ようれい せっせとクイズに応《おう》ぼしたのに、みんなはずれ、骨折《ほねお》り損《ぞん》のくたびれもうけだ。

同じいみ 労多《ろうおお》くして功少《こうすく》なし（↓25ページ）

新発売《しんはつばい》のゲームをさがしてたくさんお店《みせ》を回《まわ》ったけど骨折《ほねお》り損《ぞん》のくたびれもうけだった

四《よ》字《じ》熟《じゅく》語《ご》 **群集心理《ぐんしゅうしんり》**：大勢《おおぜい》の人《ひと》が集《あつ》まると興奮《こうふん》しやすくなったり、無責任《むせきにん》なことをしやすくなる状態《じょうたい》。

あげ足《あし》を取《と》る

慣用句

おぼえておこう！

いみ 人《ひと》のことばじりや、ちょっとしたまちがいを取《と》り上《あ》げて、相手《あいて》をせめたり皮肉《ひにく》を言《い》ったりすることのたとえ。

さんこう 柔道《じゅうどう》や相撲《すもう》などで、技《わざ》をかけようとして上《あ》げた相手《あいて》の足《あし》を取《と》って、逆《ぎゃく》にたおすことから。

ようれい 等《ひとし》くんは、人《ひと》の**あげ足《あし》を取《と》っ**てばかりで、かんじんの話《はなし》を聞《き》いていない。

足《あし》が地《ち》につかない

慣用句

いみ ①気持《きも》ちや考《かんが》えがうわついていて、落《お》ち着《つ》きがないようす。②考《かんが》えや、やり方《かた》が着実《ちゃくじつ》ではないようす。

さんこう 一歩《いっぽ》一歩《いっぽ》、地面《じめん》をふみしめるような着実《ちゃくじつ》な歩《ある》き方《かた》でないと、重心《じゅうしん》も高《たか》く、地面《じめん》に足《あし》がついていないようなうわついた歩《ある》き方《かた》になることから。

ようれい ①初《はじ》めて大《おお》ぜいの人《ひと》の前《まえ》に立《た》って**足《あし》が地《ち》につかない**。②いつまでも**足《あし》が地《ち》につかない**ようなことばかり言《い》っていてはだめだ。

足《あし》が出《で》る

慣用句

よくでる！

いみ 費用《ひよう》が予算《よさん》より多《おお》くかかって、お金《かね》がたりなくなる。赤字《あかじ》になること。

ようれい 一人《ひとり》一万円《いちまんえん》の予算《よさん》ですし屋《や》さんへ行《い》ったが、つい食《た》べすぎて、予算《よさん》より一万円《いちまんえん》ほども**足《あし》が出《で》**てしまった。

同じいみ 足《あし》を出《だ》す

足元《あしもと》に火《ひ》が付《つ》く

慣用句

おぼえておこう！

いみ 危険《きけん》なことが自分《じぶん》の身《み》にせまって、安心《あんしん》していられなくなる。

ようれい どろぼうの家《いえ》のまわりを警察《けいさつ》が調《しら》べ始《はじ》めた。**足元《あしもと》に火《ひ》が付《つ》**いたどろぼうは、あわてふためいた。

同じいみ しりに火《ひ》が付《つ》く（↓98ページ）

四字熟語《よじじゅくご》 月下氷人《げっかひょうじん》：男女《だんじょ》の縁結《えんむす》びをする人《ひと》、結婚《けっこん》の仲人《なこうど》。

足元《あしもと》にもおよばない

慣用句

いみ 相手《あいて》のほうがずっとすぐれていて、くらべものにもならないこと。

ようれい 遊《あそ》んでばかりいたぼくのテストの点数《てんすう》は、勉強《べんきょう》していた山田《やまだ》さんの**足元《あしもと》にもおよばない**ほど差《さ》がある。

同じいみ 足元《あしもと》へも寄《よ》りつけない

足元《あしもと》を見《み》る

慣用句

おぼえておこう!

いみ 相手《あいて》の弱《よわ》みにつけこむこと。

さんこう 昔《むかし》、かごをかつぐ人《ひと》などが、旅人《たびびと》の足《あし》のつかれぐあいを見《み》て、料金《りょうきん》をつり上《あ》げたことから。

ようれい 急《きゅう》に気温《きおん》が下《さ》がり、うす着《ぎ》のわたしたちの**足元《あしもと》を見《み》**て、露天商《ろてんしょう》はコートを高《たか》く売《う》りつけてきた。

同じいみ 足元《あしもと》につけこむ

足《あし》を洗《あら》う

慣用句

おぼえておこう!

いみ 今《いま》までのよくない行《おこな》いや仕事《しごと》から、すっかりはなれること。

さんこう よごれた足《あし》を洗《あら》ってきれいにするということから。

ようれい 高校《こうこう》を卒業《そつぎょう》すると同時《どうじ》に、暴走族《ぼうそうぞく》から**足《あし》を洗《あら》**った。

足《あし》を引《ひ》っ張《ぱ》る

慣用句

いみ 他人《たにん》の成功《せいこう》や順調《じゅんちょう》な進行《しんこう》をじゃまして、うまくいかないようにする。

ようれい ぼくのエラーで、チームの**足《あし》を引《ひ》っ張《ぱ》**ってしまった。

後《うし》ろ指《ゆび》をさされる

慣用句

おぼえておこう!

いみ かげで悪口《わるくち》を言《い》われることのたとえ。

さんこう 「後《うし》ろ指《ゆび》」は、人《ひと》を背後《はいご》から指《ゆび》さして悪口《わるくち》を言《い》うこと。

ようれい 他人《たにん》に**後《うし》ろ指《ゆび》をさされる**ようなことは絶対《ぜったい》にするな、というのが父《ちち》の口《くち》ぐせです。

四字熟語《よじじゅくご》 言行一致《げんこういっち》：口《くち》で言《い》うことと実際《じっさい》の行《おこな》いが同《おな》じである。

腕が上がる 〔慣用句〕 よくでる！

いみ じょうずになる。

さんこう 「腕」は、物事をなしとげる能力のこと。

ようれい ひさしぶりにいごの対戦をしたわかい相手が、いつのまにか腕が上がっていたのでおどろいた。

同じいみ▶ 手が上がる

反対のいみ▶ 腕が落ちる

腕が鳴る 〔慣用句〕 よくでる！

いみ 自分の才能や実力などを見せたくて、じっとしていられないような状態。

ようれい 明日の対戦相手が強ごうチームだと思うと、腕が鳴ってしょうがない。／弱そうな相手だと、どう料理してやろうかと腕が鳴る。

腕によりをかける 〔慣用句〕 よくでる！

いみ 自信のある腕前を、いっそうよく見せようと、はりきるようす。

ようれい バレンタインデーには腕によりをかけて、友だちにあげるチョコレートケーキを作った。／腕によりをかけた母の料理は、お客さんにとてもひょうばんがよい。

肩の荷が下りる 〔慣用句〕 よくでる！

いみ 責任や負担から解放され、ほっとすること。

さんこう 肩に背負った荷物を下ろすということから。

ようれい 手塩にかけて育てた娘の花嫁すがたを見て、親としてはようやく肩の荷が下りた。

同じいみ▶ 重荷を下ろす

四字熟語 捲土重来（けんどちょうらい）：一度負けたものが、ふたたび勢いを取りもどす。

肩《かた》を落《お》とす

慣用句　おぼえておこう!

いみ 気落《きお》ちして、がっかりする。

さんこう 力《ちから》がぬけると、肩《かた》が下《さ》がるかっこうになることから。

ようれい 完全試合達成目前《かんぜんじあいたっせいもくぜん》にホームランを打《う》たれたエースは、がっくりと**肩《かた》を落《お》とした**。／あてがはずれた弟《おとうと》は、気《き》の毒《どく》なほど**肩《かた》を落《お》とした**。

肩《かた》を持《も》つ

慣用句　おぼえておこう!

いみ 片《かた》いっぽうの味方《みかた》をすること。

ようれい 先生《せんせい》は、君《きみ》たちがけんかをしても、どちらかの**肩《かた》を持《も》つ**ようなことはしないと言《い》った。

かゆい所《ところ》に手《て》が届《とど》く

慣用句

いみ 細《こま》かいところまで、よく注意《ちゅうい》が行《ゆ》き届《とど》く。

ようれい **かゆい所《ところ》に手《て》が届《とど》く**ような一流《いちりゅう》ホテルのサービスには、感動《かんどう》した。

肝胆《かんたん》をくだく

慣用句

いみ ひじょうに苦心《くしん》したり、努力《どりょく》すること。

さんこう 「肝《かん》」は肝臓《かんぞう》、「胆《たん》」は胆《たん》のうのこと。どちらも重要《じゅうよう》な内臓《ないぞう》で、「肝胆《かんたん》」とは心《こころ》の中《なか》、または心《こころ》という意味《いみ》を表《あらわ》す。

ようれい エジソンは、研究《けんきゅう》を完成《かんせい》させるため、日夜《にちや》**肝胆《かんたん》をくだ**いた。

きびすを返《かえ》す

慣用句

いみ 引《ひ》き返《かえ》す。後《あと》もどりする。

さんこう 「きびす」は「くびす」ともいい、足《あし》のかかとのこと。これを反対《はんたい》に向《む》ける（方向《ほうこう》を変《か》える）ことから。「かかとを返《かえ》す」とは言《い》わない。

ようれい 探検隊《たんけんたい》はわたることのできない深《ふか》い谷《たに》を前《まえ》にして、**きびすを返《かえ》す**しかなかった。

同じいみ きびすをめぐらす／きびすを転《てん》じる

四字熟語《よじじゅくご》 厚顔無恥《こうがんむち》：あつかましくて、恥知《はじし》らずなさま。

肝《きも》が大《おお》きい

慣用句

いみ 度胸《どきょう》があって、何《なに》ごとにもおどろいたり、物《もの》おじしたりしない。

さんこう 「肝《きも》」とは、もともと肝臓《かんぞう》のことだが、ここでは気力《きりょく》とか勇気《ゆうき》という意味《いみ》。

ようれい サーカスで、こわいライオンを使《つか》う女《おんな》の人《ひと》は、肝《きも》が大《おお》きい。

同じいみ 肝《きも》が太《ふと》い（→本《ほん》ページ下段《げだん》）

反対のいみ 肝《きも》が小《ちい》さい（→本《ほん》ページ左《ひだり》）

肝《きも》が小《ちい》さい

慣用句

いみ 度胸《どきょう》がなくておくびょう、思《おも》い切《き》ったことができないような性格《せいかく》や態度《たいど》のこと。

ようれい 肝《きも》が小《ちい》さい弟《おとうと》は、小《ちい》さな犬《いぬ》にほえられても、びくびくしている。

反対のいみ 肝《きも》が大《おお》きい（→本《ほん》ページ右《みぎ》）／肝《きも》が太《ふと》い（→本《ほん》ページ下段《げだん》）

「肝《きも》」の意味《いみ》

「肝《きも》」とは肝臓《かんぞう》とか内臓《ないぞう》のことですが、「肝《きも》っ玉《たま》」などというように精神《せいしん》や気力《きりょく》、心《こころ》の意味《いみ》でも使《つか》われます。

「肝《きも》に銘《めい》じる」「肝《きも》がすわる」などは、すべてその意味《いみ》で使《つか》われます。その中《なか》でも「肝《きも》いり」ということばは、本来《ほんらい》、気《き》をいらだたせること、という意味《いみ》になりますが、そこから物事《ものごと》の世話《せわ》をするとか「骨《ほね》を折《お》る」といった意味《いみ》が生《う》まれました。さらには、そういう人《ひと》として名主《なぬし》や庄屋《しょうや》のことを「肝《きも》いり」とよぶようにもなりました。

肝《きも》が太《ふと》い

慣用句

いみ 度胸《どきょう》があって大《だい》たんで、思《おも》い切《き》ったことができる性格《せいかく》や態度《たいど》。

ようれい こわいと有名《ゆうめい》なおばけ屋敷《やしき》で平然《へいぜん》としているなんて、姉《あね》は肝《きも》が太《ふと》い。

同じいみ 肝《きも》が大《おお》きい（→本《ほん》ページ上段《じょうだん》）

反対のいみ 肝《きも》が小《ちい》さい（→本《ほん》ページ上段《じょうだん》）

四字熟語《よじじゅくご》 巧言令色《こうげんれいしょく》：調子《ちょうし》のいいことを言《い》ったり、気《き》に入《い》られるように愛想《あいそ》をよくすること。

肝《きも》に銘《めい》じる

慣用句

いみ 心《こころ》に深《ふか》く刻《きざ》みつけて、わすれない。

さんこう 「肝《きも》」とは心《こころ》のことだが、「銘《めい》じる」だけでも心《こころ》に深《ふか》く刻《きざ》みつけるという意味《いみ》がある。「肝《きも》に命《めい》じる」は誤《あやま》り。

ようれい この失敗《しっぱい》を肝《きも》に銘《めい》じて、二度《にど》と同《おな》じまちがいをしないという決意《けつい》が必《ひつ》要《よう》だ。

同じいみ 骨《ほね》に刻《きざ》む

肝《きも》をつぶす

慣用句

おぼえておこう！

いみ ひじょうにびっくりすることのたとえ。

ようれい 近《ちか》くの小川《おがわ》で釣《つ》りをしていたら、へびがひょっこり顔《かお》を出《だ》して、みんな肝《きも》をつぶした。

同じいみ 肝《きも》がつぶれる

肝《きも》を冷《ひ》やす

慣用句

いみ あぶない目《め》にあってひやっとしたり、ぞっとすること。

ようれい 足場《あしば》がくずれそうになって、肝《きも》を冷《ひ》やした。

ことわざ・慣用句《かんようく》クイズ⑨

答《こた》えは274ページを見《み》てね

1 次《つぎ》の①〜④の□に、ア〜エの漢字《かんじ》を入《い》れてことわざ・慣用句《かんようく》を完成《かんせい》させましょう。

① 足《あし》が□になる
② 背《せ》に□はかえられない
③ 腕《うで》が□る
④ 肩《かた》の□が下《お》りる

ア 鳴《な》　イ 棒《ぼう》　ウ 荷《に》　エ 腹《はら》

2 次《つぎ》のア〜エのことわざ・慣用句《かんようく》の中《なか》に言《い》いまちがいが二《ふた》つあります。どれかな。

ア ぬれ手《て》であわ
イ のど元《もと》過《す》ぎれば熱《あつ》さを忘《わす》れる
ウ 指《ゆび》折《お》り損《ぞん》のくたびれもうけ
エ 腕《うで》に水《みず》をかける

クイズ⑨は80〜88ページを見《み》ながらとこう。

四字熟語《よじじゅくご》 広大無辺《こうだいむへん》：果《は》てしなく広《ひろ》く、大《おお》きい。

首が飛ぶ 〈慣用句〉

- **いみ** 職をやめさせられること。
- **ようれい** 試合で負けが続き、コーチの首が飛んだ。
- **同じいみ** 首になる

首が回らない 〈慣用句〉 よくでる!

- **いみ** 借金が多くて、どうにもならなくなる。
- **ようれい** この不況では、資金ぐりで首が回らないのは当たり前だ。

首をかしげる 〈慣用句〉

- **いみ** どうも変だと、疑問に思う。
- **さんこう** 「かしげる」は、かたむけるという意味。首を少しかたむけるのは、ふだん物事を考えるときのしぜんな動作である。
- **ようれい** 兄のきみょうな症状に、お医者さんも首をかしげた。
- **同じいみ** 小首をかしげる（→94ページ）／首をひねる（→93ページ）

首をつっこむ 〈慣用句〉

- **いみ** 関心や興味を持って、自分から物事に関係する。
- **ようれい** クラスメイトのケンカに首をつっこんで、かえってさわぎを大きくしてしまった。
- **同じいみ** 頭をつっこむ

首を長くする 〈慣用句〉 よくでる!

- **いみ** 今か今かと、待ちこがれるようす。
- **ようれい** 合格通知が、ようやくとどいた。／家ではおなかをすかせた父と弟が、母とわたしの帰りを首を長くして待っていた。
- **同じいみ** 首をのばす

四字熟語 **口頭試問**：本人に質問して、ことばで答えさせる試験。

首《くび》をひねる

慣用句

いみ どうかなと、疑問《ぎもん》や不満《ふまん》などの気持《きも》ちをいだいて考《かんが》えこむ。

ようれい ひ害者《がいしゃ》の言《い》い分《ぶん》に、警察官《けいさつかん》は**首《くび》をひねった**。／いくら**首《くび》をひねって**も、なぞはとけないままだった。

同じいみ 首《くび》をかしげる（→92ページ）／小首《こくび》をかしげる（→94ページ）

首《くび》を横《よこ》にふる

慣用句

いみ うんと言《い》わない。相手《あいて》に不賛成《ふさんせい》や不満《ふまん》の気持《きも》ちを表《あらわ》すこと。

ようれい おもちゃを買《か》ってほしいと母《はは》にねだったが、母《はは》は**首《くび》を横《よこ》にふる**だけだった。

反対のいみ 首《くび》を縦《たて》にふる

ことわざ・慣用句《かんようく》クイズ⑩

答《こた》えは274ページを見《み》てね

1 次《つぎ》の①～⑤の慣用句《かんようく》と（　）内《ない》の意味《いみ》の中《なか》から、まちがった組《く》み合《あ》わせのものを三《みっ》つ選《えら》んで、正《ただ》しい意味《いみ》を下《した》のア～オの中《なか》から選《えら》びましょう。

① 足元《あしもと》にもおよばない（相手《あいて》のほうがずっとすぐれている）
② 後《うし》ろ指《ゆび》をさされる（危険《きけん》がせまっている）
③ 肝胆《かんたん》をくだく（まわりの人《ひと》に気《き》をくばる）
④ あげ足《あし》を取《と》る（ちょっとした言《い》いまちがいをせめたりする）
⑤ きびすを返《かえ》す（借《か》りていたものを返《かえ》す）

ア 自分《じぶん》から物事《ものごと》にかかわる
イ 引《ひ》き返《かえ》す
ウ 相手《あいて》の弱《よわ》みにつけこむ
エ かげで悪口《わるくち》を言《い》われる
オ ひじょうな苦心《くしん》と努力《どりょく》をする

2 次《つぎ》のあ～えの（　）の意味《いみ》を見《み》て、○にあてはまることばや漢字《かんじ》を入《い》れ、慣用句《かんようく》を完成《かんせい》させましょう。

あ 肩《かた》を○つ（一方《いっぽう》の味方《みかた》をする）
い 足《あし》を○う（よくない行《おこな》いや仕事《しごと》からはなれる）
う 腕《うで》が○○る（じょうずになる）
え 肝《きも》が○さい（小心者《しょうしんもの》）

クイズ⑩は86～90ページを見《み》ながらとこう。

四《よ》字《じ》熟《じゅく》語《ご》 公平無私《こうへいむし》：公平《こうへい》で個人的《こじんてき》な利害《りがい》や感情《かんじょう》を加《くわ》えない。

小首《こくび》をかしげる

慣用句

いみ ①首《くび》をちょっと曲《ま》げる。②不思議《ふしぎ》だ、変《へん》だな、というようすを見《み》せる。

ようれい ①**小首《こくび》をかしげ**て考《かんが》えた。②ミステリーサークルの出《しゅつ》現《げん》に、いったいだれのしわざなのかと、村《むら》の人《ひと》たちは**小首《こくび》をかしげ**た。

同じいみ 首《くび》をかしげる（→92ページ）／首《くび》をひねる（→93ページ）

腰《こし》が強《つよ》い

慣用句

いみ ①精神力《せいしんりょく》が強《つよ》く、なかなか人《ひと》に打《う》ち負《ま》かされないようす。②ねばりけや弾力《だんりょく》があり、よくのびるようす。

ようれい ①クラス代表《だいひょう》には、**腰《こし》が強《つよ》い**山本《やまもと》くんをみんなが推《すい》せんした。②日本《にほん》そばは、**腰《こし》が強《つよ》い**のと、のどごしがいいのがいちばんおいしい。

反対のいみ 腰《こし》が弱《よわ》い（→95ページ）

腰《こし》がぬける

慣用句

いみ ひどくおどろいたり、こわくて腰《こし》が立《た》たなくなること。

さんこう 何《なに》かの拍子《ひょうし》に、腰《こし》の関節《かんせつ》や筋肉《きんにく》を痛《いた》めると、とつぜん立《た》てなくなるが、恐怖《きょうふ》がきっかけで起《お》こることも多《おお》いことから。

ようれい とつぜんゴキブリがあらわれたので、母《はは》は、**腰《こし》がぬけ**てしまった。

同じいみ 腰《こし》をぬかす

腰《こし》が低《ひく》い

慣用句

いみ 他人《たにん》に対《たい》していねいで、へりくだった態度《たいど》を取《と》るようす。

ようれい あの人《ひと》はだれに対《たい》しても**腰《こし》が低《ひく》い**。

同じいみ 頭《あたま》が低《ひく》い

四字熟語 **公明正大《こうめいせいだい》**：公平《こうへい》でやましいことがなく、正々堂々《せいせいどうどう》としている。

腰《こし》が弱《よわ》い

慣用句

いみ ①弱気《よわき》で、ねばり強《づよ》くない。がんばることができない。②ねばりけや弾力性《だんりょくせい》がなく、のびない。折《お》れやすい。

ようれい ①そんなに腰《こし》が弱《よわ》くては、学級委員《がっきゅういいん》はつとまらないだろう、と先生《せんせい》に言《い》われた。②腰《こし》の弱《よわ》い紙《かみ》は、すぐに折《お》れ曲《ま》がって使《つか》いにくい。

反対のいみ 腰《こし》が強《つよ》い （→94ページ）

腰《こし》ぎんちゃく

慣用句

いみ 力《ちから》のある人《ひと》や、年上《としうえ》の人《ひと》などからはなれずに、いつもつきしたがっている人《ひと》。

さんこう 「腰《こし》ぎんちゃく」とは、腰《こし》にさげて持《も》ち歩《ある》くふくろのことで、いつも腰《こし》についている（＝人《ひと》にくっついている）ことから。けいべつしていうことば。

ようれい あいつは上級生《じょうきゅうせい》の腰《こし》ぎんちゃくのようで、同級生《どうきゅうせい》のぼくたちに対《たい》していばりちらしているから、信用《しんよう》ができない。

腰《こし》をすえる

慣用句

いみ ①落《お》ち着《つ》いて物事《ものごと》にうちこむこと。②ある一《ひと》つの場所《ばしょ》に落《お》ち着《つ》くこと。

ようれい ①腰《こし》をすえて毎日《まいにち》五時間《ごじかん》くらい勉強《べんきょう》しないと、落第《らくだい》しそうだ。②おじいさんが北海道《ほっかいどう》に腰《こし》をすえてから、めったに会《あ》わなくなった。

思案投《しあんな》げ首《くび》

慣用句

いみ いい考《かんが》えがうかばず、どうしたらよいかと、しきりに考《かんが》えこむこと。

さんこう 「投《な》げ首《くび》」は、首《くび》をかたむけて考《かんが》えこむようすをいう。

ようれい クラス全員《ぜんいん》で考《かんが》えても、文化祭《ぶんかさい》の出《だ》し物《もの》の名案《めいあん》がうかばず、思案投《しあんな》げ首《くび》といったところだ。

四《よ》字《じ》熟《じゅく》語《ご》 呉越同舟《ごえつどうしゅう》：仲《なか》の悪《わる》い者《もの》どうしが、同《おな》じ場所《ばしょ》に居合《いあ》わせる。

十指に余る 〔慣用句〕

いみ ざっと数えただけでも、かなりの数があるということ。

さんこう 十本の指では数え切れないほどの数ということから。

ようれい 飼っていた十姉妹が、どんどんふえて、十指に余るほどのひなを産んだのでこまっている。／身内だけのコンサートだったが、会場には十指に余る人が集まった。

自腹を切る 〔慣用句〕

いみ 自分でお金を負担する。

さんこう 「自腹」は、自前のこと。かならずしも自分で出さなくてもいいお金を、あえて出す場合にいう。

ようれい 先生は、自腹を切って、クラスの全員にケーキを買ってきてくれた。

同じいみ 身銭を切る

しりが重い 〔慣用句〕

いみ 物事をすぐにはしようとしない。めんどうがる。

さんこう おしりがすぐに重いと、動きがおそいことから。

ようれい 本田くんはしりが重くて、なかなか仕事に取り組もうとしない。

同じいみ 腰が重い

反対のいみ しりが軽い（→本ページ左）

しりが軽い 〔慣用句〕

いみ ①気軽で動きがすばやいことのたとえ。②することが軽はずみなこと。

ようれい ①しりが軽い秋山くんが、クラス会の会場をすぐに見つけてきてくれた。②そんな大事なことをかんたんに引き受けるとは、なんてしりが軽いんだ。

反対のいみ しりが重い（→本ページ右）

四字熟語　**孤軍奮闘**（こぐんふんとう）：孤立した少数の者でけんめいに戦う。

しりが長《なが》い

慣用句

いみ　他人《たにん》の家《いえ》などで話《はな》しこんで、長居《ながい》すること。

さんこう　その場所《ばしょ》に腰《こし》を落《お》ち着《つ》けてしまい、なかなかおしりを上《あ》げようとしないことから。トイレを使《つか》っている時間《じかん》が長《なが》いことをいう場合《ばあい》もある。

ようれい　いそがしいのに、となりのおばさんの**しりが長《なが》い**のには、うんざりさせられる。

同じいみ　長《なが》っちり

しりがわれる

慣用句

いみ　かくしごとなどが明《あか》るみに出《で》る。ばれる。

ようれい　弟《おとうと》は、かくしごとをしていても、顔《かお》に出《で》るのですぐに**しりがわれて**しまう。

しりに敷《し》く

慣用句

いみ　家庭《かてい》で妻《つま》が夫《おっと》よりも強《つよ》い立場《たちば》にいるようす。

ようれい　おじさんはいつも奥《おく》さんの**しりに敷《し》か**れている。

ことわざ・慣用句《かんようく》クイズ⑪

答《こた》えは274ページを見《み》てね

1 次《つぎ》の①～⑤の□にア～オの適当《てきとう》な漢字《かんじ》やことばを入《い》れて、慣用句《かんようく》を完成《かんせい》させましょう。

① □が低《ひく》い
② 思案《しあん》投《な》げ□
③ 十《じっ》□に余《あま》る
④ 自《じ》□を切《き》る
⑤ □が長《なが》い

ア しり　イ 腹《はら》　ウ 首《くび》　エ 腰《こし》　オ 指《し》

2 次《つぎ》の①～⑤の慣用句《かんようく》の□には、人《ひと》の体《からだ》のどの部分《ぶぶん》が入《はい》るでしょうか。ア～オのイラストから正《ただ》しいものを選《えら》びましょう。

① □が地《ち》につかない
② □を落《お》とす
③ 小《こ》□をかしげる
④ □をすえる
⑤ □が軽《かる》い

ア　イ　ウ　エ　オ

クイズ⑪86～97ページを見《み》ながらとこう。

四字熟語《よじじゅくご》　古今東西《ここんとうざい》：いつでも、どこでも。

しりに火《ひ》が付《つ》く

慣用句

おぼえておこう！

いみ 事態《じたい》が差《さ》しせまってきていて、あわてることのたとえ。

ようれい 夏休《なつやす》みもあとわずかになったところで、兄《あに》は**しりに火《ひ》が付《つ》**いたように宿題《しゅくだい》にとりかかった。

同じいみ 足元《あしもと》に火《ひ》が付《つ》く （→86ページ）

しりをたたく

慣用句

いみ しかったり、はげましたりして、せきたてる。

さんこう 牛《うし》や馬《うま》を速《はや》く歩《ある》かせるために、ムチでしりをたたくことからできたことば。

ようれい お母《かあ》さんに**しりをたた**かれての勉強《べんきょう》なんて、本当《ほんとう》の勉《べん》強《きょう》とはいえない。

しりをぬぐう

慣用句

いみ 他人《たにん》の失敗《しっぱい》の後始末《あとしまつ》をする。

さんこう 「ぬぐう」は、紙《かみ》や布《ぬの》でふいてよごれなどを取《と》り去《さ》ること。

ようれい 息子《むすこ》のいたずらの**しりをぬぐう**ことに、お母《かあ》さんは必死《ひっし》だ。

同じいみ しりぬぐいをする

すねに傷《きず》持《も》つ

慣用句

いみ 人《ひと》に知《し》られてはこまるような、やましいことがある。

ようれい **すねに傷《きず》持《も》つ**身《み》なので、あれこれ文句《もんく》を言《い》えるような立場《たちば》ではない。

つめに火《ひ》をともす

ことわざ

いみ たいへんまずしい生活《せいかつ》をする。または、ひじょうにけちなことのたとえ。

さんこう お金《かね》のかかるろうそくや油《あぶら》のかわりに、つめに火《ひ》をつけて明《あ》かりの代用《だいよう》にするほどだ、ということから。

ようれい つめに火《ひ》をともすような生活《せいかつ》をして、収入《しゅうにゅう》のなかった三年間《さんねんかん》をのりきった。

手《て》がつけられない

慣用句

おぼえておこう！

いみ ほかにどうすることもできない。

さんこう どこから手《て》を加《くわ》えてよいか考《かんが》えられないほどだ、ということから。

ようれい 泣《な》きわめく赤《あか》ん坊《ぼう》には、まったく手《て》がつけられない。／火《ひ》の回《まわ》りが速《はや》くて、もう手《て》がつけられない。

手《て》に汗《あせ》をにぎる

慣用句

おぼえておこう！

いみ はらはらしながら、物事《ものごと》のなりゆきを見《み》たり聞《き》いたりするようす。

さんこう きん張《ちょう》すると、手《て》のひらに汗《あせ》をかくことから。

ようれい 父《ちち》は、宝《たから》くじの抽選《ちゅうせん》のもようを、手《て》に汗《あせ》をにぎって見《み》ていた。／今日《きょう》の試合《しあい》は、手《て》に汗《あせ》をにぎる展開《てんかい》だった。

手《て》も足《あし》も出《で》ない

慣用句

よくでる！

いみ 自分《じぶん》の力《ちから》をこえていて、どうすることもできない。

ようれい 相手《あいて》が強《つよ》すぎて、手《て》も足《あし》も出《で》ないまま、一回戦《いっかいせん》が終《お》わった。／警察《けいさつ》の手配《てはい》が早《はや》く、どろぼうは、手《て》も足《あし》も出《で》ないままつかまった。

四字熟語《よじじゅくご》 小春日和《こはるびより》：初冬《しょとう》のころの、春《はる》のようなおだやかであたたかな天気《てんき》。

手を切る 〔慣用句〕 おぼえておこう！

- **いみ** それまであった関係をなくすことのたとえ。
- **さんこう** 好ましくない人と縁を切るときに使われる。
- **ようれい** 悪い友だちとは手を切ってくれと、お母さんに言われた。
- **同じいみ** たもとをわかつ

手をこまねく 〔慣用句〕 おぼえておこう！

- **いみ** 何もしないで、あるいは何もできないで、ただ見ているようす。
- **さんこう** 「手をこまねく」とは、腕組みをしていることで、手を出さないという意味。「手をこまぬく」ともいう。
- **ようれい** ぼくは両親のけんかを、手をこまねいて見ているだけだった。
- **同じいみ** 手をつかねる／腕をこまねく

手をにぎる 〔慣用句〕 よくでる！

- **いみ** ①協力関係をむすぶ。②仲直りをする。
- **ようれい** ①悪代官と商人が手をにぎって不正をはたらく。②先生の仲裁で、けんかしていた二人は手をにぎった。

手を回す 〔慣用句〕

- **いみ** 目的のために、さまざまなところへ働きかけること。
- **ようれい** 父が取引先の担当者に手を回しておいたおかげで、契約はスムーズにとりむすばれた。

手を焼く 〔慣用句〕 よくでる！

- **いみ** どうしてよいか、処置にこまってもてあます。
- **ようれい** 母も、末っ子のいたずらには手を焼いている。

四字熟語 孤立無援：一人ぼっちで、何の助けもない。

慣用句

よくでる!

のどから手《て》が出《で》る

いみ ほしくてほしくて、がまんできないことのたとえ。

さんこう ほしいと思《おも》ったものは、のどから手《て》を出《だ》してでも手《て》に入《い》れたい、という意味《いみ》から。

ようれい 姉《あね》が買《か》ってきたネックレスを見《み》て、わたしは**のどから手《て》が出《で》る**ほどほしくなってしまった。

慣用句

おぼえておこう!

腹《はら》が黒《くろ》い

いみ よくない考《かんが》えを持《も》っていること。根性《こんじょう》が悪《わる》いこと。

さんこう おなか(心《こころ》)の中《なか》に、どろどろとしたものをかくし持《も》っているということから。

ようれい あの人《ひと》は親切《しんせつ》そうに見《み》えても、けっこう**腹《はら》が黒《くろ》い**といううわさだ。

慣用句

腹《はら》の虫《むし》がおさまらない

いみ がまんできないほど、とてもおこっている。どうにもおこらずにはいられない。

さんこう 「腹《はら》の虫《むし》」は、人《ひと》のおなかの中《なか》にいて、人《ひと》の気持《きも》ちを動《うご》かしていると考《かんが》えられていたもの。「おさまらない」は、この虫《むし》がじっとしていない、ということから。

ようれい 通《とお》りすがりの車《くるま》に水《みず》をはねられて、服《ふく》がぬれてしまい、**腹《はら》の虫《むし》がおさまらない**。

ことわざ

腹八分《はらはちぶ》に医者《いしゃ》いらず

いみ おなかが一杯《いっぱい》になるまで食《た》べないで、ほどほどでやめておけば健康《けんこう》でいられる、ということのたとえ。

さんこう 「腹八分《はらはちぶ》」は、腹《はら》の八分目《はちぶんめ》の量《りょう》、つまり満腹《まんぷく》になる手前《てまえ》のこと。「腹八分目《はらはちぶんめ》に〜」ともいう。

ようれい 父《ちち》は**腹八分《はらはちぶ》に医者《いしゃ》いらず**、といって食事《しょくじ》をひかえめにしている。

同じいみ 腹八分《はらはちぶ》に病《やまい》なし

四字熟語 五里霧中《ごりむちゅう》：物事《ものごと》の手《て》がかりがなく、なすすべがない。

腹《はら》をかかえる
慣用句

いみ　とてもおかしいようす。

さんこう　大笑《おおわら》いするときに、おなかをかかえることから。

ようれい　お笑《わら》い番組《ばんぐみ》を見《み》て、**腹《はら》をかかえる**ほど笑《わら》った。

腹《はら》を決《き》める
慣用句　よくでる！

いみ　きっぱりとかくごする。決心《けっしん》する。

ようれい　母《はは》は、夏《なつ》までに十《じっ》キロやせようと**腹《はら》を決《き》め**た。

同じいみ　腹《はら》を固《かた》める

腹《はら》をくくる
慣用句　おぼえておこう！

いみ　度胸《どきょう》をすえること。

ようれい　**腹《はら》をくく**って、このむずかしい問題《もんだい》に取《と》り組《く》むことにした。

腹《はら》を割《わ》る
慣用句　よくでる！

いみ　本当《ほんとう》の気持《きも》ちをかくしだてしないで打《う》ち明《あ》ける。

ようれい　おたがい**腹《はら》を割《わ》**って話《はな》すことが、問題解決《もんだいかいけつ》への第一歩《だいいっぽ》だ。

へそが茶《ちゃ》をわかす
慣用句

いみ　あまりにばかげていて、おかしくてたまらないことのたとえ。

ようれい　「おまえがクラスの代表《だいひょう》になっただなんて、**へそが茶《ちゃ》をわかす**よ」と言《い》いながらも、父《ちち》は喜《よろこ》んでくれた。／**へそが茶《ちゃ》をわかす**ほどおもしろいまんがを読《よ》んだ。

同じいみ　へそで茶《ちゃ》をわかす

へそを曲《ま》げる
慣用句

いみ　きげんを悪《わる》くして、意固地《いこじ》になることのたとえ。

さんこう　「へそ」は体《からだ》の中心《ちゅうしん》にあり、それを曲《ま》げるという意味《いみ》から。

ようれい　散歩中《さんぽちゅう》、愛犬《あいけん》がすっかり**へそを曲《ま》げ**てしまい、その場《ば》から動《うご》かなくなった。

同じいみ　つむじを曲《ま》げる

四字熟語　言語道断《ごんごどうだん》：ことばでは言《い》い表《あらわ》せない、ひどいこと。もってのほか。

骨《ほね》をうずめる

慣用句

いみ ①その土地《とち》や仕事《しごと》などにとどまって、一生《いっしょう》を終《お》えること。②一生《いっしょう》をその目的《もくてき》のためにささげること。

ようれい ①おじさんは、生《う》まれ故郷《こきょう》の九州《きゅうしゅう》に**骨《ほね》をうずめる**つもりで帰《かえ》った。②父《ちち》は、ウイルスの研究《けんきゅう》に**骨《ほね》をうずめる**かくごだ、と言《い》った。

骨《ほね》を折《お》る

慣用句

よくでる!

いみ ①精《せい》を出《だ》して仕事《しごと》にはげむ。②人《ひと》のために力《ちから》をつくす。

ようれい ①一週間《いっしゅうかん》、**骨《ほね》を折《お》った**かいがあって、大《おお》きな契約《けいやく》をとることができた。②進路《しんろ》のことでは、先生《せんせい》がいろいろと**骨《ほね》を折《お》って**くれた。／鈴《すず》木《き》くんは文化祭《ぶんかさい》の準備《じゅんび》に**骨《ほね》を折《お》って**くれた。

ことわざ・慣用句《かんようく》クイズ⑫

答《こた》えは274ページを見《み》てね

1 次《つぎ》の①～⑤の慣用句《かんようく》と（　）内《ない》の意味《いみ》の中《なか》から、まちがった組《く》み合わせのものを三《みっ》つ選《えら》んで、正《ただ》しい意味《いみ》をア～オの中《なか》から選《えら》びましょう。

① **手《て》も足《あし》も出《で》ない**（事態《じたい》がさしせまっている）
② **のどから手《て》が出《で》る**（ほしくてがまんできない）
③ **手《て》をこまねく**（協力関係《きょうりょくかんけい》をむすぶ）
④ **腹《はら》の虫《むし》がおさまらない**（とてもおこっている）
⑤ **骨《ほね》を折《お》る**（きげんが悪《わる》い）

ア 人《ひと》のために力《ちから》をつくす
イ とてもおかしいようす
ウ はらはらしながら見《み》たり聞《き》いたりする
エ 自分《じぶん》の力《ちから》ではどうすることもできない
オ 何《なに》もしないで人《ひと》のすることを見《み》ている

2 次《つぎ》のあ～えの（　）内《ない》の意味《いみ》を見《み》て、○にあてはまることばや漢字《かんじ》を入《い》れ、ことわざ・慣用句《かんようく》を完成《かんせい》させましょう。

あ しりを○○う（他人《たにん》の後始《あとし》末《まつ》をする）
い 手《て》を○○る（協力関係《きょうりょくかんけい》をむすぶ）
う つめに火《ひ》を○○す（たいへんまずしい生活《せいかつ》をする）
え 腹《はら》が○い（よくない考《かんが》えをもつ）

クイズ⑫は98～103ページを見《み》ながらとこう。

四字熟語 **再三再四《さいさんさいし》**：何度《なんど》も何度《なんど》も、たびたび。

魔《ま》の手《て》

慣用句

いみ 悪魔《あくま》の手《て》。人《ひと》に危害《きがい》を加《くわ》えたり、悪《わる》い方《ほう》へさそったりするもののたとえ。

ようれい おやつを食《た》べていたら、くいしん坊《ぼう》の弟《おとうと》の**魔《ま》の手《て》**がしのびよってきた。／うまい話《はなし》にはかならず悪《わる》いことがつきものだから、**魔《ま》の手《て》**にかかるな。

身《み》の毛《け》がよだつ

慣用句

いみ おそろしくて、体中《からだじゅう》の毛《け》が逆立《さかだ》つほどになる。

さんこう 「よだつ」は、ぞっとしてからだの毛《け》が立《た》つという意味《いみ》。

ようれい 目《め》の前《まえ》におばけが現《あらわ》れて、ぼくは**身《み》の毛《け》がよだつ**ほどおどろいた。

同じいみ 鳥《とり》はだが立《た》つ

身《み》の程《ほど》知《し》らず

慣用句

いみ 自分《じぶん》の立場《たちば》や能力《のうりょく》などをわきまえていない。

ようれい 自分《じぶん》の力《ちから》が、全国《ぜんこく》でも通《つう》じると思《おも》うのは、**身《み》の程《ほど》知《し》らず**もいいところだ。

身《み》もふたもない

慣用句

おぼえておこう！

いみ あまりにも、ろ骨《こつ》すぎて、情《じょう》ちょもなく味気《あじけ》ない。

ようれい はじめからダメだと言《い》われては、**身《み》もふたもない**。

身《み》を粉《こ》にする

慣用句

よくでる！

いみ 一生《いっしょう》けんめい、苦労《くろう》をいとわずに働《はたら》く。

ようれい 母《はは》は、わたしたちのために、**身《み》を粉《こ》に**して働《はたら》いた。

胸《むね》がつかえる

慣用句

いみ ①ものを食《た》べたときに、胸《むね》につまって苦《くる》しくなる。②気《き》になることや心配《しんぱい》ごとなどで、胸《むね》が苦《くる》しくなるような気持《きも》ちのこと。

四字熟語 三寒四温《さんかんしおん》：冬《ふゆ》から春《はる》にかけ、寒《さむ》い日《ひ》が三日《みっか》続《つづ》くと、あたたかい日《ひ》が四日《よっか》続《つづ》く気象《きしょう》。

胸三寸《むねさんずん》におさめる

慣用句

いみ 秘密《ひみつ》などを心《こころ》の中《なか》にしまっておき、だれにも言《い》わない。

さんこう 「胸三寸《むねさんずん》」とは、心《こころ》の中《なか》という意味《いみ》。三寸《さんずん》は昔《むかし》の長《なが》さの単位《たんい》で、約九《やくきゅう》センチ。

ようれい 君《きみ》との約束《やくそく》は、だれにも言《い》わないでぼくの**胸三寸《むねさんずん》におさめて**おくよ。

同じいみ 胸三寸《むねさんずん》にたたむ／胸《むね》におさめる

胸《むね》を借《か》りる

慣用句

いみ 実力的《じつりょくてき》に下《した》の者《もの》が、上《うえ》の者《もの》に、相手《あいて》になってもらう。

さんこう 相撲《すもう》の世界《せかい》で、ぶつかりげいこなど、上位《じょうい》の力士《りきし》にけいこをつけてもらうことから。

ようれい 初出場《はつしゅつじょう》なので、どのチームにも**胸《むね》を借《か》りる**気持《きも》ちで対戦《たいせん》しようと、みんなで決《き》めた。

胸《むね》をなで下《お》ろす

慣用句

よくでる!

いみ ほっと、安心《あんしん》する。

ようれい 娘《むすめ》の大学合格《だいがくごうかく》の知《し》らせの電話《でんわ》に、母《はは》は**胸《むね》をなで下《お》ろ**した。

胸《むね》を張《は》る

慣用句

いみ 胸《むね》をつき出《だ》すようにして、得意《とくい》になるさま。

ようれい テストで一番《いちばん》の田中《たなか》くんは、みんなの前《まえ》で**胸《むね》を張《は》**った。

同じいみ 胸《むね》をそらす

胸《むね》をふくらます

慣用句

いみ 期待《きたい》や希望《きぼう》で、心《こころ》の中《なか》があふれる。

ようれい 新入生《しんにゅうせい》は、希望《きぼう》に**胸《むね》をふくらま**せて校門《こうもん》をくぐった。

四《よ》字《じ》熟《じゅく》語《ご》 三三五五《さんさんごご》：数人《すうにん》ずつかたまって、ちらばっているようす。

指を折る 〔慣用句〕

いみ 指を折り曲げて、一つ一つ数を数えること。

ようれい 楽しい夏休みまであと何日と、指を折って待ちこがれる。

同じいみ 指折り数える

指をくわえる 〔慣用句〕 おぼえておこう！

いみ うらやましくても何もできず、ただ見ているしかないこと。

ようれい 好きだった女の子がほかの男の子と楽しそうにしているのを、ぼくは指をくわえてながめていた。

ことわざ・慣用句クイズ⑬

答えは274ページを見てね

1 次の①〜⑤の□にア〜オの適当な漢字を入れて、慣用句を完成させましょう。

① 身の□がよだつ
② 身を□にする
③ □をなで下ろす
④ 胸を□る
⑤ □をくわえる

ア 指　イ 借　ウ 毛　エ 粉　オ 胸

2 次の①〜⑤の慣用句の□には、人の体のどの部分が入るでしょうか。ア〜オのイラストから正しいものを選びましょう。

① □に汗をにぎる
② □が茶をわかす
③ □をくくる
④ □をふくらます
⑤ □ぎんちゃく

ア　イ　ウ　エ　オ

クイズ⑬は95〜106ページを見ながらとこう。

四字熟語　**山紫水明**：山や川の景色がすばらしく、美しい。

動物《どうぶつ》にかかわる

ことわざ・慣用句《かんようく》

「動物《どうぶつ》」にかかわる
ことわざ・慣用句《かんようく》を集《あつ》めました。

いたちごっこ

慣用句

パソコンコーナー
新製品
ねだんならA社《エーしゃ》
性能《せいのう》ならB社《ビーしゃ》
使《つか》いやすさはC社《シーしゃ》
まようなあ…
アキバ電
ひとばん よーく考《かんが》えて 明日《あす》決《き》め ようかな
翌日《よくじつ》――
お客様《きゃくさま》 グッド ニュースです
え～～
各社《かくしゃ》 またまた 新製品発売《しんせいひんはつばい》!?
新製品
これじゃあ いたちごっこで いつまでも 決《き》められないよ

おぼえておこう！

いみ 両方《りょうほう》が同《おな》じことをくり返《かえ》して、きりがないことのたとえ。

さんこう 二人《ふたり》が、かわるがわる「いたちごっこ」「ねずみごっこ」と言《い》いながら、相手《あいて》の手《て》の甲《こう》をつねりあい、どちらかが、いやと言《い》うまで上《うえ》に手《て》を重《かさ》ねていく子《こ》どもの遊《あそ》びから。

ようれい ぼくが国語《こくご》のテストでのぼるくんに勝《か》ったら、今度《こんど》は算数《さんすう》のテストでのぼるくんが勝《か》った。これではまるでいたちごっこだ。

いたちごっこ ねずみごっこは 今度《こんど》みんなで やってみよう

井《い》の中《なか》のかわず大海《たいかい》を知《し》らず

ことわざ

おばあちゃん テストで 100点《てん》 とったよ
おばあちゃん 中学《ちゅうがく》で一番《いちばん》の 成績《せいせき》になったよ
もしかして お前《まえ》は天才《てんさい》 かい
高校《こうこう》では 東大《とうだい》コースに 入《はい》ったよ
東大《とうだい》なら 出世《しゅっせ》コースだね 大物《おおもの》だよお前《まえ》は
おばあちゃん ぜったい大丈夫《だいじょうぶ》と 思《おも》ったのに 東大落《とうだいお》ちちゃった
わ〜〜ん
井《い》の中《なか》の かわず大海《たいかい》 を知《し》らずか

よくでる!

いみ せまい世界《せかい》に閉《と》じこもっていて、ほかにもいろいろな世界《せかい》があることを知《し》らないことのたとえ。

さんこう 「かわず」はかえるのこと。閉《と》ざされた小《ちい》さな井戸《いど》の中《なか》に住《す》んでいるかえるは、大《おお》きな海《うみ》や広《ひろ》い世界《せかい》があることを知《し》らない、ということから。

同じいみ 葦《よし》の髄《ずい》から天井《てんじょう》のぞく

ぼくなんかも さしずめこの タイプだ みんなはどうかな?

 四字熟語《よじじゅくご》 三位一体《さんみいったい》：三《みっ》つのものが結《むす》びつき、一《ひと》つのようである。

えびでたいをつる

慣用句

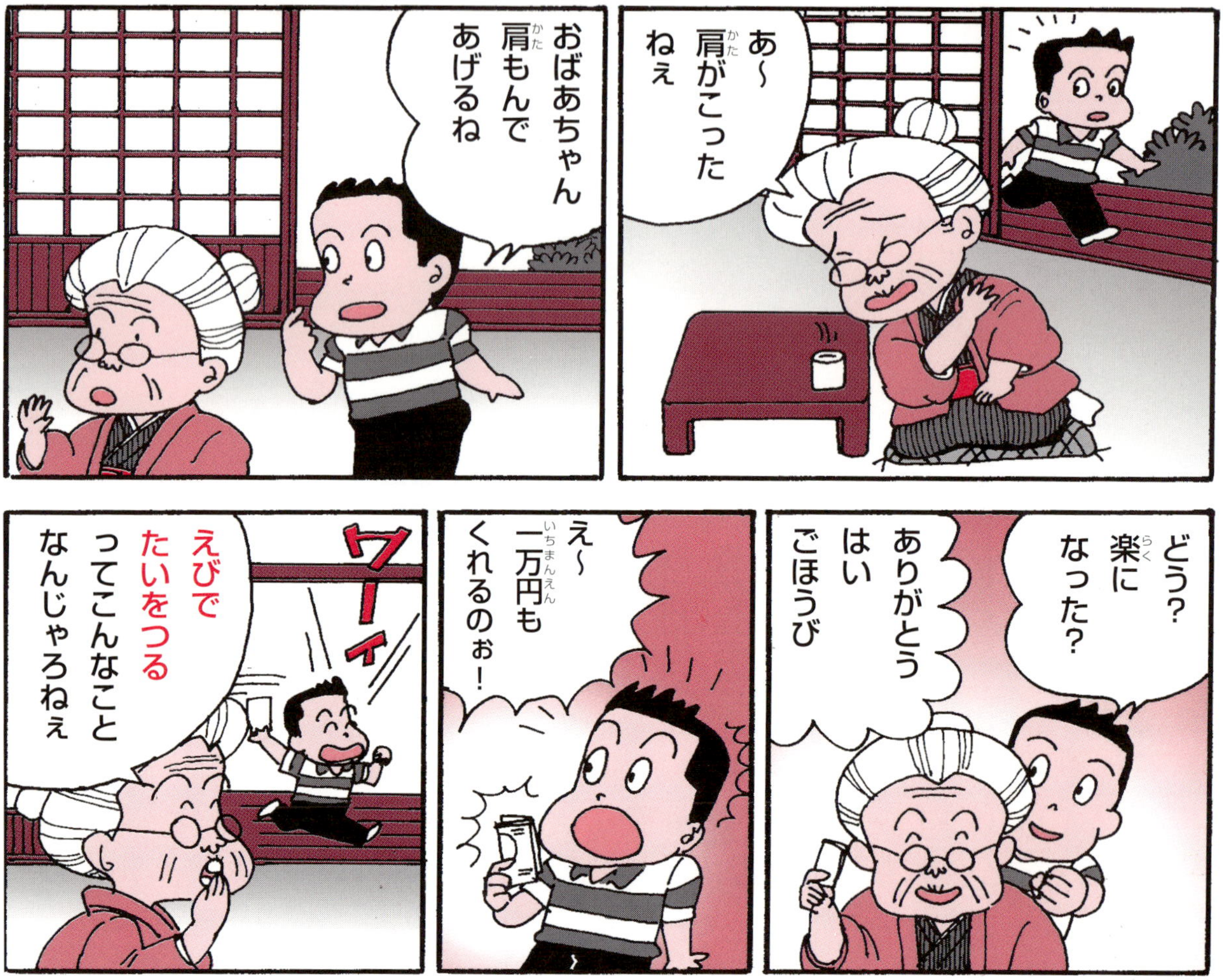

あ～
肩《かた》がこったねぇ
おばあちゃん
肩《かた》もんで
あげるね
どう?
楽《らく》になった?
ありがとう
はい
ごほうび
え～
一万円《いちまんえん》も
くれるのぉ!
ワーィ
えびでたいをつるってこんなことなんじゃろねぇ

よくでる!

いみ わずかな元手《もとで》や手間《てま》ひまで、大《おお》きな利益《りえき》を得《え》ることのたとえ。

さんこう 安《やす》いえびをえさにして、高価《こうか》なたいをつることから。略《りゃく》して「えびたい」ともいう。

ようれい 母《はは》の日《ひ》にお母《かあ》さんに感謝《かんしゃ》する作文《さくぶん》を書《か》いたら、おこづかいをもらった。**えびでたいをつ**った気分《きぶん》だ。

この間《あいだ》、おつかいに行《い》っただけでおこづかい二千円《にせんえん》ももらったわ

四《よ》字《じ》熟《じゅく》語《ご》 自画自賛《じがじさん》：自分《じぶん》で自分《じぶん》のしたことをほめる。

犬猿の仲

慣用句

動物にかかわる

コマ1:
あ となりの犬だ

コマ2:
また となりのねこだわ
うる〜い
ニャーン ニャーン ニャーン

コマ3:
こんど犬がおしっこしたらうったえてやる！
お宅のねここそ静かにさせなさいよ！

コマ4:
ご主人たちは犬猿の仲だけど、ぼくたちは仲がいいのよね

おぼえておこう！

いみ 仲の悪いもののたとえ。

さんこう 昔から犬と猿は、仲が悪いと言われていることから。

ようれい 犬猿の仲の二人が同じグループでは、うまくいくわけがない。

同じいみ 犬と猿

ぼくは妹と犬猿の仲でしょっちゅうケンカしています

四字熟語 自給自足：自分の生活に必要なものを、自分で作ってまかなう。

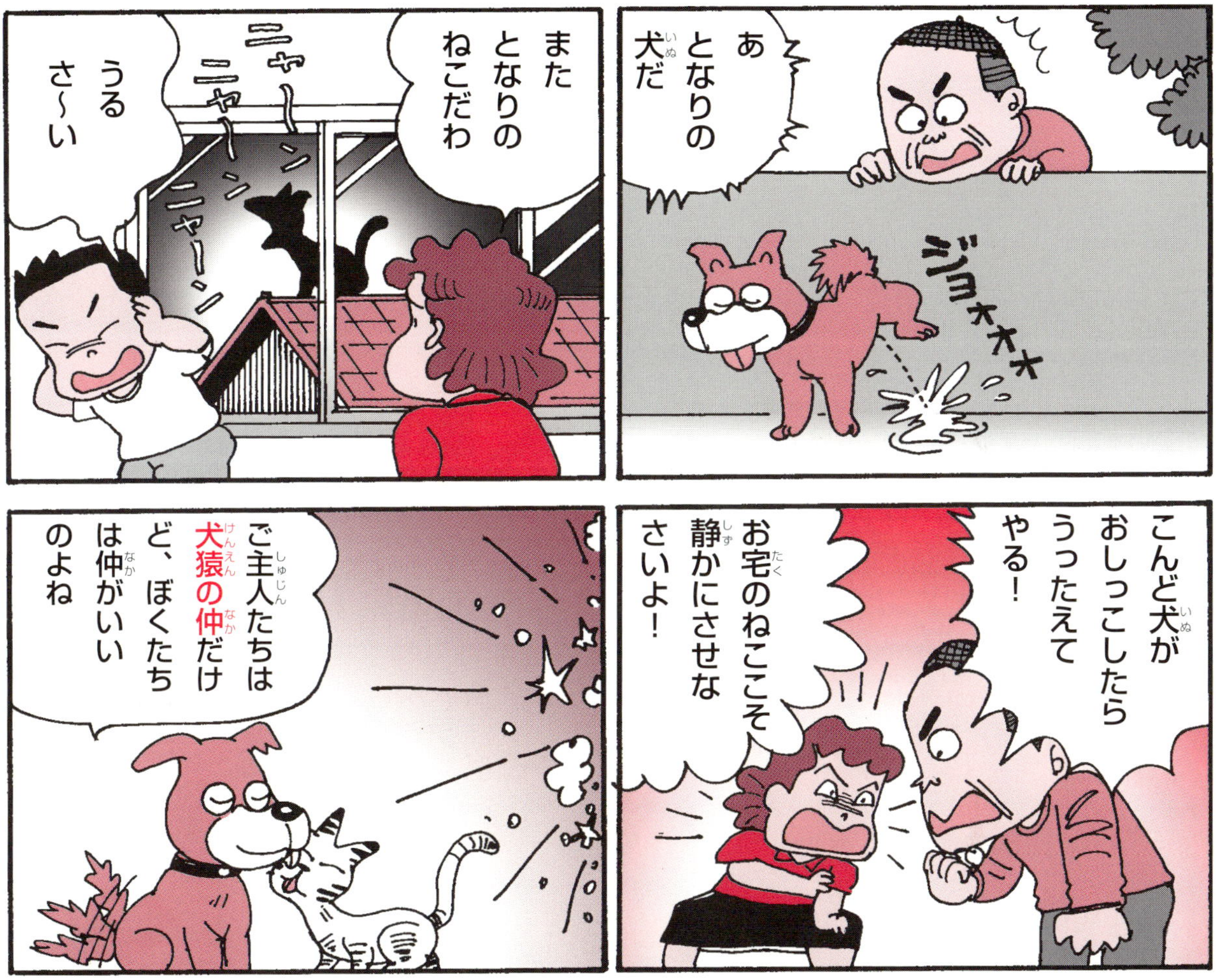

立《た》つ鳥《とり》あとをにごさず

ことわざ

きれいなわたり鳥《どり》だなあ
立《た》つ鳥《とり》あとをにごさず……か
それにひきかえ人間《にんげん》は……
自然を大切に!
バードウォッチング広場
ガグッ
だめだよな〜

よくでる!

いみ 立《た》ち去《さ》るときは、あとが見苦《みぐる》しくないよう、きちんと始末《しまつ》をしていくことが大切《たいせつ》だという教《おし》え。

さんこう 水鳥《みずどり》は、飛《と》び去《さ》るときも、あとの水辺《みずべ》をにごさないよう、きれいに飛《と》び立《た》つ、ということから。

ようれい 立《た》つ鳥《とり》あとをにごさずと、六年生《ろくねんせい》たちは卒業式《そつぎょうしき》の日《ひ》までに、きれいに教室《きょうしつ》をそうじしていった。

同じいみ 飛《と》ぶ鳥《とり》あとをにごさず

反対のいみ 後《あと》は野《の》となれ山《やま》となれ

(→208ページ)

引《ひ》っこしするときにも元《もと》の家《いえ》はきれいにそうじしていくよね

飛《と》んで火《ひ》に入《い》る夏《なつ》の虫《むし》

慣用句

よくでる！

いみ 危険《きけん》なことがはっきりしているのに、おろかにも自分《じぶん》からそこへ飛《と》びこんでいく。

さんこう 明《あか》るい火《ひ》の光《ひかり》に引《ひ》かれて集《あつ》まってくる習性《しゅうせい》のある夏《なつ》の虫《むし》は、やがて自《みずか》らその火《ひ》の中《なか》に飛《と》びこんで焼《や》け死《し》んでしまう、ということから。

ようれい 犯人《はんにん》は、警官隊《けいかんたい》が包囲《ほうい》している道《みち》にやってきた。飛《と》んで火《ひ》に入《い》る夏《なつ》の虫《むし》もいいところだ。

 四字熟語《よじじゅくご》 試行錯誤《しこうさくご》：何度《なんど》も試《こころ》みて、失敗《しっぱい》しながらも目的《もくてき》に近《ちか》づいていく。

泣《な》きっ面《つら》にはち

ことわざ

なんだこの成績《せいせき》は！
とつぜんどうしたの？
だいたいお前《まえ》は！
ガミガミガミガミ
今日《きょう》はついてないなぁ 母《かあ》さんおこづかいちょうだい！
そんなものありません！
お父《とう》さんのお給料《きゅうりょう》へらされたから当分《とうぶん》おこづかいぬきです！
泣《な》きっ面《つら》にはちとはこのことだぁ～

よくでる！

いみ 不幸《ふこう》なうえに、さらに悪《わる》いことが重《かさ》なることのたとえ。

さんこう 悲《かな》しくて泣《な》いていると、さらに、はちが来《き》て顔《かお》をさすということから。

ようれい 自転車《じてんしゃ》のパンクに始《はじ》まって、お財布《さいふ》までなくすなんて、今日《きょう》は本当《ほんとう》に**泣《な》きっ面《つら》にはち**だわ。

同じいみ 弱《よわ》り目《め》にたたり目《め》（↓78ページ）

道《みち》で転《ころ》んでどろまみれになったらお母《かあ》さんにしかられちゃった

四字熟語《よじじゅくご》 **自業自得《じごうじとく》**：自分《じぶん》がやった悪事《あくじ》の結果《けっか》が、自分《じぶん》に返《かえ》ってくる。

ねこに小判《こばん》

ことわざ

あれ？いちばん値《ね》うちのあるマンガがない！
母《かあ》さん知《し》らない？
ああ たばねてあった マンガならすてたわよ
え〜 全《ぜん》10巻《かん》で50万円《まんえん》もするお宝《たから》なのに〜！
ガーン
どこ？どこ？
ねこに小判《こばん》とはこのことだニャ〜

よくでる！

いみ どんなに値打《ねう》ちのあるものでも、その価値《かち》のわからない者《もの》にはむだだということ。

さんこう ねこに小判《こばん》をあたえても、お金《かね》の値打《ねう》ちはわからないという意味《いみ》から。

ようれい こんな高級《こうきゅう》なデジタルカメラは、小学生《しょうがくせい》の息子《むすこ》にはねこに小判《こばん》だ。

同じいみ ぶたに真珠《しんじゅ》 （→135ページ）

僕《ぼく》のカード
コレクションも
母《かあ》さんには
ねこに小判《こばん》だ

 四《よ》字《じ》熟《じゅく》語《ご》 時代錯誤《じだいさくご》：時代《じだい》の流《なが》れに合《あ》わない、時代《じだい》おくれの考《かんが》え方《かた》。

柳《やなぎ》の下《した》のどじょう

慣用句

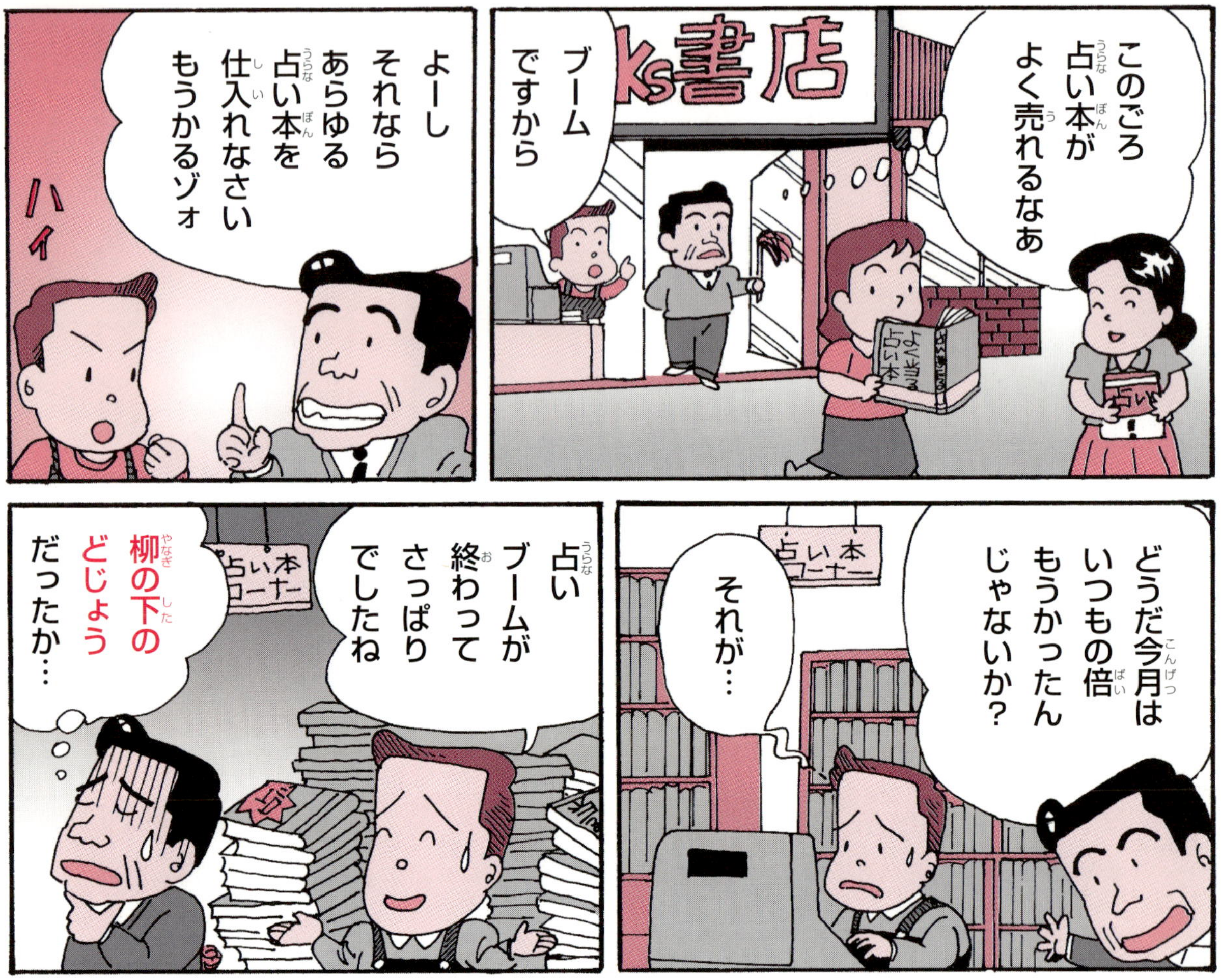

おぼえておこう!

いみ 一度《いちど》うまくいったからといって、いつも同《おな》じようにうまくいくとはかぎらない、ということのたとえ。

さんこう たまたま柳《やなぎ》の木《き》の下《した》の川《かわ》で、どじょうをつかまえたからといって、いつもそこにいるわけではない、という意味《いみ》。「柳《やなぎ》の下《した》にいつもどじょうはいない」ともいう。

ようれい 宝《たから》くじの一等《いっとう》が出《で》たという売《う》り場《ば》に行《い》って、**柳《やなぎ》の下《した》のどじょう**をねらってみたが、だめだった。

反対のいみ 二度《にど》あることは三度《さんど》ある

(→152ページ)

渡《わた》る世間《せけん》に鬼《おに》はなし

ことわざ

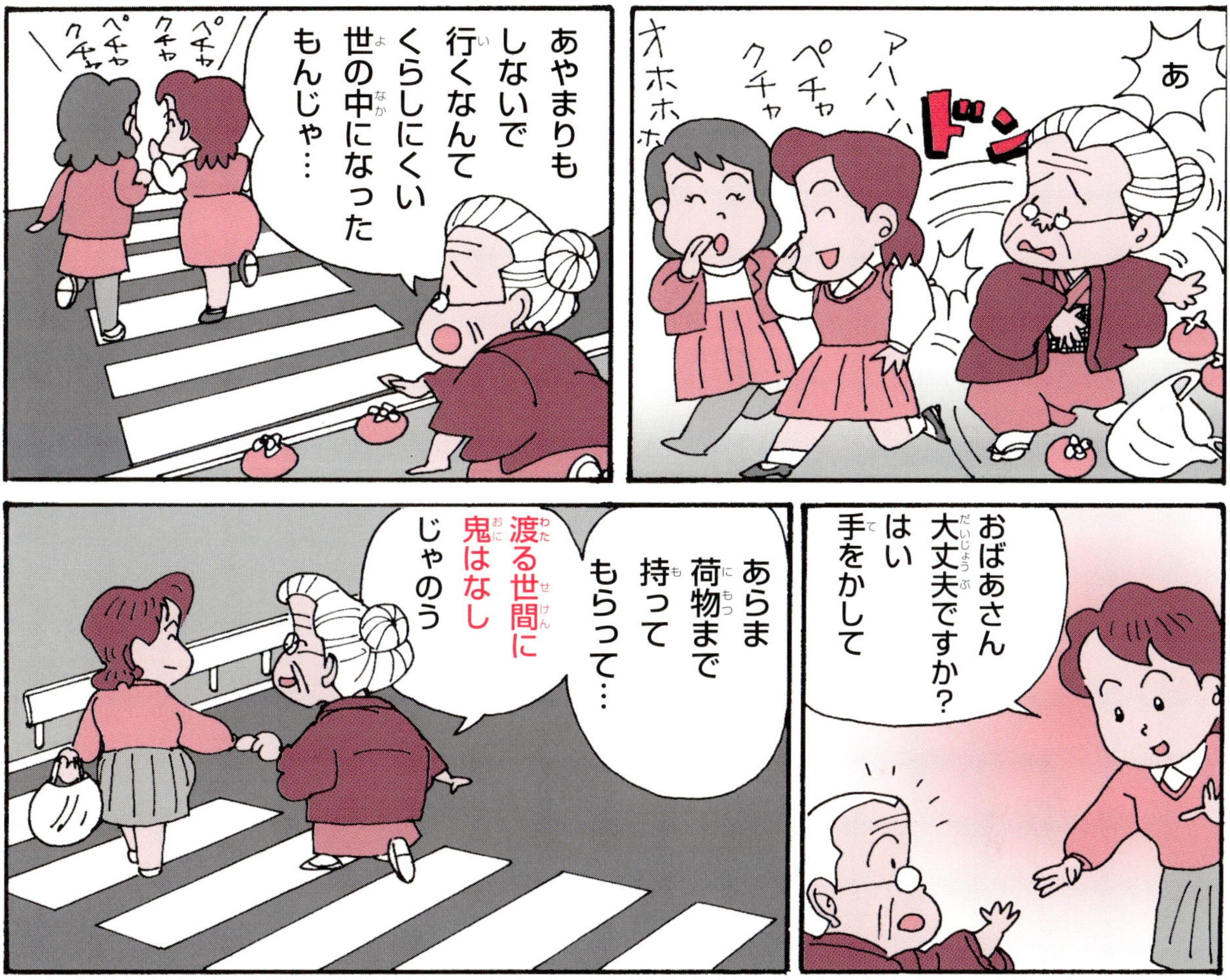
あ
ドン
アハハハ
ペチャクチャ
オホホホ
ペチャクチャ
ペチャクチャ
あやまりもしないで行《い》くなんてくらしにくい世《よ》の中《なか》になったもんじゃ…
おばあさん大丈夫《だいじょうぶ》ですか？はい手《て》をかして
あらま荷物《にもつ》まで持《も》ってもらって…
渡《わた》る世間《せけん》に鬼《おに》はなしじゃのう

おぼえておこう！

いみ 世《よ》の中《なか》は、鬼《おに》のような人《ひと》ばかりのように見《み》えるが、やさしい思《おも》いやりのある人《ひと》も必《かなら》ずいるものだ、ということのたとえ。

ようれい 財布《さいふ》をすられてしまったが、**渡《わた》る世間《せけん》に鬼《おに》はなし**だね。お金《かね》を貸《か》してくれる人《ひと》がいて、ようやく家《いえ》に帰《かえ》れた。

この間《あいだ》落《お》とした腕時計《うでどけい》がちゃんと交番《こうばん》にとどけられていた渡《わた》る世間《せけん》に鬼《おに》はなしだね

 四《よ》字《じ》熟《じゅく》語《ご》 七転八倒《しちてんばっとう》：苦痛《くつう》のために、転《ころ》げまわって、もがき苦《くる》しむ。

あぶはち取らず

慣用句 — よくでる！

いみ あれもこれもと欲張って、結局、どちらもだめになること。

さんこう 「あぶ」と「はち」を、いっぺんに取ろうとしたが、どちらも取れずににがしてしまった、という意味から。

ようれい ちょうを追いかけていたらばったも見つけたので取ろうとしたが、あぶはち取らずでどっちにもにげられた。

同じいみ 二兎を追う者は一兎をも得ず（四字熟語→48ページ）（→133ページ）

反対のいみ 一石二鳥（四字熟語→48ページ）／一挙両得（四字熟語→39ページ）

ありのはい出るすきもない

慣用句 — おぼえておこう！

いみ 体の小さなありさえもにげ出すすき間がないこと。まわりがきびしく囲まれていることのたとえ。

ようれい 銀行強盗の犯人は、警察のありのはい出るすきもないきびしいけい戒ぶりに、逃げるのをあきらめて自首してきた。

同じいみ 水ももらさない

生き馬の目をぬく

慣用句

いみ 他人を出しぬいて、すばやく利益を自分のものにするなど、ぬけ目がなく油断のできないことのたとえ。

さんこう 生きている馬の目玉を、ぬき取ってしまうほどすばやくて、油断もすきもない、ということから。

同じいみ 生牛の目をくじる

一寸の虫にも五分のたましい

ことわざ — よくでる！

いみ どんなに小さくて弱いものにも、それなりの意地や考え方があるのだから、決してばかにしてはいけない、ということのたとえ。

さんこう 一寸（約三センチ）ほどの小さい虫でも、五分（一寸の半分）ぐらいの大きなたましいを持っている、ということから。

同じいみ 一寸の虫にさえ五分のたましい／なめくじにも角

四字熟語　**質実剛健**：まじめでかざり気がなく、たくましく強い。

犬《いぬ》が西向《にしむ》きゃ尾《お》は東《ひがし》

ことわざ

いみ 当然《とうぜん》すぎるぐらい当然《とうぜん》でわかりきったことを、わざと事新《ことあたら》しく言《い》うことのたとえ。

さんこう 犬《いぬ》が西《にし》のほうを向《む》けば、しぜんとその尾《お》は反対《はんたい》の東《ひがし》のほうを向《む》く、ということから。

同じいみ 雨《あめ》が降《ふ》る日《ひ》は天気《てんき》が悪《わる》い

犬《いぬ》も歩《ある》けば棒《ぼう》に当《あ》たる

ことわざ

よくでる!

いみ ①何《なに》かをしようとしたり、でしゃばりすぎると、思《おも》いがけない災難《さいなん》にあうことも多《おお》くなる。②何《なに》もしないより、何《なに》かをやっていれば、思《おも》いがけない幸運《こううん》にもめぐりあうことのたとえ。

さんこう 「棒《ぼう》に当《あ》たる」とは、人間《にんげん》たちからの攻《こう》げきにあう、といった意味《いみ》。本来《ほんらい》は①のたとえだったが、現在《げんざい》では②の意味《いみ》で使《つか》われることが多《おお》い。

いわしの頭《あたま》も信心《しんじん》から

ことわざ

いみ つまらないものでも、それを信《しん》じる人《ひと》にとっては、ひどくありがたいものに思《おも》える、というたとえ。

さんこう 節分《せつぶん》の夜《よる》に、鬼《おに》を追《お》いはらうため、いわしの頭《あたま》をひいらぎの枝《えだ》にさして、玄関《げんかん》にかざるという風習《ふうしゅう》から。

魚心《うおごころ》あれば水心《みずごころ》

ことわざ

いみ 相手《あいて》の態度《たいど》しだいで、こちらの態度《たいど》も決《き》まるというふうに、どのようにでも応《おう》じることができる、というたとえ。

さんこう 本来《ほんらい》は「魚《うお》、心《こころ》あれば、水《みず》、心《こころ》あり」と読《よ》み、魚《さかな》が水《みず》を好《この》む、つまり水《みず》の中《なか》にすみたいというなら、水《みず》のほうにもそれに応《おう》じる心《こころ》があるだろう、という意味《いみ》。ふつう、あまりよい意味《いみ》には使《つか》われない。

ようれい 冬休《ふゆやす》みの宿題《しゅくだい》を手伝《てつだ》ってもらおうと、兄《あに》の好《す》きなチョコレートをあげたら、魚心《うおごころ》あれば水心《みずごころ》で、うまく話《はなし》がついた。

四字熟語 自暴自棄《じぼうじき》：希望《きぼう》をすてて、投《な》げやりな行動《こうどう》をとる。

牛《うし》に引《ひ》かれて善光寺参《ぜんこうじまい》り

ことわざ

いみ ほかのことにさそわれて、自分《じぶん》でも知《し》らないうちにぐうぜん、よい方向《ほうこう》にみちびかれることのたとえ。また、自分《じぶん》の考《かんが》えではなく、ほかの人《ひと》に言《い》われて始《はじ》めたことで、思《おも》いがけないよい結果《けっか》を得《え》ること。

さんこう 昔《むかし》、長野《ながの》の善光寺《ぜんこうじ》近《ちか》くに住《す》んでいた信《しん》こう心《しん》のないおばあさんが、牛《うし》の角《つの》にひっかかった布《ぬの》を取《と》りもどそうと、牛《うし》を追《お》っていくうちに、善光寺《ぜんこうじ》に着《つ》いてしまった。おばあさんは、それがきっかけで信《しん》こう心《しん》にめざめた、という伝説《でんせつ》から。

うなぎのねどこ

慣用句

いみ 正面《しょうめん》のはばがせまいのに、奥《おく》行きのある建物《たてもの》や場所《ばしょ》。

さんこう 「ねどこ」は、ねるためにふとんをしいた所《ところ》。うなぎは体《からだ》が細《ほそ》長《なが》く、そのねどこは細長《ほそなが》いだろうということから。

ようれい この商店街《しょうてんがい》は、間口《まぐち》がせまくて、まるで**うなぎのねどこ**のような店《みせ》がならんでいる。

うなぎのぼり

慣用句

いみ 物事《ものごと》の評判《ひょうばん》や値打《ねう》ちなどが、どんどん上《あ》がってとまらないこと。

さんこう うなぎが水中《すいちゅう》を泳《およ》ぐとき、流《なが》れにさからってすいすい上《のぼ》るように泳《およ》ぐことから。また、うなぎを手《て》でつかもうとすると、上《うえ》へ上《うえ》へとのぼっていくことから。

ようれい テレビの取材《しゅざい》を受《う》けてからというもの、あのラーメン屋《や》の評判《ひょうばん》は**うなぎのぼり**だ。

うの目《め》たかの目《め》

慣用句

よくでる!

いみ 何《なに》かをさがし出《だ》そうとして、少《すこ》しのことも見《み》のがさないよう、目《め》をするどくするようす。

さんこう 鳥《とり》の鵜《う》が、魚《さかな》をねらったり、鷹《たか》が、小鳥《ことり》をつかまえようとするときの目《め》から。

ようれい わたしは少《すこ》しでも安《やす》いバッグを手《て》に入《い》れようと、店内《てんない》を**うの目《め》たかの目《め》**でさがし回《まわ》った。

四字熟語《よじじゅくご》 **四面楚歌《しめんそか》**：まわりがすべて敵《てき》で、一人《ひとり》も味方《みかた》がいない。

馬《うま》が合《あ》う

慣用句

よくでる!

いみ おたがいに気《き》が合《あ》う。

さんこう 馬《うま》の心《こころ》と、乗《の》る人《ひと》の気持《きも》ちが一体《いったい》になる、ということから。

ようれい さゆりさんとは、初《はじ》めて会《あ》ったときから馬《うま》が合《あ》った。

反対のいみ 反《そ》りが合《あ》わない（→262ページ）

馬《うま》の耳《みみ》に念仏《ねんぶつ》

ことわざ

いみ どのように言《い》って聞《き》かせても、少《すこ》しも気《き》にするようすがない。言《い》ったことが、何《なん》の役《やく》にも立《た》たないことのたとえ。

さんこう 馬《うま》に「なむあみだぶつ」と念仏《ねんぶつ》を聞《き》かせても、馬《うま》にはそのありがたみなど少《すこ》しもわからない、ということから。

ようれい お父《とう》さんがいくら生活態度《せいかつたいど》を注意《ちゅうい》しても、息子《むすこ》には馬《うま》の耳《みみ》に念仏《ねんぶつ》だ。

同じいみ 馬耳東風《ばじとうふう》（四字熟語《よじじゅくご》→182ページ）／かえるの面《つら》に水《みず》（→122ページ）／ぬかにくぎ（→182ページ）／のれんに腕《うで》おし（→165ページ）／とうふにかすがい（→181ページ）

おかに上《あ》がったかっぱ

慣用句

いみ なれない場所《ばしょ》や環境《かんきょう》のために、本来《ほんらい》の力《ちから》や能力《のうりょく》が発揮《はっき》できないことのたとえ。

さんこう 水中《すいちゅう》でくらすかっぱは、「おか（＝陸上《りくじょう》のこと）」の上《うえ》では、その力《ちから》を発揮《はっき》できないことから。

ようれい 柔道《じゅうどう》が得意《とくい》な武田《たけだ》くんも、剣道《けんどう》では、かってがちがうらしく、まるでおかに上《あ》がったかっぱのようだ。

同じいみ 木《き》から落《お》ちた猿《さる》

同《おな》じ穴《あな》のむじな

ことわざ

いみ ちょっと見《み》ると別《べつ》のようだが、じつは同《おな》じ悪《わる》い仲間《なかま》であること。

さんこう よくないことや悪《わる》いたくらみを指《さ》す場合《ばあい》に使《つか》われる。「むじな」は、たぬきの別名《べつめい》で、たぬきは人《ひと》を化《ば》かす、つまりだますとされたことから。※むじなは、あなぐまのことも指《さ》す。

ようれい えらそうなことを言《い》っても、しょせんはキミもあの人《ひと》と同《おな》じ穴《あな》のむじなだ。

同じいみ 同《おな》じ穴《あな》のきつね／同《おな》じ穴《あな》のたぬき／一《ひと》つ穴《あな》のむじな

四字熟語《よじじゅくご》 弱肉強食《じゃくにくきょうしょく》：弱《よわ》いものが強《つよ》いものに食《く》われ、えじきにされる。つねに強《つよ》い者《もの》が勝《か》ち残《のこ》ること。

飼《か》い犬《いぬ》に手《て》をかまれる

ことわざ

いみ 日《ひ》ごろから世話《せわ》をしたり、めんどうを見《み》たりして、信《しん》じていた人《ひと》にうらぎられ、さんざんな目《め》にあうことのたとえ。

さんこう かわいがっていた飼《か》い犬《いぬ》に、思《おも》わぬ目《め》にあわされる、という意味《いみ》。「飼《か》い犬《いぬ》に手《て》を食《く》われる」ともいう。

ようれい いつもめんどうを見《み》ていた弟《おとうと》に、塾《じゅく》をサボったことを告《つ》げ口《ぐち》された。**飼《か》い犬《いぬ》に手《て》をかまれる**とはこのことだ。

かえるの面《つら》に水《みず》

ことわざ

いみ 何《なに》を言《い》われたりされたりしても、平気《へいき》でいる。ずうずうしいことのたとえ。

さんこう かえるの顔《かお》に水《みず》をかけても、水《みず》の中《なか》にすんでいるかえるにとっては何《なん》ともなく、平気《へいき》でいる、ということから。

ようれい 生活態度《せいかつたいど》を改《あらた》めさせようといくら注意《ちゅうい》しても、**かえるの面《つら》に水《みず》**で、たけしくんはまったく聞《き》き入《い》れない。

同じいみ 馬《うま》の耳《みみ》に念仏《ねんぶつ》（→121ページ）／のれんに腕《うで》おし（→165ページ）／とうふにかすがい（→181ページ）／ぬかにくぎ（→182ページ）／かえるの面《つら》に小便《しょうべん》

かっぱの川流《かわなが》れ

ことわざ　よくでる!

いみ その道《みち》の名人《めいじん》でも、時《とき》には失敗《しっぱい》することがある、というたとえ。

さんこう 「かっぱ」は水《みず》が好《す》きで、泳《およ》ぎが上手《じょうず》だといわれている想像上《そうぞうじょう》の動物《どうぶつ》。そのかっぱも、時《とき》にはおぼれ、水《みず》に流《なが》されてしまうこともある、という意味《いみ》から。

同じいみ 弘法《こうぼう》にも筆《ふで》のあやまり（→18ページ）／猿《さる》も木《き》から落《お》ちる（→127ページ）／上手《じょうず》の手《て》から水《みず》がもる（→220ページ）

かめの甲《こう》より年《とし》の功《こう》

ことわざ　おぼえておこう!

いみ お年寄《としよ》りなどの長年《ながねん》の経験《けいけん》は、なんといっても値打《ねう》ちがある、ということのたとえ。

さんこう かめは、長生《ながい》きする生《い》き物《もの》。そのかめの「甲《こう》」と、長《なが》い間《あいだ》の経験《けいけん》という意味《いみ》の「年《とし》の功《こう》」をかけてある。

ようれい おばあちゃんの天気予報《てんきよほう》はよく当《あ》たる。さすがに、**かめの甲《こう》より年《とし》の功《こう》**だ。

四《よ》字《じ》熟《じゅく》語《ご》 縦横無尽《じゅうおうむじん》：自由自在《じゆうじざい》に、思《おも》いのまま、物事《ものごと》を行《おこな》う。

きじも鳴《な》かずばうたれまい

ことわざ

いみ よけいなことを言《い》ったばかりに、自分《じぶん》から災難《さいなん》をまねくことのたとえ。

さんこう きじも鳴《な》かないで、じっと静《しず》かにしていれば、りょう師《し》に見《み》つかって鉄《てっ》ぽうでうたれることもない、ということから。

ケーン
あっ きじだ!!

きつねとたぬき

ことわざ

いみ どちらも、ずるがしこさでは負《ま》けずおとらずだ、ということのたとえ。

さんこう 「きつね」も「たぬき」も、昔《むかし》からずるがしこく、人《ひと》をだます動物《どうぶつ》だといわれてきたことから。

ようれい どちらのチームの監督《かんとく》も戦術《せんじゅつ》家《か》で、**きつねとたぬき**だ。

同じいみ きつねとたぬきの化《ば》かし合《あ》い

きつねにつままれる

慣用句

いみ 何《なに》がなんだかわからなくなる。

さんこう 「つままれる」とは、化《ば》かされるという意味《いみ》。

ようれい さっきまでいっしょにいたひとしくんが、とつぜんいなくなり、**きつねにつままれ**た感《かん》じがした。

昨日《きのう》は葉《は》っぱだけだったのにきつねにつままれたようだわ

きつねの嫁入《よめい》り

慣用句

いみ ①日《ひ》が照《て》っているのに、小雨《こさめ》がふる天気《てんき》のこと。天気雨《てんきあめ》。②暗《くら》やみの中《なか》に、燐火《りんか》（狐火《きつねび》）が燃《も》えていくつもならんでいるのを、嫁入《よめい》り行列《ぎょうれつ》のちょうちんに見立《みた》てたもの。

※燐火《りんか》は、空気中《くうきちゅう》の燐《りん》という元素《げんそ》がしぜんに発火《はっか》したもので、昔《むかし》はときどき見《み》られた。

四《よ》字《じ》熟《じゅく》語《ご》 終始一貫《しゅうしいっかん》：始《はじ》めから終《お》わりまで、態度《たいど》や考《かんが》え方《かた》などが変《か》わらない。

窮鼠猫をかむ　ことわざ

いみ 弱いものでも、追いつめられると死にものぐるいになって戦うので、強いものを負かすことがある、ということのたとえ。

さんこう 「窮鼠」とは、追いつめられて、にげ場を失ったねずみのこと。

ようれい いつもいじめられていた一年生が、上級生とけんかして大けがをさせたことが、窮鼠猫をかむと話題になった。

くさってもたい　慣用句

いみ もともとよいものは、たとえ古くなったり、いたんだりしても、それだけの値打ちがある、ということのたとえ。

ようれい 魚のたい（鯛）は、値打ちがとても高く、少し古くなっても、たいはたいでその価値は変わらない、という意味合いから。

さんこう 身なりはまずしくても、くさってもたいのプライドをもって、礼儀だけはわきまえている。

同じいみ ぼろでも八丈

窮鳥懐に入れば猟師も殺さず　ことわざ

いみ 追いつめられて助けを求めてきたものには、どんな理由があっても残こくにはできない、助けるのが人情である、ということのたとえ。

さんこう 「窮鳥」とは、追いつめられた鳥のこと。追いつめられた鳥が、にげ場をなくして自分のところに飛びこんできたときは、鳥をとるのが仕事の猟師でさえも、人情として、殺すようなことはしない、という意味から。

くちばしが黄色い　慣用句

いみ 年がわかくて、未熟な人のたとえ。

さんこう 生まれたばかりのひな鳥のくちばしは、黄色い色をしているところから。

ようれい きみはくちばしが黄色いくせに、いっぱしのことを言うね。

同じいみ しりが青い

四字熟語　**自由自在**：物事を自分の思いのままにあつかう。

くちばしをいれる

慣用句

いみ 他人《たにん》のすることに口出《くちだ》しすること。

ようれい となりのクラスの問題《もんだい》に、**くちばしをいれる**のはよくない。／文化祭《ぶんかさい》の企画《きかく》に**くちばしをいれ**たばっかりに、実行委員《じっこういいん》にされてしまった。／ぼくの弟《おとうと》は、自分《じぶん》に関係《かんけい》のないことでも、すぐに**くちばしをいれ**てくるので、こまっている。

同じいみ くちばしをはさむ／口《くち》を出《だ》す（↓63ページ）／口《くち》をはさむ（↓64ページ）

くもの子《こ》を散《ち》らすよう

慣用句

おぼえておこう！

いみ たくさん集《あつ》まっているものが、いっせいに四方《しほう》に散《ち》らばるようす。

さんこう 親《おや》ぐもがかかえていた袋《ふくろ》がやぶれると、中《なか》にいたたくさんのくもの子《こ》が、四方八方《しほうはっぽう》に散《ち》ることから。

ようれい 動物園《どうぶつえん》をにげ出《だ》したゾウが町中《まちなか》を歩《ある》いているのを見《み》て、人《ひと》びとは**くもの子《こ》を散《ち》らすよう**ににげた。

同じいみ 算《さん》を乱《みだ》す（↓255ページ）

ことわざ・慣用句《かんようく》クイズ⑭

答《こた》えは274ページを見《み》てね

1 次《つぎ》の①〜⑤の□にア〜オの適当《てきとう》な漢字《かんじ》を入《い》れて、ことわざ・慣用句《かんようく》を完成《かんせい》させましょう。

① 立《た》つ□あとをにごさず
② 一寸《いっすん》の□にも五分《ごぶ》のたましい
③ □も歩《ある》けば棒《ぼう》に当《あ》たる
④ □心《ごころ》あれば水心《みずごころ》
⑤ 生《い》き□の目《め》をぬく

ア 犬《いぬ**》　イ 魚《うお》　ウ 馬《うま》　エ 虫《むし》
オ 鳥《とり》

2 次《つぎ》の①〜⑤のことわざ・慣用句《かんようく》には、ある動物《どうぶつ》の名前《なまえ》が入《はい》ります。ア〜カのイラストから正《ただ》しいものを選《えら》びましょう。

① □□の仲《なか》（※二《ふた》つ入《はい》ります）
② □が合《あ》う
③ □□に小判《こばん》
④ あぶ□□取《と》らず
⑤ くさっても□□

ア 馬《うま》

イ たい

ウ 猿《えん》

エ ねこ

オ 犬《けん》

カ はち

クイズ⑭は111〜124ページを見《み》ながらとこう。

 四《よ》字《じ》熟《じゅく》語《ご》 十人《じゅうにん》十《と》色《いろ》：人《ひと》それぞれ、好《この》みや考《かんが》えなどがちがっている。

暗《くら》がりから牛《うし》

慣用句

いみ 物《もの》の判別《はんべつ》がはっきりつかない。または、動作《どうさ》などがにぶく、はきはきしないことのたとえ。

さんこう 牛《うし》は、ふだんの動《うご》きがゆっくりしている動物《どうぶつ》で、色《いろ》も黒《くろ》く、暗《くら》い所《ところ》にいると、よく見《み》えないことから。

ようれい 佐藤《さとう》くんの暗《くら》がりから牛《うし》のようなもたもたした行動《こうどう》に、いらいらがつのった。

同じいみ 暗《くら》がりから牛《うし》を引《ひ》き出《だ》す

ごまめの歯《は》ぎしり

ことわざ

いみ 力《ちから》のない者《もの》が、いくらくやしがっても、どうにもならない、ということのたとえ。

さんこう 「ごまめ」は、小《ちい》さなかたくちいわしを干《ほ》したもので、正月料理《しょうがつりょうり》などに使《つか》う。この場合《ばあい》は雑魚《ざこ》という意味《いみ》で使《つか》っている。

ようれい わたしがいくら反対《はんたい》だとさけんでも、ごまめの歯《は》ぎしりでしかなかった。

さばを読《よ》む

慣用句

いみ 自分《じぶん》のつごうのよいように、数《かず》をごまかす。

さんこう 「読《よ》む」は、数《かぞ》えるという意味《いみ》。市場《いちば》で多量《たりょう》のさばを取《と》り引《ひ》きするとき、わざと急《いそ》いで数《かず》を読《よ》み上《あ》げ、ごまかすことが多《おお》かったことから。

ようれい 姉《あね》は五歳《ごさい》もさばを読《よ》んで、オーディションを受《う》けようとした。

猿《さる》の人《ひと》まね

慣用句

いみ 考《かんが》えなしに人《ひと》のことをまねるものを、ばかにしていうことば。

さんこう 猿《さる》は、人《ひと》がすることを見《み》て、すぐそのまねをする習性《しゅうせい》があることから。ふつう「猿《さる》まね」という形《かたち》で用《もち》いられることが多《おお》い。

ようれい 新聞《しんぶん》を読《よ》みながら食事《しょくじ》をする父《ちち》を見《み》て、子《こ》も同《おな》じことをした。これでは猿《さる》の人《ひと》まねだ。

四字熟語《よじじゅくご》 主客転倒《しゅかくてんとう》：本来《ほんらい》あるべき物事《ものごと》の順序《じゅんじょ》や人《ひと》の立場《たちば》が逆転《ぎゃくてん》する。

猿《さる》も木《き》から落《お》ちる

ことわざ　よくでる!

いみ どんなにその道《みち》にすぐれている人《ひと》でも、時《とき》には失敗《しっぱい》することがある、というたとえ。

さんこう 木登《きのぼ》りが得意《とくい》な猿《さる》でも、時《とき》には木《き》から落《お》ちることがある、という意味《いみ》から。

同じいみ 弘法《こうぼう》にも筆《ふで》のあやまり（→18ページ）／かっぱの川流《かわなが》れ（→122ページ）／上手《じょうず》の手《て》から水《みず》がもる（→220ページ）

しっぽを出《だ》す

慣用句　おぼえておこう!

いみ かくしごとや悪《わる》いことがばれる。

さんこう 化《ば》けていたきつねやたぬきが、ついしっぽを出《だ》してしまって、正体《しょうたい》を見《み》やぶられる、という意味《いみ》から。

ようれい 犯人《はんにん》は調子《ちょうし》にのってしゃべりすぎ、**しっぽを出《だ》し**てしまった。

同じいみ 化《ば》けの皮《かわ》がはがれる／馬脚《ばきゃく》をあらわす（→135ページ）

しっぽをつかむ

慣用句

いみ 人《ひと》がかくしている秘密《ひみつ》や、悪《わる》いことの証《しょう》こをにぎる。

さんこう きつねやたぬきの証《しょう》こである、化《ば》けそこなったしっぽをつかまえた、ということから。

ようれい わたしは、きのうこっそりつまみ食《ぐ》いした弟《おとうと》の**しっぽをつか**んだ。

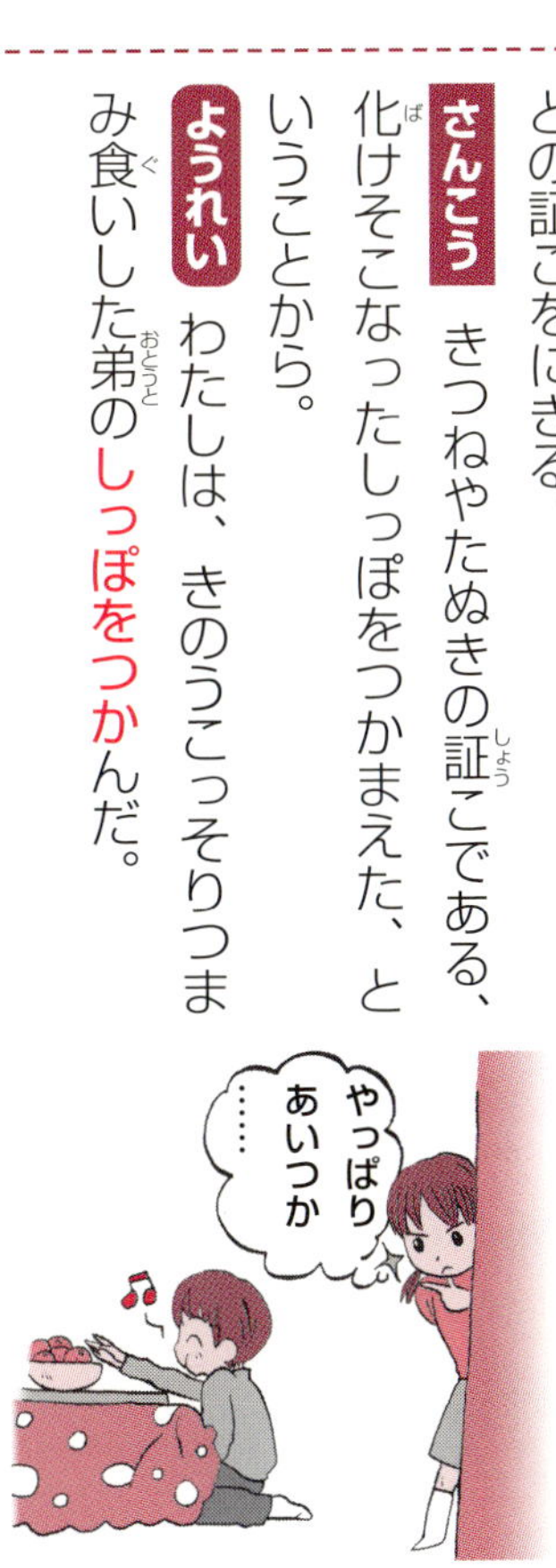

しっぽをふる

慣用句

いみ 相手《あいて》に気《き》に入《い》られようと、ごきげんをとる。

さんこう 犬《いぬ》が、飼《か》い主《ぬし》などに尾《お》をふって気《き》に入《い》られようとすることから。

ようれい 井出《いで》くんは、先生《せんせい》に**しっぽをふ**ってばかりで、仲間《なかま》からは信用《しんよう》がない。

同じいみ 尾《お》をふる

四字熟語　取捨選択《しゅしゃせんたく》：よいものを取《と》り、悪《わる》いものはすてて選《えら》ぶ。

しっぽを巻《ま》く

慣用句

いみ 負《ま》けたことをみとめ、降参《こうさん》すること。

さんこう けんかに負《ま》けた犬《いぬ》は、しっぽを巻《ま》いてにげ出《だ》すことから。

ようれい お父《とう》さんもお母《かあ》さんの口《くち》だっしゃには、**しっぽを巻《ま》**いた。／相手《あいて》の猫《ねこ》があまりにも強《つよ》すぎて、愛犬《あいけん》が**しっぽを巻《ま》**いてにげ出《だ》した。

蛇《じゃ》の道《みち》は蛇《へび》

ことわざ

いみ 同類《どうるい》のものがすることは、同《おな》じ仲間《なかま》ならよくわかる、ということのたとえ。

さんこう 「蛇《じゃ》の道《みち》は蛇《へび》が知《し》る」の略《りゃく》で、「蛇《じゃ》」は、へびの大《おお》きな種類《しゅるい》をいう。ふつう、いい意味《いみ》では使《つか》わない。

ようれい **蛇《じゃ》の道《みち》は蛇《へび》**で、どろぼうの手口《てぐち》は、どろぼうがいちばんよく知《し》っている。

同じいみ もちはもち屋《や》

小《しょう》の虫《むし》を殺《ころ》して大《だい》の虫《むし》を生《い》かす

ことわざ

いみ 大《おお》きいことを成功《せいこう》させるためには、小《ちい》さいことはぎせいになってもしかたがない。

さんこう 「小《しょう》の虫《むし》」は、あまり重要《じゅうよう》でない小《ちい》さなこと、「大《だい》の虫《むし》」は、重《じゅう》要《よう》なことを指《さ》す。

反対のいみ 大《だい》の虫《むし》を殺《ころ》して小《しょう》の虫《むし》を生《い》かす

しり馬《うま》に乗《の》る

慣用句

いみ よく考《かんが》えもせず、人《ひと》の後《あと》について行動《こうどう》すること。

さんこう ほかの人《ひと》の乗《の》っている馬《うま》のおしりに乗《の》る、ということから。

ようれい 友《とも》だちの**しり馬《うま》に乗《の》**って反対《はんたい》に回《まわ》ったが、やっぱり賛成《さんせい》したほうがよかった。

しり切《き》れとんぼ

慣用句

いみ とちゅうでとぎれて、かんじんの終《お》わりのところがないことのたとえ。

ようれい 今日《きょう》のドラマのすじ書《が》きは、しり切《き》れとんぼで、おもしろくなかった。

同じいみ しり切《き》りとんぼ

すずめのなみだ

慣用句

おぼえておこう!

いみ ほんのわずかなことのたとえ。

さんこう 小《ちい》さいすずめの流《なが》すなみだは、ごくわずかな量《りょう》だ、という意味《いみ》から。お金《かね》についていうことが多《おお》い。

ようれい 今年《ことし》のお年玉《としだま》は五百円玉一《ごひゃくえんだまひと》つきりで、すずめのなみだだった。

ことわざ・慣用句《かんようく》クイズ⑮

答《こた》えは274ページを見《み》てね

1 次《つぎ》の①~⑤の□にア~オの適当《てきとう》な漢字《かんじ》を入《い》れて、ことわざ・慣用句《かんようく》を完成《かんせい》させましょう。

① □も木《き》から落《お》ちる
② しっぽを□す
③ しり□に乗《の》る
④ 蛇《じゃ》の□は蛇《へび》
⑤ ごまめの□ぎしり

ア 道《みち》　イ 馬《うま》　ウ 猿《さる》　エ 歯《は》　オ 出《だ》

2 次《つぎ》のあ~きのことばと( )内《ない》の意味《いみ》を見《み》て、○にあてはまることばや漢字《かんじ》を入《い》れ、ことわざ・慣用句《かんようく》を完成《かんせい》させましょう。

あ さばを○む(自分《じぶん》の得《とく》になるようにごまかす)
い 猿《さる》の○まね(考《かんが》えなしに人《ひと》のまねをする)
う しっぽを○○む(かくしごとの証《しょう》こをにぎる)
え しっぽを○○(相手《あいて》に気《き》に入《い》られようと、ごきげんを取《と》る)
お しっぽを○○(負《ま》けをみとめて降参《こうさん》する)
か すずめの○○○(ほんのわずかなこと)
き 暗《くら》がりから○(物《もの》の判別《はんべつ》がはっきりしない)

クイズ⑮は126~129ページを見《み》ながらとこう。

四《よ》字《じ》熟《じゅく》語《ご》 順風満帆《じゅんぷうまんぱん》:物事《ものごと》が順調《じゅんちょう》に、思《おも》いどおりに進《すす》む。

すずめ百《ひゃく》までおどり忘《わす》れず

ことわざ

いみ 小《ちい》さいころに覚《おぼ》えたことは、年《とし》をとってからも忘《わす》れない、ということのたとえ。

さんこう すずめは、死《し》ぬまで飛《と》びはねるくせがぬけない、という意味《いみ》から。

ようれい すずめ百《ひゃく》までおどり忘《わす》れずというのでしょうか、小《ちい》さいとき習《なら》ったピアノが、おとなになった今《いま》でもひけます。

同じいみ 三《み》つ子《ご》のたましい百《ひゃく》まで（↓36ページ）

大山鳴動《たいざんめいどう》してねずみ一《いっ》ぴき

ことわざ

いみ 大《おお》さわぎしたわりには、たいしたことがないことのたとえ。

さんこう 大《おお》きな山《やま》が、音《おと》を立《た》てて動《うご》き出《だ》したので、何《なに》かの前《まえ》ぶれかと心配《しんぱい》していたら、ねずみが一《いっ》ぴき飛《と》び出《だ》してきただけだったという、外国《がいこく》のことわざから。

ようれい 凶悪犯《きょうあくはん》がビルににげこんだというので警官《けいかん》が大勢《おおぜい》やってきたが、大山鳴動《たいざんめいどう》してねずみ一《いっ》ぴき、発見《はっけん》されたのは、こそどろが一人《ひとり》だけだった。

月《つき》とすっぽん

ことわざ

おぼえておこう！

いみ 二《ふた》つのもののちがいが、くらべものにならないほど大《おお》きいこと。

さんこう 月《つき》もすっぽんも形《かたち》は丸《まる》いが、空《そら》にかがやく月《つき》と、池《いけ》の中《なか》のすっぽんとではちがいすぎて、にてもにつかない、ということから。

ようれい 友《とも》だちと同《おな》じ景色《けしき》を写生《しゃせい》したが、できばえは月《つき》とすっぽんだ。

同じいみ 雲泥《うんでい》の差《さ》／ちょうちんにつりがね（↓180ページ）

つるの一声《ひとこえ》

慣用句

おぼえておこう！

いみ なかなか決《き》まらなかったことが、力《ちから》のある人《ひと》のひと言《こと》であっさりと決《き》まる。また、その実力者《じつりょくしゃ》のひと言《こと》。

さんこう 「つる」の、するどくかん高《だか》い鳴《な》き声《ごえ》は気高《けだか》く、遠《とお》くまでよくひびきわたることから。

ようれい 体育《たいいく》の時間《じかん》は、先生《せんせい》のつるの一声《ひとこえ》でマラソンとなった。

四字熟語《よじじゅくご》 盛者必衰《じょうしゃひっすい》：勢《いきお》いのさかんな者《もの》も必《かなら》ずおとろえる。

飛《と》ぶ鳥《とり》を落《お》とす勢《いきお》い

慣用句

いみ 権力《けんりょく》や実力《じつりょく》に勢《いきお》いがあり、とてもさかんなようす。

さんこう 「飛《と》ぶ鳥《とり》を落《お》とす」とは、空《そら》を飛《と》んでいる鳥《とり》でさえも落《お》としてしまうほどの勢《いきお》いである、という意味合《いみあ》いから。

ようれい 町《まち》の実力者《じつりょくしゃ》であるおじさんは、今《いま》や**飛《と》ぶ鳥《とり》を落《お》とす勢《いきお》い**だ。

とらぬたぬきの皮算用《かわざんよう》

ことわざ

おぼえておこう！

いみ 不確実《ふかくじつ》なことがらに期待《きたい》をかけて、それをもとにあれこれと計画《けいかく》を立《た》てることのたとえ。

さんこう まだつかまえてもいないうちから、とったたぬきの毛皮《けがわ》を売《う》ってもうける計算《けいさん》をする、という意味《いみ》から。

ようれい 当《あ》たっているかどうか分《わ》からないくじの賞金《しょうきん》で何《なに》を買《か》うか考《かんが》えるのは、**とらぬたぬきの皮算用《かわざんよう》**だ。

同じいみ 飛《と》ぶ鳥《とり》の献立《こんだて》

とらの尾《お》をふむ

ことわざ

いみ ひじょうに危険《きけん》なことをすることのたとえ。

さんこう 猛獣《もうじゅう》であるとらの「尾《お》（＝しっぽ）」をふむのは、ひじょうに危険《きけん》であることから。

ようれい こわい先生《せんせい》の頭《あたま》へ黒板消《こくばんけ》しを落《お》とすいたずらをするなんて、**とらの尾《お》をふむ**ようなものだ。

同じいみ とらの口《くち》へ手《て》を入《い》れる

鳥《とり》なき里《さと》のこうもり

ことわざ

いみ 物事《ものごと》に秀《ひい》でた人《ひと》や強《つよ》い人《ひと》がいない場所《ばしょ》では、実力《じつりょく》のないものがいばることのたとえ。

さんこう 鳥《とり》が飛《と》んでいない場所《ばしょ》では、飛《と》ぶのがそれほど上手《じょうず》ではないこうもりでも、自分《じぶん》より上手《じょうず》に飛《と》ぶものがいないだろう、といばるという意味《いみ》から。

同じいみ 鳥《とり》なき島《しま》のこうもり

 四字熟語 正真正銘《しょうしんしょうめい》：うそやいつわりがなく、まちがいなく本物《ほんもの》である。

とんびがたかを生《う》む

ことわざ

よくでる!

いみ ごくふつうの親《おや》から、すぐれた子《こ》どもが生《う》まれることのたとえ。

さんこう 「とんび」は、「とび」ともいう。どこでもよく見《み》かける鳥《とり》だが、そのとんびが、鳥《とり》の王者《おうじゃ》ともいえる「たか」を生《う》むという意味《いみ》から。

ようれい 大工《だいく》のわたしの息子《むすこ》が有名《ゆうめい》な建築家《けんちくか》になるなんて、とんびがたかを生《う》んだようなものだ。

大工《だいく》の
せがれが
有名建築家《ゆうめいけんちくか》
に…

とんびに油揚《あぶらあ》げをさらわれる

慣用句

いみ 大切《たいせつ》なものを、ふいに横合《よこあ》いからうばわれてしまう。

さんこう 持《も》っていた油揚《あぶらあ》げを、空《そら》を飛《と》んでいたとんびにとつぜん取《と》られる、という意味《いみ》から。

ようれい 苦労《くろう》してつり上《あ》げた魚《さかな》が、後《あと》からやってきた知《し》り合《あ》いによこどりされてしまった。とんびに油揚《あぶらあ》げをさらわれたようなものだ。

大漁《たいりょう》だ……
あっ
よこせよ

鳴《な》くまで待《ま》とうほととぎす

ことわざ

いみ いい時期《じき》がくるまで、しんぼう強《づよ》く待《ま》っていよう、ということのたとえ。

さんこう 「鳴《な》かぬなら」ということばに続《つづ》けて、なかなか鳴《な》き声《ごえ》を発《はっ》しないほととぎすに対《たい》して徳川家康《とくがわいえやす》が言《い》ったという、家康《いえやす》のがまん強《づよ》い性格《せいかく》を言《い》い表《あらわ》したことば。これに対《たい》し、織田信長《おだのぶなが》は「鳴《な》かぬなら殺《ころ》してしまえ」、豊臣秀吉《とよとみひでよし》は「鳴《な》かぬなら鳴《な》かしてみせよう」と言《い》ったとされている。

なめくじに塩《しお》

慣用句

いみ 苦手《にがて》なものなどに出合《であ》って、身《み》をちぢめることのたとえ。

さんこう なめくじに塩《しお》をかけると、ちぢむことから。

ようれい 家《いえ》をたずねてきた担任《たんにん》の先生《せんせい》の前《まえ》で、小《ちい》さくなっている父《ちち》は、なめくじに塩《しお》だ。

いつも息子《むすこ》が
お世話《せわ》に…
先生《せんせい》が
にが手《て》
なんだ

四字熟語《よじじゅくご》 枝葉末節《しようまっせつ》：主要《しゅよう》でない、つまらない事《こと》がら。

にがした魚《さかな》は大《おお》きい

ことわざ

いみ 手《て》に入《い》れかけて失《うしな》ったものは、くやしがる気持《きも》ちがひときわ大《おお》きい。

さんこう つり落《お》とした魚《さかな》は、実際《じっさい》の大《おお》きさよりも大《おお》きく見《み》えてしまうことから。おもに、にがしたチャンスなどを残念《ざんねん》がるときにいうことば。

ようれい 大物《おおもの》かと思《おも》ってつり上《あ》げたが、とりにがしたのでくやしかった。にがした魚《さかな》は大《おお》きい。

二兎《にと》を追《お》う者《もの》は一兎《いっと》をも得《え》ず

ことわざ

おぼえておこう!

いみ 同時《どうじ》にちがった二《ふた》つのことをしようとすれば、どちらもうまくいかない、ということのたとえ。

さんこう 走《はし》り回《まわ》る二羽《にわ》の兎《うさぎ》を一度《いちど》にねらっても、けっきょく一羽《いちわ》さえつかまえることはできない、というローマのことわざから。

同じいみ あぶはち取《と》らず(→118ページ)

反対のいみ 一挙両得《いっきょりょうとく》(四字熟語《よじじゅくご》→39ページ)／一石二鳥《いっせきにちょう》(四字熟語《よじじゅくご》→48ページ)

一度《いちど》に二匹《にひき》…あっ
よくばっちゃダメだよ

ねこなで声《ごえ》

慣用句

いみ 他人《たにん》のきげんをとるときに使《つか》う、あまえるような声音《こわね》。

さんこう ねこをなでたときに出《だ》す、「にゃーん」という、あまえたような声《こえ》から。

ようれい そんなねこなで声《ごえ》であまえても、何《なに》も買《か》ってあげないよ。

ねこにかつお節《ぶし》

ことわざ

いみ まちがいが起《お》こりやすい状態《じょうたい》のたとえ。

さんこう ねこのそばに、大好物《だいこうぶつ》であるかつお節《ぶし》を置《お》くと、食《た》べられてしまうかもしれない、ということから。

ようれい あまいものが大好《だいす》きな弟《おとうと》に、ケーキの見張《みは》りをさせるなんて、ねこにかつお節《ぶし》だよ。

ねこの手《て》も借《か》りたい

慣用句

いみ ひじょうにいそがしくて、人手不足《ひとでぶそく》なことのたとえ。

さんこう ねこにも手伝《てつだ》ってほしいほど、どんな働《はたら》き手《て》でもほしい、という意味《いみ》から。

ようれい 刈《か》り入《い》れどきをむかえて、農《のう》家《か》では**ねこの手《て》も借《か》りたい**ほどのいそがしさだそうだ。

ねこの額《ひたい》

慣用句

おぼえておこう！

いみ 土地《とち》などが、ひじょうにせまいことのたとえ。

さんこう ねこの額《ひたい》がせまいところからいう。

ようれい 我《わ》が家《や》の庭《にわ》はせまく、**ねこの額《ひたい》**ほどの広《ひろ》さしかない。

せまい庭《にわ》だなあ

ねこの目《め》のように変《か》わる

慣用句

いみ 物事《ものごと》がめまぐるしく、ひんぱんに変《か》わるようす。

さんこう ねこのひとみは、明《あか》るさによってくるくると形《かたち》が変《か》わることから。

ようれい ゆき子《こ》さんの気分《きぶん》は**ねこの目《め》のように変《か》わ**った。

能《のう》あるたかはつめをかくす

ことわざ

おぼえておこう！

いみ 本当《ほんとう》に実力《じつりょく》や能力《のうりょく》のある人《ひと》は、むやみにその力《ちから》を見《み》せびらかすようなことはしない。

さんこう するどいつめを持《も》つたか（鷹）は、獲物《えもの》をつかまえるとき以外《いがい》は、そのつめをかくして見《み》せない、ということから。

ようれい ふだんはスポーツばかりしている中村《なかむら》くんが、作文《さくぶん》コンクールで金賞《きんしょう》をとるなんて、**能《のう》あるたかはつめをかくす**だ。

馬脚《ばきゃく》をあらわす

慣用句

おぼえておこう!

いみ かくしていたことや本当《ほんとう》の姿《すがた》が、ばれてしまうこと。

さんこう 「馬脚《ばきゃく》」とは馬《うま》の足《あし》。劇《げき》などで、馬《うま》の足役《あしやく》が自分《じぶん》の姿《すがた》を観客《かんきゃく》の前《まえ》に見《み》せてしまう、という意味《いみ》から。

ようれい 知《し》ったかぶりをしていたのに、クラシックの曲名《きょくめい》をまちがえて、ついに馬脚《ばきゃく》をあらわしてしまった。

同じいみ 化《ば》けの皮《かわ》がはがれる／ぼろを出《だ》す／しっぽを出《だ》す（→127ページ）

ふくろのねずみ

慣用句

いみ 追《お》いつめられて、にげられないこと。

さんこう ふくろの中《なか》に追《お》いこまれたねずみは、にげるにげられず、もがくことしかできないということから。

ようれい まわりをねこに囲《かこ》まれたねずみはまさにふくろのねずみで、にげ道《みち》がない。

同じいみ ふくろの中《なか》のねずみ

ぶたに真珠《しんじゅ》

ことわざ

おぼえておこう!

いみ その値打《ねう》ちがわからないものに、どんなよいものをあげても無意味《むいみ》だ、ということ。

さんこう ぶたに真珠《しんじゅ》をやっても、その価値《かち》もありがたみもわからない、ということから。キリスト教《きょう》の「聖書《せいしょ》」にあることば。

ようれい 祖父《そふ》にパソコンを買《か》ってもらったが、父《ちち》に「おまえにはぶたに真珠《しんじゅ》だ」と言《い》われた。

同じいみ ねこに小判《こばん》（→115ページ）

へびににらまれたかえる

慣用句

いみ こわいものの前《まえ》に出《で》て、おそろしさに身動《みうご》きができなくなる。

さんこう へびをおそれているかえるは、へびに出会《であ》うと、体《からだ》がすくんでにげられなくなる、といわれることから。まったく勝《か》てそうもない、強《つよ》い相手《あいて》に出会《であ》ったときなどにいう。

ようれい 去年《きょねん》の優勝《ゆうしょう》チームと対戦《たいせん》したら、へびににらまれたかえるのようになって大敗《たいはい》した。

同じいみ へびに見《み》こまれたかえる

四字熟語 深山幽谷《しんざんゆうこく》：大自然《だいしぜん》の静《しず》かさをたとえることば。

負《ま》け犬《いぬ》の遠《とお》ぼえ

慣用句

いみ 弱《よわ》いくせに、からいばりをする。おく病《びょう》な者《もの》は、かげで強《つよ》がったり悪口《わるぐち》を言《い》ったりする。

さんこう けんかに負《ま》けた犬《いぬ》が、相手《あいて》の力《ちから》がとどかない遠《とお》くに行《い》ってからほえる、という意味《いみ》から。「犬《いぬ》の遠《とお》ぼえ」ともいう。

ようれい にげながら文句《もんく》を言《い》っても、それは**負《ま》け犬《いぬ》の遠《とお》ぼえ**だ。

水《みず》を得《え》た魚《うお》のよう

慣用句

いみ 自分《じぶん》に合《あ》った分野《ぶんや》で、いきいきと活《かつ》やくすること。

さんこう 水《みず》の中《なか》に放《はな》された魚《さかな》は、他《た》のどの場所《ばしょ》よりも元気《げんき》よく泳《およ》ぎ回《まわ》る、という意味《いみ》から。

ようれい 食堂《しょくどう》の息子《むすこ》である山田《やまだ》くんは、料理《りょうり》をするときになると、**水《みず》を得《え》た魚《うお》のよう**だ。

虫《むし》がいい

慣用句

おぼえておこう！

いみ 自分《じぶん》のつごうばかりを考《かんが》えて、自分勝手《じぶんかって》である。

ようれい 先生《せんせい》の話《はなし》をちゃんと聞《き》いていないのに、友《とも》だちのノートを借《か》りてテストでいい点《てん》をとろうというのは、**虫《むし》がいい**考《かんが》えだ。

虫《むし》が知《し》らせる

慣用句

おぼえておこう！

いみ なんとなく予感《よかん》がする。

さんこう 昔《むかし》、体《からだ》の中《なか》には「虫《むし》」がすんでいて、それが人《ひと》の気分《きぶん》や体《からだ》の状態《じょうたい》を変《か》えたり、これから起《お》きることを予知《よち》する能力《のうりょく》を持《も》っているとされていた。「虫《むし》の知《し》らせ」は、おもに不吉《ふきつ》な予感《よかん》についていう場合《ばあい》が多《おお》い。

ようれい **虫《むし》が知《し》らせ**たのか、父《ちち》は乗《の》る予定《よてい》だった飛行機《ひこうき》を変更《へんこう》して、事故《じこ》にあわずにすんだ。

虫《むし》が好《す》かない

慣用句

おぼえておこう！

いみ なんとなく好《す》きになれない。

ようれい 大勢《おおぜい》の人《ひと》の中《なか》には、どうしても**虫《むし》が好《す》かない**人《ひと》がいるものだ。

四《よ》字《じ》熟《じゅく》語《ご》 **神出鬼没《しんしゅつきぼつ》**：すばやく現《あらわ》れたり、かくれたりする。

植物《しょくぶつ》にかかわる

ことわざ・慣用句《かんようく》

「植物《しょくぶつ》」にかかわる
ことわざ・慣用句《かんようく》を集《あつ》めました。

木《き》を見《み》て森《もり》を見《み》ず

ことわざ

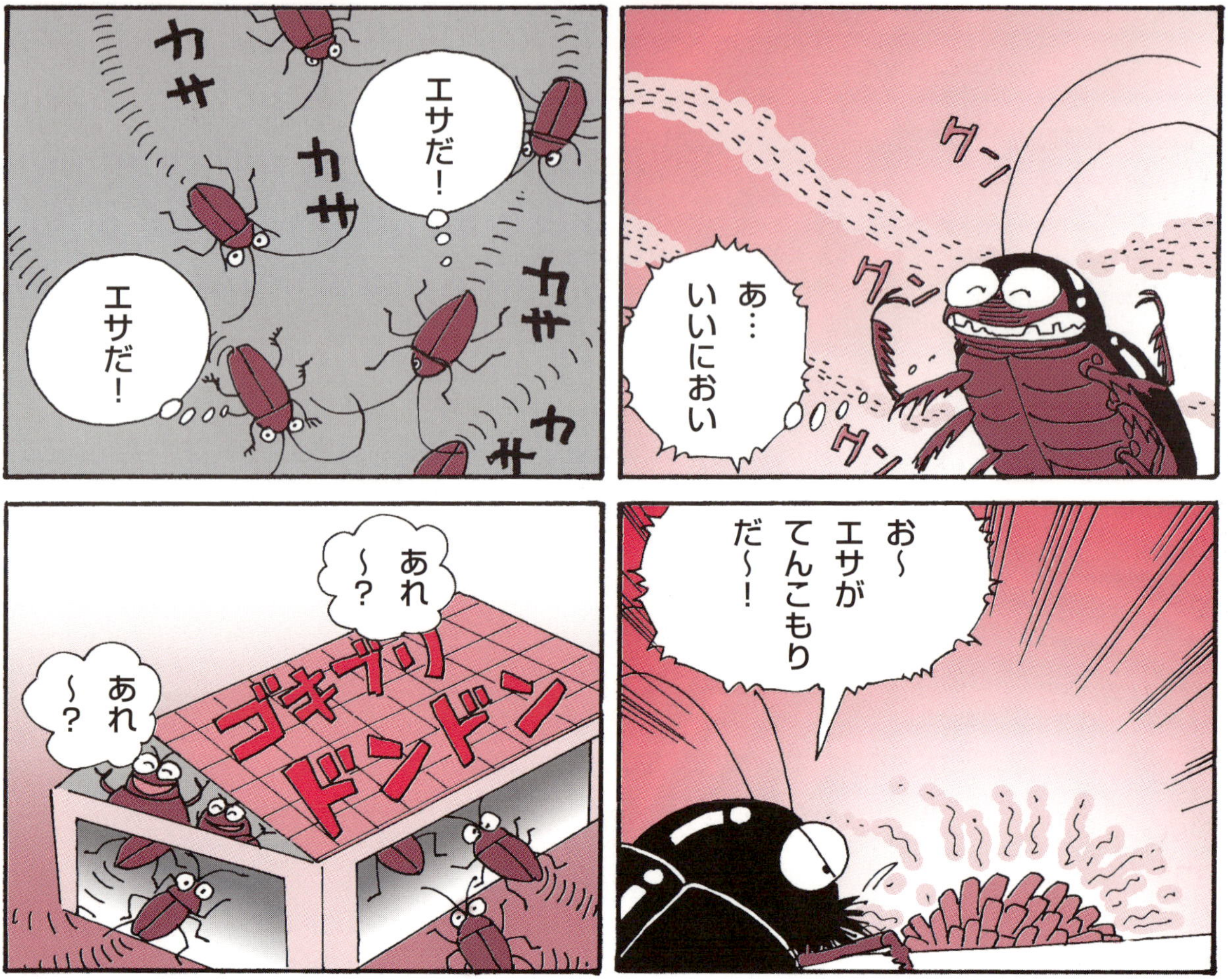
あ…
いいにおい
クン
クン
クン
エサだ！
エサだ！
カサ
カサ
カサ
カサ
カサ
お〜
エサが
てんこもり
だ〜！
あれ
〜？
あれ
〜？
ゴキブリ
ドンドン

おぼえておこう！

いみ 小《ちい》さいことや、目先《めさき》のことばかりにとらわれていて、全体《ぜんたい》を見《み》ていないことのたとえ。

さんこう 一本一本《いっぽんいっぽん》の木《き》ばかり見《み》ていて、森全体《もりぜんたい》のようすを見落《みお》としているということから。

ようれい 母《はは》が買《か》ってきたおしゃれないすは、応接間《おうせつま》のかべの色《いろ》とぜんぜん合《あ》っていなかった。本当《ほんとう》に**木《き》を見《み》て森《もり》を見《み》ず**だ。

同じいみ 鹿《しか》を追《お》う者《もの》は山《やま》を見《み》ず（故事成語《こじせいご》→243ページ）

ぼくも目先《めさき》の
ことばかりに
気《き》をとられち
ゃうんだ

どんぐりの背《せい》くらべ

ことわざ

はぁ
はぁ
オーライ
オーライ
来年《らいねん》の
レギュラー選手《せんしゅ》を
決《き》めようにも
お前《まえ》たちみんな
どんぐりの背《せい》くらべ
じゃ決《き》められ
ないわい！
バンッ

おぼえておこう！

いみ どれも同《おな》じくらいで、とびぬけてすぐれたものがない。

さんこう 「どんぐり」の大《おお》きさや、形《かたち》をくらべてみてもあまり差《さ》がなく、みんな同《おな》じようなものだ、という意《い》味《み》から。よくない意味《いみ》で使《つか》われることが多《おお》い

ようれい 今年《ことし》の新入部員《しんにゅうぶいん》の実力《じつりょく》は、どんぐりの背《せい》くらべといったところだ。

バーゲンで
ほりだし物《もの》を見《み》つけ
ようとしたけど
どの商品《しょうひん》も
どんぐりの
背《せい》くらべだったわ

四《よ》字《じ》熟《じゅく》語《ご》 新進気鋭《しんしんきえい》：ある分野《ぶんや》に新《あたら》しく現《あらわ》れ、意気《いき》ごみがするどい。

青菜《あおな》に塩《しお》

慣用句

おぼえておこう！

いみ うちしおれて、元気《げんき》がないようす。

さんこう 青菜《あおな》に塩《しお》をふりかけると、しおれてしまうことから。

ようれい テストの成績《せいせき》がさんざんだった山田《やまだ》くんは、母親《ははおや》にしかられて青菜《あおな》に塩《しお》のようになった。

いずれ菖蒲《あやめ》か杜若《かきつばた》

慣用句

いみ どちらもすぐれていて、選《えら》ぶとなるとまよってしまう。

さんこう 「菖蒲《あやめ》」と「杜若《かきつばた》」は、よくにた美《うつく》しい花《はな》で、区別《くべつ》がむずかしいことから。どちらも美人《びじん》であるという意味《いみ》で使《つか》われることが多《おお》い。

ようれい となりに姉妹《しまい》が引《ひ》っこしてきたが、いずれ菖蒲《あやめ》か杜若《かきつばた》、どちらもとてもきれいだ。

うり二《ふた》つ

慣用句

いみ 顔《かお》や姿《すがた》がひじょうによくにていることのたとえ。

さんこう 二《ふた》つにわったうりは、まったく同《おな》じ形《かたち》をしていることから。

ようれい となりのおじいちゃんと孫《まご》はうり二《ふた》つの顔《かお》をしている。

同じいみ うりを二《ふた》つに割《わ》ったよう

火中《かちゅう》の栗《くり》を拾《ひろ》う

ことわざ

いみ 自分《じぶん》の利益《りえき》にもならないのに、自《じ》分《ぶん》からわざわざ危険《きけん》なことをするたとえ。

さんこう さるにおだてられ、火《ひ》の中《なか》の栗《くり》を拾《ひろ》おうとしたねこが、はねた栗《くり》で大《おお》やけどをしたという、『イソップ物語《ものがたり》』にもとづくフランスのことわざから。

ようれい あの二人《ふたり》のけんかの仲裁《ちゅうさい》をするなんて、火中《かちゅう》の栗《くり》を拾《ひろ》うようなものだ。

四《よ》字《じ》熟《じゅく》語《ご》 深謀遠慮《しんぼうえんりょ》：遠《とお》い将来《しょうらい》のことまで深《ふか》く考《かんが》え、計画《けいかく》を立《た》てる。

枯《か》れ木《き》も山《やま》のにぎわい

ことわざ

よくでる!

いみ つまらないものでも、ないよりはあったほうがましだ、というたとえ。

さんこう たとえ枯《か》れている木《き》でも、ないよりはあったほうが山《やま》もにぎやかでいい、ということから。自分《じぶん》のことをけんそんしていうことばで、他人《たにん》には使《つか》わない。

木《き》に竹《たけ》をつぐ

慣用句

いみ とってつけたようで、調和《ちょうわ》しないことのたとえ。

さんこう 木《き》と竹《たけ》という、性質《せいしつ》のことなったものを一《ひと》つにつなぎ合《あ》わせる、という意味《いみ》から。

ようれい 姉《あね》の服装《ふくそう》は木《き》に竹《たけ》をついだようで、ちぐはぐだ。

草《くさ》の根《ね》を分《わ》けて探《さが》す

慣用句

いみ すみからすみまで、てってい的《てき》に探《さが》すことのたとえ。

さんこう 草《くさ》の根元《ねもと》まで、一本一本《いっぽんいっぽん》、草《くさ》を分《わ》けるようにして、てってい的《てき》に探《さが》すということから。

ようれい ボールを見失《みうしな》ってしまったので、草《くさ》の根《ね》を分《わ》けて探《さが》した。

草葉《くさば》の陰《かげ》

慣用句

いみ 墓《はか》の下《した》。死者《ししゃ》が行《ゆ》くというあの世《よ》のこと。

さんこう 草《くさ》の葉《は》の下《した》、という意味《いみ》から。

ようれい ひろ子《こ》さんが立派《りっぱ》に成長《せいちょう》した姿《すがた》を見《み》て、なくなった両親《りょうしん》も、きっと草葉《くさば》の陰《かげ》で喜《よろこ》んでいるでしょう。

四字熟語《よじじゅくご》 森羅万象《しんらばんしょう》：この世界《せかい》、宇宙《うちゅう》にあるすべての物事《ものごと》や現象《げんしょう》。

山しょうは小粒でもぴりりとからい 〔ことわざ〕

いみ 体は小さくても、気が強く才能がすぐれている。

さんこう 「山しょう」の実は、小さくても、とても強いからみとかおりがある、という意味から。

ようれい 小がらだけど決勝戦に残るなんて、山しょうは小粒でもぴりりとからいとはあの選手のことだ。

高嶺の花 〔慣用句〕

いみ 見ているだけで、自分のものにはとうていならないようなもの。

さんこう 「高嶺」は、高根とも書く。高い山のみねにさいている花は、見るばかりで手に取ることができない、という意味から。

よれい 学校一かわいいみゆきちゃんは、ぼくにとっては高嶺の花だ。

竹を割ったよう 〔慣用句〕

いみ 物事を包みかくさず、さっぱりしていて、こだわらない性質や性格。

さんこう 竹をたてにわると、ポンとかわいたいい音がして、まっすぐ割れていくことから。

よれい おじさんは江戸っ子で、竹を割ったような性格が好かれている。

（小さいころから竹を割ったような性格だったね）

根にもつ 〔慣用句〕

いみ うらみの気持ちを、いつまでもわすれないこと。

さんこう ここでいう「根」とは、心の奥底のこと。

よれい ずっと前に、ぼくがおやつを全部食べてしまったことを、妹は、今でも根にもっている。

（おいしそう／あげない！）

四字熟語 晴耕雨読：自由気ままな、のんびりとした生活のようす。

根《ね》ほり葉《は》ほり

慣用句

いみ 何《なに》から何《なに》まで、しつこいほど細《こま》かく聞《き》くようす。

さんこう 「葉《は》ほり」は、「根《ね》ほり」にことばの調子《ちょうし》を合《あ》わせてつけ加《くわ》えたもの。根元《もと》から葉《は》の先《さき》まで何《なに》もかも、という意味《いみ》で使《つか》われる。

ようれい 事件《じけん》のことを刑事《けいじ》さんに根《ね》ほり葉《は》ほり聞《き》かれて、不《ふ》ゆかいだった。

あなた刑事《けいじ》さん？
そうだから全部《ぜんぶ》話《はな》してね

根《ね》も葉《は》もない

慣用句

おぼえておこう！

いみ 事実《じじつ》だという根《こん》きょが何《なに》もなく、でたらめなこと。

さんこう 「根《ね》」は、うわさなどの元《もと》となっている証《しょう》こ、という意味《いみ》。

ようれい 学校《がっこう》をしばらく休《やす》んでいたら、入院《にゅういん》したのだという根《ね》も葉《は》もないうわさが広《ひろ》まっていた。

ボクのうわさ？
あっかれよ！

花《はな》もはじらう

慣用句

いみ わかい女性《じょせい》の、ういういしくて、美《うつく》しいようす。

さんこう 美《うつく》しい花《はな》でさえ照《て》れて、ひけ目《め》を感《かん》じるような、という意味《いみ》。

ようれい あの子《こ》は花《はな》もはじらう乙女《おとめ》だ。

花《はな》も実《み》もある

慣用句

いみ 外見《がいけん》も中身《なかみ》も、ともにすぐれている。

さんこう 「花《はな》」は、外見《がいけん》のはなやかさや美《うつく》しさ、「実《み》」は、実力《じつりょく》や実質《じっしつ》のたとえで、両方《りょうほう》をかねそなえていること。

ようれい 今度《こんど》の児童会長《じどうかいちょう》は、花《はな》も実《み》もあるやつだ。

スポーツ
勉強《べんきょう》とも
優秀《ゆうしゅう》だな

花《はな》より団子《だんご》

ことわざ

いみ 外見《がいけん》だけのものより、実際《じっさい》に役《やく》に立《た》つもののほうがいい、というたとえ。

さんこう 美《うつく》しい花《はな》をただながめているより、団子《だんご》を食《た》べておなかをふくらましたほうがよい、という意味《いみ》から。

ようれい 美《うつく》しい景色《けしき》には目《め》もくれず、お弁当《べんとう》ばかり食《た》べているなんて、花《はな》より団子《だんご》だね。

同じいみ 詩《し》を作《つく》るより田《た》を作《つく》れ（↓221ページ）

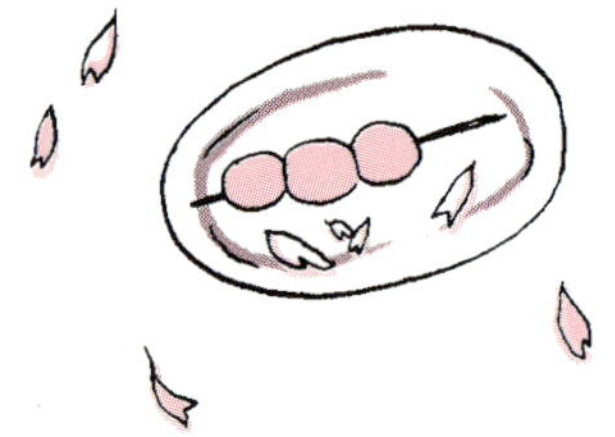

花《はな》を持《も》たせる

慣用句

いみ 手《て》がらや名《めい》よをゆずったりして、相手《あいて》を立《た》てること。

ようれい すもうでわざと負《ま》けて、弟《おとうと》に花《はな》を持《も》たせた。

同じいみ 顔《かお》を立《た》てる

兄《に》さんに勝《か》った
花《はな》を持《も》たせたんだよ

まかぬ種《たね》は生《は》えぬ

ことわざ

よくでる!

いみ 何《なに》もしないで、よい結果《けっか》だけを期《き》待《たい》してもむだだ。まず行動《こうどう》しなさい、ということのたとえ。

さんこう 種《たね》をまかなければ、芽《め》も出《で》ないし実《み》もならない、という意味《いみ》。

ようれい 姉《あね》は、「まかぬ種《たね》は生《は》えぬ」と、最近《さいきん》、宝《たから》くじを買《か》いだした。

どうか当《あ》たりますように

桃栗三年柿八年《ももくりさんねんかきはちねん》

ことわざ

いみ 何事《なにごと》も、成果《せいか》を得《え》るまでには長《なが》い時間《じかん》がかかるというたとえ。

さんこう 芽《め》が出《で》てから実《み》がなるまでに、桃《もも》と栗《くり》は三年《さんねん》、柿《かき》は八年《はちねん》かかる、という意味《いみ》。

ようれい 桃栗三年柿八年《ももくりさんねんかきはちねん》というが、遺《い》せきの発《はっ》くつ作業《さぎょう》も、すぐに結果《けっか》が出《で》なくても、地道《じみち》にやっていくことが大切《たいせつ》だ。

やっと一人前《いちにんまえ》!!

四字熟語《よじじゅくご》 切磋琢磨《せっさたくま》：いつも努力《どりょく》して学問《がくもん》や技術《ぎじゅつ》、人格《じんかく》などをみがく。

数字《すうじ》にかかわる

ことわざ・慣用句《かんようく》

「数字《すうじ》」にかかわる
ことわざ・慣用句《かんようく》を集《あつ》めました。

一目置《いちもくお》く

慣用句

夏休《なつやす》みの
昆虫採集《こんちゅうさいしゅう》で
つかまえた
ふしぎなちょう
どの図鑑《ずかん》にも
こんなちょうは
のっていないぞ
というわけで
新種《しんしゅ》かも
しれないんだ
オーッ
オーッ
パチパチ
えらいぞ
おさむくんは
理科《りか》の先生《せんせい》も
一目置《いちもくお》く存在《そんざい》
なんだよ
パチパチ

おぼえておこう!

いみ 相手《あいて》が自分《じぶん》よりすぐれていることをみとめ、敬意《けいい》をはらって一歩《いっぽ》ゆずる。

さんこう 囲碁《いご》で、自分《じぶん》より力《ちから》が上《うえ》の相手《あいて》には、ハンディとして、先《さき》に碁石《ごいし》を一《ひと》つ(一目《いちもく》)または数個《すうこ》置《お》かせてもらってから、勝負《しょうぶ》を始《はじ》められるというルールから。

ようれい 昆虫《こんちゅう》にくわしい山本《やまもと》くんには、クラスのみんなが一目置《いちもくお》いている。

ぼくのケン玉《だま》
の腕前《うでまえ》も
学校《がっこう》では一目置《いちもくお》
かれているんだ

三十六計《さんじゅうろっけい》にげるにしかず

ことわざ

おぼえておこう!

いみ こまったときや危険《きけん》なときは、にげるのが一番《いちばん》の手《て》だ、というたとえ。

さんこう 「三十六計《さんじゅうろっけい》」とは、三十六《さんじゅうろく》あるという中国《ちゅうごく》の兵法《へいほう》（いくさのしかた）のこと。戦《たたか》い方《かた》のなかでも、にげるべきときは機会《きかい》を見《み》てにげ、身《み》を守《まも》るのが一番《いちばん》よい作戦《さくせん》だ、というのがもとの意味《いみ》。

同じいみ にげるが勝《か》ち

四《よ》字《じ》熟《じゅく》語《ご》 千差万別《せんさばんべつ》：さまざまな種類《しゅるい》があり、それぞれにちがいがある。

一か八か 〔慣用句〕

いみ うまくいくかどうかわからないが、運を天にまかせて思いきってやってみる。

さんこう 一と八は、ばくちで使うことばである「丁」と「半」の、字の上部からとったものという。

ようれい ここは一か八か、逆転をねらってスリーポイントシュートを放つ。

同じいみ のるか反るか

一から十まで 〔慣用句〕

いみ 何から何まですべて。

ようれい 弟は、一から十まで、母親がいなければ自分で何もできない。／先生は、みんなにもわかりやすいように、一から十までていねいに説明してくれた。

一事が万事 〔ことわざ〕

いみ 一つのことを見れば、ほかのすべてのこともわかる。

さんこう ふつう、一面だけを見て、他の面も悪いだろうと、他人の好ましくないことをいう意味で使われる。

ようれい 前菜がおいしくない店では一事が万事、他の料理もおいしくないだろう。

同じいみ 一事をもって万端を知る

一難去ってまた一難 〔ことわざ〕

いみ 災難が、次から次へとおそってくるということのたとえ。

ようれい 遭難して助かったと思ったら、一難去ってまた一難、今度はけものにおそわれそうだ。

同じいみ 虎口をのがれて竜穴に入る／前門の虎後門の狼（故事成語→253ページ）

四字熟語 前人未到（ぜんじんみとう）：今までに、だれ一人としてやったことのないこと。

ことわざ

一富士二《いちふじに》たか三《さん》なすび

いみ 初夢《はつゆめ》を見《み》るときに、夢《ゆめ》に出《で》てくるとえんぎがよいとされるもの。その順番《じゅんばん》、のこと。

さんこう 一番《いちばん》よいのが富士山《ふじさん》、二番目《にばんめ》によいのが鳥《とり》の鷹《たか》、三番目《さんばんめ》には野菜《やさい》のなすが出《で》てくるのがよいとされた。駿河《するが》の国《くに》（静岡県《しずおかけん》）の名物《めいぶつ》をあげたという説《せつ》もある。初夢《はつゆめ》は元日《がんじつ》（一月一日《いちがつついたち》）の夜《よる》に見《み》る夢《ゆめ》のこと。

慣用句

一目散《いちもくさん》に

いみ わきめもふらずに目的《もくてき》に向《む》かう。または、一生《いっしょう》けんめい走《はし》るようす。

ようれい 林《はやし》くんは一目散《いちもくさん》にその場《ば》からにげ出《だ》した。

同じいみ 一散《いっさん》に

ことわざ

一《いち》を聞《き》いて十《じゅう》を知《し》る

いみ 一部分《いちぶぶん》を聞《き》いただけで、すべてを理解《りかい》できるというように、たいへん頭《あたま》がいいこと。

ようれい まだ全部《ぜんぶ》説明《せつめい》していないのに、さすがは名探偵《めいたんてい》、一《いち》を聞《き》いて十《じゅう》を知《し》るで、事件《じけん》のあらましがわかってしまった。

同じいみ 目《め》から鼻《はな》へぬける（→74ページ）

ことわざ

一寸先《いっすんさき》はやみ

いみ 先《さき》のことはまったくわからない。少《すこ》し先《さき》のことでも、予測《よそく》するのはむずかしい、ということのたとえ。

さんこう 一寸《いっすん》は、昔《むかし》の長《なが》さの単位《たんい》で、およそ三《さん》センチ。ここではわずかなことを指《さ》す意味《いみ》で使《つか》われる。もとは、『京《きょう》いろはがるた』の中《なか》にあることば。

ようれい 先生《せんせい》に勉強《べんきょう》でほめられたすぐあとに、昔《むかし》のいたずらがばれて、ひどくおこられた。まさに一寸先《いっすんさき》はやみだ。

四《よ》字《じ》熟《じゅく》語《ご》 前代未聞《ぜんだいみもん》：今《いま》までに一度《いちど》も聞《き》いたことのないようなめずらしいこと。

一線《いっせん》を画《かく》す

慣用句

いみ 物事《ものごと》に対《たい》して、はっきりと区別《くべつ》をつける。

さんこう 「画《かく》す」というのは、線《せん》を引《ひ》くという意味《いみ》で、境界《きょうかい》に線引《せんび》きをするということ。

ようれい 先生《せんせい》は、遊《あそ》ぶときは友《とも》だちのように遊《あそ》んでくれるが、授業《じゅぎょう》のときは、先生《せんせい》と生徒《せいと》として一線《いっせん》を画《かく》している。

うそ八百《はっぴゃく》

慣用句

いみ 何《なに》から何《なに》まで全部《ぜんぶ》うそ。

さんこう 「八百《はっぴゃく》」とは、数《かず》が多《おお》いことを表《あらわ》すことば。

ようれい 弟《おとうと》は、塾《じゅく》をサボった理由《りゆう》に、途《と》中《ちゅう》で宇宙人《うちゅうじん》に会《あ》ったからとうそ八百《はっぴゃく》をならべていたが、その手《て》には乗《の》らない。

九死《きゅうし》に一生《いっしょう》を得《え》る

慣用句

いみ あわや死《し》ぬかと思《おも》われるような状態《じょうたい》から、きせき的《てき》に助《たす》かる。

さんこう 死《し》ぬ可能性《かのうせい》が十《じゅう》のうち九《きゅう》というきびしい状態《じょうたい》から、残《のこ》されたわずか一《いち》の可能性《かのうせい》をつかんで助《たす》かる、という意味《いみ》から。

ようれい がけから落《お》ちたが、木《き》に引《ひ》っかかって九死《きゅうし》に一生《いっしょう》を得《え》た。

同じいみ 万死《ばんし》のうちに一生《いっしょう》を得《え》る

三度目《さんどめ》の正直《しょうじき》

ことわざ

おぼえておこう！

いみ 一回目《いっかいめ》や二回目《にかいめ》はだめでも、三回《さんかい》目《め》はうまくいく。あるいは、最初《さいしょ》はあてにならなくても、三度目《さんどめ》は確実《かくじつ》だ。

ようれい 兄《あに》の大学受験《だいがくじゅけん》は三度目《さんどめ》の正直《しょうじき》で、三回目《さんかいめ》にようやく合格《ごうかく》した。

同じいみ 三度目《さんどめ》が大事《だいじ》／三度目《さんどめ》は定《じょう》の目《め》

四字熟語 **先手必勝《せんてひっしょう》**：相手《あいて》より先《さき》に行《おこな》えば、必《かなら》ず勝《か》つということ。

慣用句

三拍子《さんびょうし》そろう

いみ 必要《ひつよう》なすべての条件《じょうけん》がそなわっている。

さんこう 小《こ》つづみ、大《おお》つづみ、たいこなど、日本《にほん》の伝統音楽《でんとうおんがく》の基本《きほん》となる三種《さんしゅ》の楽器《がっき》の拍子《ひょうし》がそろう、ということから。

ようれい 打《う》ってよし、守《まも》ってよし、走《はし》ってよしと、一郎《いちろう》くんは三拍子《さんびょうし》そろった優秀《ゆうしゅう》な選手《せんしゅ》だ。

ことわざ

十年一昔《じゅうねんひとむかし》

いみ 十年《じゅうねん》もたつと昔《むかし》のことといってよいぐらいに、いろいろなことが様変《さまが》わりする。

ようれい 十年一昔《じゅうねんひとむかし》というが、以前住《いぜんす》んでいた町《まち》は、信《しん》じられないほど変《か》わってしまった。

同じいみ 十年《じゅうねん》たてば一昔《ひとむかし》

クイズ⑯は138～150ページを見《み》ながらとこう。

ことわざ・慣用句《かんようく》クイズ⑯

答《こた》えは274ページを見《み》てね

1 次《つぎ》の①～⑤のことわざ・慣用句《かんようく》と（ ）内《ない》の意味《いみ》の中《なか》から、まちがった組《く》み合《あ》わせのものを三《みっ》つ選《えら》んで、正《ただ》しい意味《いみ》をあとのア～オの中《なか》から選《えら》びましょう。

① まかぬ種《たね》は生《は》えぬ（何《なに》もしなくてもよい結果《けっか》を得《え》る）
② どんぐりの背《せい》くらべ（どれもまったくにていない）
③ 枯《か》れ木《き》も山《やま》のにぎわい（とってつけたようで調和《ちょうわ》しない）
④ 一線《いっせん》を画《かく》す（物事《ものごと》に対《たい》してはっきり区別《くべつ》をつける）
⑤ 三度目《さんどめ》の正直《しょうじき》（一《いち》、二回目《にかいめ》はだめでも三回目《さんかいめ》はうまくいく）

ア どちらもすぐれている
イ つまらないものでも、あったほうがまし
ウ 行動《こうどう》しなければよい結果《けっか》は得《え》られない
エ 三回《さんかい》やってもだめなものはだめ
オ どれも同《おな》じくらいで飛《と》びぬけていない

2 次《つぎ》の①～④の□にア～エの漢字《かんじ》を入《い》れてことわざ・慣用句《かんようく》を完成《かんせい》させましょう。

① 木《き》を見《み》て□を見《み》ず
② 火中《かちゅう》の□を拾《ひろ》う
③ 木《き》に□をつぐ
④ 根《ね》も□もない

ア 葉《は》　イ 竹《たけ》　ウ 森《もり》　エ 栗《くり》

 四字熟語《よじじゅくご》 前途洋洋《ぜんとようよう》：将来《しょうらい》が希望《きぼう》に満《み》ちあふれている。

千里《せんり》の道《みち》も一歩《いっぽ》から

ことわざ　よくでる!

いみ　どのように大《おお》きな計画《けいかく》でも、まず身近《みぢか》なことの実行《じっこう》から始《はじ》め、一《ひと》つひとつ地道《じみち》にやっていくことだ。

さんこう　「千里《せんり》」は、とても長《なが》いきょりのたとえ。どんなに遠《とお》い道《みち》のりでも、まず第一歩《だいいっぽ》をふみ出《だ》すことから始《はじ》まる、という意味《いみ》から。

同じいみ　千里《せんり》の行《こう》も足下《そっか》に始《はじ》まる

七転《ななころ》び八起《やお》き

慣用句　よくでる!

いみ　①何度失敗《なんどしっぱい》してもくじけず、勇気《ゆうき》をふるって立《た》ち向《む》かう。②人生《じんせい》のうきしずみのはげしいこと。

さんこう　七回転《ななかいころ》んでも、八回起《はちかいお》き上《あ》がればよい。あるいは、何《なん》度《ど》も何度《なんど》も転《ころ》んだり起《お》きたりをくり返《かえ》している、ということから。

ようれい　①お父《とう》さんの人生《じんせい》は、山《やま》あり谷《たに》ありだったが、七転《ななころ》び八起《やお》きでがんばってきた。②人生《じんせい》は七転《ななころ》び八起《やお》きだから、一度失《いちどしっ》敗《ぱい》したくらいでくじけてはいけない。

二階《にかい》から目薬《めぐすり》

ことわざ

いみ　思《おも》ったようにいかず、もどかしい。また、まわりくどくて、ききめがない。

さんこう　下《した》にいる人《ひと》に二階《にかい》から目薬《めぐすり》をさそうとしても、思《おも》うようにうまくいかないことから。(→左《ひだり》ページ囲《かこ》み参照《さんしょう》)

ようれい　おじいさんの説教《せっきょう》は、たとえ話《ばなし》ばかりで、孫《まご》にとっては二階《にかい》から目薬《めぐすり》だ。

同じいみ　天井《てんじょう》から目薬《めぐすり》

二度《にど》あることは三度《さんど》ある

ことわざ

いみ　物事《ものごと》は、くり返《かえ》して起《お》こることが多《おお》いから、そうした心《こころ》がまえが必要《ひつよう》だ、ということのたとえ。

さんこう　二度《にど》まで同《おな》じようなことが起《お》これば、続《つづ》いてもう一度《いちど》起《お》こることが多《おお》いものだ、ということから。

ようれい　二度《にど》も車《くるま》にはねられそうになった。二度《にど》あることは三度《さんど》あるというから、注意《ちゅうい》したほうがいい。

反対のいみ　柳《やなぎ》の下《した》のどじょう（→116ページ）

四《よ》字《じ》熟《じゅく》語《ご》　千篇一律《せんぺんいちりつ》：物事《ものごと》に変化《へんか》がとぼしく、おもしろみがない。

慣用句

おぼえておこう！

二《に》の足《あし》をふむ

いみ ためらい、しりごみすること。

さんこう 一歩《いっぽ》は足《あし》をふみ出《だ》したものの、二歩目《にほめ》はためらって足《あし》ぶみをするという意味《いみ》から。

ようれい テストの点《てん》がひどかったので、答案《とうあん》を母《はは》に見《み》せるかどうか**二《に》の足《あし》をふん**でいる。

慣用句

おぼえておこう！

二《に》の句《く》がつげない

いみ おどろいたりあきれたりして、次《つぎ》に言《い》い出《だ》すことばが出《で》てこないこと。

さんこう 「二《に》の句《く》」は、ふたこと目《め》に出《で》てくることばのこと。

ようれい ごはんを何杯《なんばい》もおかわりする弟《おとうと》を見《み》て、母《はは》はおどろくよりあきれて**二《に》の句《く》がつげない**でいる。

目薬《めぐすり》はぬるもの？

「二階《にかい》から目薬《めぐすり》」ということわざは、まわりくどくて思《おも》うようにいかないことのたとえです。しかし、このことわざができた江戸時代《えどじだい》の初《はじ》めごろには、現在使《げんざいつか》われているような水性《すいせい》の目薬《めぐすり》はありませんでした。

では、どんな目薬《めぐすり》だったかというと、なんと軟《なん》こう薬《やく》（クリームのように、ぬるタイプのもの）だったそうです。

ですから、このことわざの解釈《かいしゃく》は、後《のち》の時代《じだい》の人《ひと》の勝手《かって》な想像《そうぞう》といえるのかもしれません。もちろん、軟《なん》こう薬《やく》でも二階《にかい》からではぬれないことはたしかで、もどかしいことに変《か》わりはないでしょう。

ちなみに、同《おな》じ意味《いみ》のことわざに、「二階《にかい》からしりあぶる」とか「遠火《とおび》で手《て》をあぶる」といったものもあります。

 四《よ》字《じ》熟《じゅく》語《ご》 **創意工夫《そういくふう》**：新《あたら》しいことやよい方法《ほうほう》を考《かんが》え出《だ》す。

二《に》の次《つぎ》

慣用句

いみ あとまわし。

さんこう 「二《に》の次《つぎ》」とは、もともと二番《にばん》目《め》のこと。「二《に》の次《つぎ》にする」で、重要《じゅうよう》なことではないとして、あとまわしにするという意味《いみ》になる。

ようれい 遊《あそ》び優先《ゆうせん》で、勉強《べんきょう》は二《に》の次《つぎ》というのは考《かんが》えものだ。

二《に》の舞《まい》

慣用句

いみ 前《まえ》の人《ひと》のまねをすること。または、前《まえ》の人《ひと》のした失敗《しっぱい》を自分《じぶん》もくり返《かえ》す。

さんこう 「二《に》の舞《まい》」とは、舞楽《ぶがく》で「安摩《あま》」という一番《いちばん》目《め》の舞《まい》の次《つぎ》に舞《ま》うことになっている、こっけいなわざをする舞《まい》のこと。「二《に》の舞《まい》を演《えん》じる」ともいう。

ようれい ぼくが泥《どろ》をはねられたのと同《おな》じ場所《ばしょ》で、弟《おとうと》もはねられた。兄弟《きょうだい》で二《に》の舞《まい》を演《えん》じてしまった。

一役《ひとやく》買《か》う

慣用句

いみ 物事《ものごと》に対《たい》して、全体《ぜんたい》の一部分《いちぶぶん》の役《やく》わりをになうこと。

ようれい 今回《こんかい》の募金活動《ぼきんかつどう》の成功《せいこう》には、わたしが一役《ひとやく》買《か》っている。

ことわざ・慣用句《かんようく》クイズ⑰

答《こた》えは274ページを見《み》てね

次《つぎ》の①～⑤の□にア～オの適当《てきとう》な漢字《かんじ》を入《い》れて、ことわざ・慣用句《かんようく》を完成《かんせい》させましょう。

① □線《せん》を画《かく》す
② 七転《ななころ》び八《や》□き
③ □階《かい》から目薬《めぐすり》
④ 二《に》度《ど》あることは□度《ど》ある
⑤ 二《に》の□がつげない

ア 起《お》
イ 句《く》
ウ 一《いっ》
エ 二《に》
オ 三《さん》

クイズ⑰は150～153ページを見《み》ながらとこう。

四字熟語 **大願成就《たいがんじょうじゅ》**：大《おお》きな願《ねが》いごと、強《つよ》く願《ねが》っていたことがかなう。

神仏《しんぶつ》にかかわる

ことわざ・慣用句《かんようく》

「神仏《しんぶつ》」にかかわる
ことわざ・慣用句《かんようく》を集《あつ》めました。

運を天にまかせる

― 慣用句 ―

コマ1（右上）:
国語のヤマはここだな…

コマ2（左上）:
算数はこことここにしぼろう…

コマ3（右下）:
理科と社会はここがでるはず…

コマ4（左下）:
あとは運を天にまかせてヤマカンが当たるのをいのるのみだ
ねよう

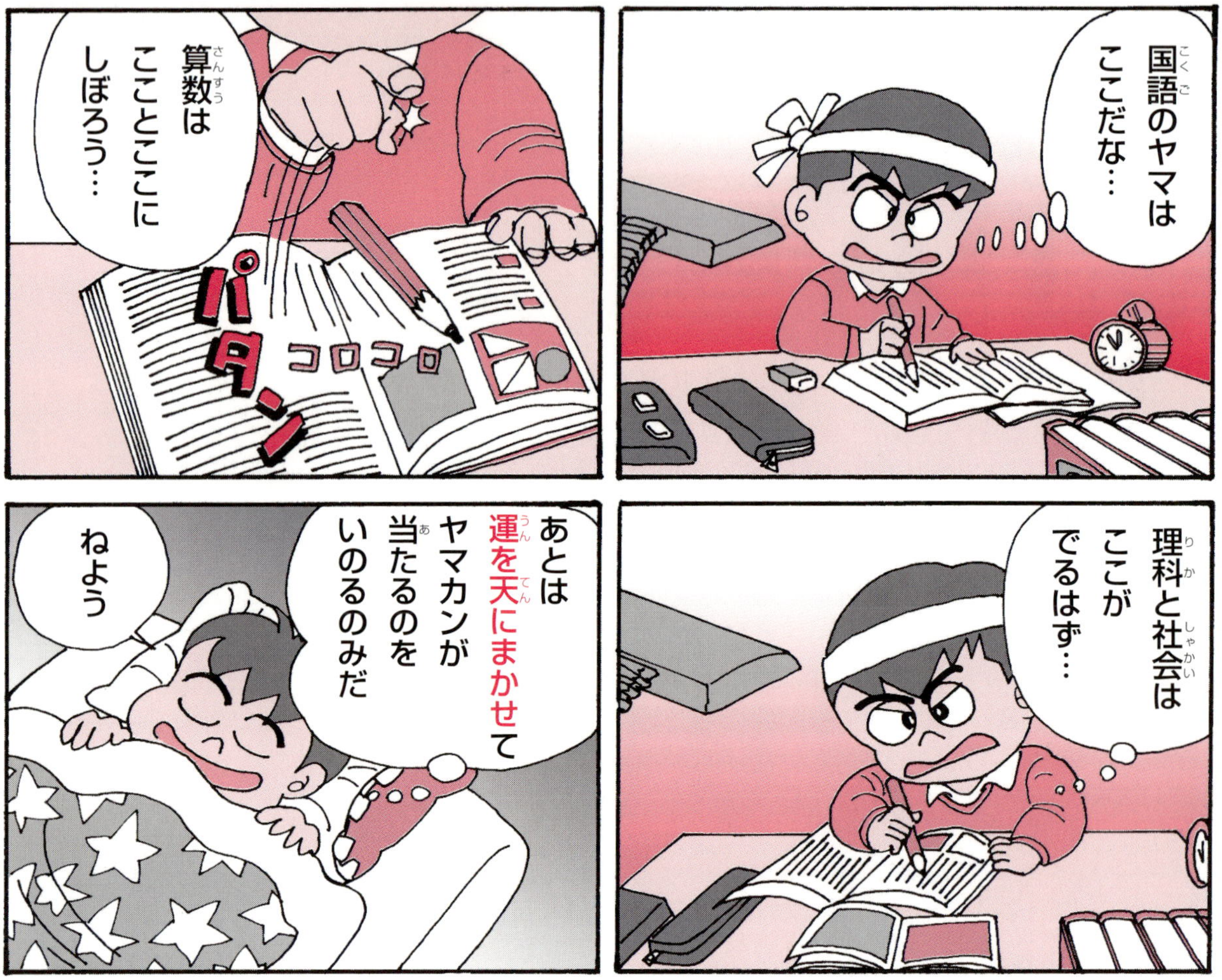

おぼえておこう！

いみ すべてを成り行きにまかせる。

さんこう 「運」は、運命、めぐりあわせ。「天」は、人の力のおよばない、運命を支配している神様のこと。

ようれい 手術を終えたあと、「やるべき処置はすべてやった。あとは運を天にまかせるしかない」と、お医者さんは言った。

同じいみ 人事を尽くして天命を待つ（故事成語→249ページ）／運は天にあり

（女の子のセリフ）
テスト勉強はしっかりやったからあとは運を天にまかせるしかないわ

四字熟語 大器晩成：偉大な人は、年をとってから成功するということ。

縁起《えんぎ》をかつぐ

慣用句

いみ ちょっとしたことにも、さいさきがいいとか悪《わる》いとか気《き》にする。

さんこう 「縁起《えんぎ》」は、いいことや悪《わる》いことが起《お》こりそうな前《まえ》ぶれのこと。

ようれい 縁起《えんぎ》をかついで、受験前《じゅけんまえ》にはすべる、落《お》ちるということばは使《つか》わないようにしている。

同じいみ ごへいをかつぐ

あら茶柱《ちゃばしら》
縁起《えんぎ》のいいこと

鬼《おに》に金棒《かなぼう》

ことわざ

いみ もともと強《つよ》いものが、さらに強《つよ》くなる。

さんこう ただでさえ強《つよ》い鬼《おに》が、鉄《てつ》の棒《ぼう》を武器《ぶき》にすればいちだんと強《つよ》くなる、ということから。

ようれい 県内《けんない》でも屈指《くっし》の強《つよ》さをほこる柔《じゅう》道部《どうぶ》に、柔道《じゅうどう》のうまい新人《しんじん》が入部《にゅうぶ》したので鬼《おに》に金棒《かなぼう》だ。

同じいみ 虎《とら》に翼《つばさ》

新人

鬼《おに》のいぬ間《ま》にせんたく

ことわざ

いみ こわい人《ひと》やうるさくしかる人《ひと》のいない間《あいだ》に、のんびりとくつろぐこと。

さんこう 「鬼《おに》」は、こわい人《ひと》。「せんたく」は、心《こころ》をあらうとか、くつろぐという意味《いみ》。

ようれい 鬼《おに》のいぬ間《ま》にせんたくと、先生《せんせい》のいない自習時間《じしゅうじかん》にゲームをやっていたら、告《つ》げ口《ぐち》をされた。

自習
ゲームしよっと

鬼《おに》の目《め》にもなみだ

慣用句

いみ どんなにむごい人《ひと》でも、ときにはあわれみの気持《きも》ちを持《も》つこともある、ということのたとえ。

ようれい いつもぼくたちをどなってばかりいる監督《かんとく》が、優勝《ゆうしょう》したときにはいっしょに泣《な》いた。鬼《おに》の目《め》にもなみだだ。

よくやった
監督《かんとく》が泣《な》いてる。
優勝

 四《よ》字《じ》熟《じゅく》語《ご》 **大義名分《たいぎめいぶん》**：人《ひと》として守《まも》るべき大切《たいせつ》な道理《どうり》や決《き》まり。

神《かみ》も仏《ほとけ》もない

慣用句

いみ 助《たす》けてくれるものがだれもいない無情《むじょう》の世《よ》の中《なか》を、なげいていうことば。

さんこう 「神《かみ》も仏《ほとけ》も」とは、神様《かみさま》も仏様《ほとけさま》もということで、あわれみ深《ぶか》く、こまったものを守《まも》り助《たす》けてくれる存在《そんざい》が、いないということから。

ようれい 借金《しゃっきん》とりの取《と》り立《た》てがきびしく、**神《かみ》も仏《ほとけ》もない**。

苦《くる》しい時《とき》の神《かみ》だのみ

ことわざ

いみ ふだんはおがみもしない神様《かみさま》や、付《つ》き合《あ》いもないような人《ひと》にも、こまったときにはたよろうとすること。

さんこう こまったり苦《くる》しくなったときだけ、ふだんは神《かみ》や仏《ほとけ》を信《しん》じていないし、おがみもしない人《ひと》が助《たす》けを願《ねが》うということから。

ようれい **苦《くる》しい時《とき》の神《かみ》だのみ**で、解《と》けない最後《さいご》の一問《いちもん》をにらんで、ぼくは神様《かみさま》に「ぜひ答《こた》えを教《おし》えてください」といのった。

同じいみ 人窮《ひときゅう》すれば天《てん》を呼《よ》ぶ

さわらぬ神《かみ》にたたりなし

ことわざ

いみ よけいなことには、最初《さいしょ》からかかわらないほうがいい、という教《おし》え。

さんこう 神様《かみさま》にかかわりを持《も》たなければ、神様《かみさま》のたたりや、ばちを受《う》ける心配《しんぱい》もない、という意味《いみ》から。

ようれい あそこの犬《いぬ》には声《こえ》をかけないほうがいい。**さわらぬ神《かみ》にたたりなし**だ。

同じいみ さわらぬ蜂《はち》は刺《さ》さぬ

地獄《じごく》で仏《ほとけ》に会《あ》ったよう

慣用句

いみ こまった状態《じょうたい》におちいって、つらく苦《くる》しいとき、思《おも》わぬ助《たす》けにあう。またはそのうれしさ。

さんこう 「地獄《じごく》で仏《ほとけ》」ともいう。

ようれい ゆうれいの出《で》そうな墓地《ぼち》で人《ひと》に会《あ》ったときは、ほんとうに**地獄《じごく》で仏《ほとけ》に会《あ》ったよう**だった。

地獄《じごく》の沙汰《さた》も金次第《かねしだい》

ことわざ

いみ この世《よ》の中《なか》は、お金《かね》さえあればどんなことでも思《おも》いどおりになる、ということのたとえ。

さんこう 地獄《じごく》での裁判《さいばん》でも、お金《かね》さえ出《だ》せば有利《ゆうり》な裁判《さいばん》をしてもらえる、ということから。

ようれい わいろを贈《おく》った疑《うたが》いでたいほされた男《おとこ》が、記者《きしゃ》に「地獄《じごく》の沙汰《さた》も金次第《かねしだい》さ」と、ひらきなおった。

地獄耳《じごくみみ》

慣用句

いみ ①一度《いちど》聞《き》いたら、いつまでもわすれない人《ひと》のこと。②人《ひと》のうわさや秘密《ひみつ》などを、すばやく聞《き》きつける人《ひと》のこと。

ようれい ①佐藤《さとう》さんは地獄耳《じごくみみ》で、一度《いちど》聞《き》いた悪口《わるぐち》を決《けっ》してわすれない。②まだだれにも言《い》っていない父《ちち》の昇進《しょうしん》の話《はなし》を聞《き》きつけてくるなんて、山田《やまだ》さんは地獄耳《じごくみみ》だ。

釈迦《しゃか》に説法《せっぽう》

ことわざ

いみ その方面《ほうめん》のことをよく知《し》っている人《ひと》に、不必要《ふひつよう》なことを教《おし》えるおろかさや、むだなことのたとえ。

さんこう 仏教《ぶっきょう》を開《ひら》いた釈迦《しゃか》に仏教《ぶっきょう》の教《おし》えを説《と》く、ということから。

同じいみ 釈迦《しゃか》に経《きょう》／孔子《こうし》に論語《ろんご》／猿《さる》に木《き》登《のぼ》り

正直《しょうじき》の頭《こうべ》に神宿《かみやど》る

ことわざ

いみ 正直《しょうじき》な人《ひと》には、必《かなら》ずいつかは神《かみ》の守《まも》りや助《たす》けがある、だからうそは言《い》ってはいけない、という教《おし》え。

ようれい 今《いま》はまずしくても、正直《しょうじき》の頭《こうべ》に神宿《かみやど》るということばもある。明日《あす》を信《しん》じて正《ただ》しく生《い》きることだ。

同じいみ 神《かみ》は正直《しょうじき》の頭《こうべ》に宿《やど》る／正直《しょうじき》は一生《いっしょう》の宝《たから》（→205ページ）

反対のいみ 正直者《しょうじきもの》がばかを見《み》る（→32ページ）

四字熟語 大胆不敵《だいたんふてき》：度胸《どきょう》があって、まったく敵《てき》をおそれない。

知《し》らぬが仏《ほとけ》

ことわざ

おぼえておこう！

いみ 知《し》らないからこそ平気《へいき》でいられる。

さんこう 知《し》っていれば腹《はら》の立《た》つことも、知《し》らずにいれば仏様《ほとけさま》のようなおだやかな顔《かお》つきでいられる、ということから。まわりのものは知《し》っているのに、当人《とうにん》だけが知《し》らないで、のんきにしているのをばかにしていうときに、よく使《つか》われる。

ようれい 田中《たなか》くんのズボンのおしりがやぶけて、パンツが見《み》えているが、本人《ほんにん》は知《し》らぬが仏《ほとけ》、今《いま》は知《し》らせないほうがいい。

捨《す》てる神《かみ》あれば拾《ひろ》う神《かみ》あり

ことわざ

おぼえておこう！

いみ 世《よ》の中《なか》は広《ひろ》いから、見《み》すてる人《ひと》もいるが、助《たす》けてくれる人《ひと》もいる。だから、不運《ふうん》でも、あまりくよくよする必要《ひつよう》はないというたとえ。

ようれい 父《ちち》は会社《かいしゃ》をリストラされたが、捨《す》てる神《かみ》あれば拾《ひろ》う神《かみ》ありで、友人《ゆうじん》の会社《かいしゃ》に再就職《さいしゅうしょく》して支店《してん》を任《まか》されている。

来年《らいねん》のことを言《い》えば鬼《おに》が笑《わら》う

ことわざ

いみ 将来《しょうらい》のことは、どうなるかわからない。

さんこう どうなるかわかりもしない来年《らいねん》のことを、あれこれ言《い》うことは、めったに笑《わら》わない鬼《おに》でさえ笑《わら》うほどおろかなことだ、という意味《いみ》から。

ようれい 来年《らいねん》のことを言《い》えば鬼《おに》が笑《わら》うが、来年《らいねん》こそはお年玉《としだま》がもっとほしい。

笑《わら》う門《かど》には福来《ふくきた》る

ことわざ

いみ いつも明《あか》るく、笑《わら》いのたえない家庭《かてい》には、しぜんに幸福《こうふく》がまわってくるものだ、ということのたとえ。

さんこう 「門《かど》」は家《いえ》、家庭《かてい》という意味《いみ》。「福《ふく》」は幸《しあわ》せ。

ようれい 笑《わら》う門《かど》には福来《ふくきた》るで、わが家《や》はいつも笑《わら》いがたえず、楽《たの》しくくらしている。

四字熟語 大同小異《だいどうしょうい》：細《こま》かい点《てん》でちがいがあっても、ほとんど同《おな》じである。

物《もの》にかかわる

ことわざ・慣用句《かんようく》

「物《もの》」にかかわる
ことわざ・慣用句《かんようく》を集《あつ》めました。

石橋《いしばし》をたたいてわたる

ことわざ

父《ちち》のかたき かくごせい！
ふん！ 返《かえ》りうちに してくれる
オーッ
こっちには 百人《ひゃくにん》の 助《すけ》っ人《と》が ついているん だぞ
ひゃ…… ひゃくにん〜！
ひきょうもの！
なんとでも言《い》え せっ者《しゃ》は 石橋《いしばし》をたたいて わたる性格《せいかく》なのじゃ

よくでる！

いみ しんちょうで、ひじょうに用《よう》心深《じんぶか》いことのたとえ。

さんこう 石《いし》でできたじょうぶな橋《はし》を、こわれはしないかと、わざわざたたいて、安全《あんぜん》をたしかめてからわたる、ということから。

ようれい 勝利《しょうり》がほぼ見《み》えてきたが、石橋《いしばし》をたたいてわたる性格《せいかく》の監督《かんとく》は、もう一点《いってん》入《い》れなければ安心《あんしん》できないと、気《き》をゆるめなかった。

同じいみ 浅《あさ》い川《かわ》も深《ふか》くわたれ（→214ページ）／念《ねん》には念《ねん》を入《い》れよ（→212ページ）／転《ころ》ばぬ先《さき》のつえ（→163ページ）

ぼくの おじいちゃんも とても 用心深《ようじんぶか》いんだ

四字熟語《よじじゅくご》 多種多様《たしゅたよう》：種類《しゅるい》が多《おお》く、さまざまである。

転《ころ》ばぬ先《さき》のつえ

ことわざ

よくでる!

いみ 失敗《しっぱい》しないように、物事《ものごと》を始《はじ》める前《まえ》には、よく注意《ちゅうい》することが大切《たいせつ》だ、という教《おし》え。

さんこう 転《ころ》んでからではおそいから、転《ころ》ぶ前《まえ》に用心《ようじん》してつえをつきなさい、という意味《いみ》から。

ようれい 転《ころ》ばぬ先《さき》のつえだ。老後《ろうご》にそなえて、今《いま》から貯金《ちょきん》しておこう。

同じいみ 浅《あさ》い川《かわ》も深《ふか》くわたれ（↓214ページ）／石橋《いしばし》をたたいてわたる（↓162ページ）／念《ねん》には念《ねん》を入《い》れよ（↓212ページ）

四《よ》字《じ》熟《じゅく》語《ご》 単刀直入《たんとうちょくにゅう》：前置《まえお》きもなしに、いきなり話《はなし》の本題《ほんだい》に入《はい》る。

たなからぼたもち

ことわざ

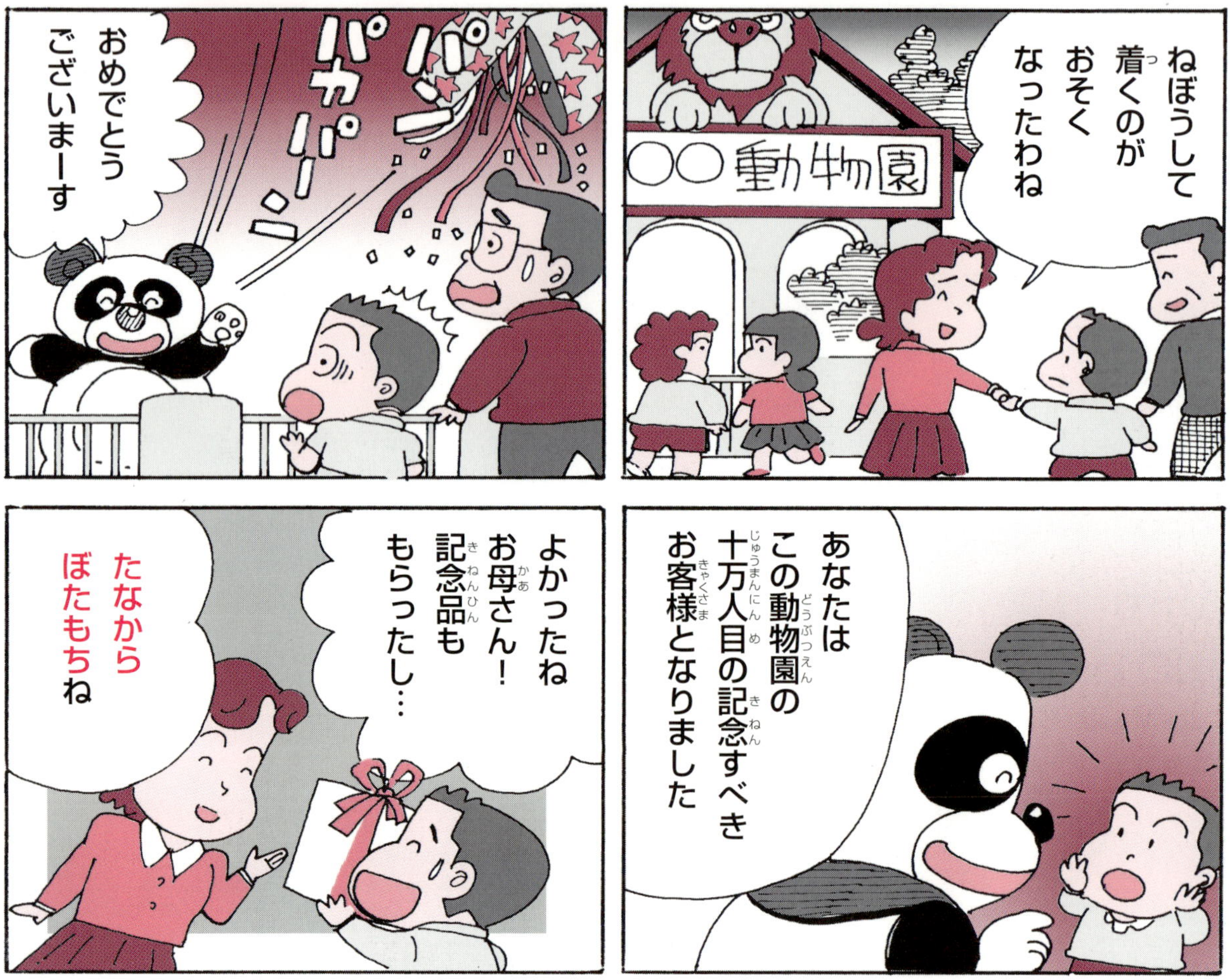
ねぼうして着《つ》くのがおそくなったわね
○○動物園
パン
パカパーン
おめでとうございまーす
あなたはこの動物園《どうぶつえん》の十万人目《じゅうまんにんめ》の記念《きねん》すべきお客様《きゃくさま》となりました
よかったねお母《かあ》さん！記念品《きねんひん》ももらったし…
たなからぼたもちね

よくでる！

いみ 何《なに》もしていないのに、思《おも》いもかけない幸運《こううん》が、転《ころ》がりこんでくる、ということのたとえ。

さんこう たなの下《した》で寝転《ねころ》んでいたら、たなからぼたもちが落《お》ちてきて、開《ひら》いていた口《くち》に、ちょうどうまい具合《ぐあい》にすとんと入《はい》る、というたとえから。略《りゃく》して「たなぼた」ともいう。また「開《あ》いた口《くち》へぼたもち」ともいう。

ようれい おばあちゃんからもらった宝《たから》くじが、なんと一等《いっとう》だった。たなからぼたもちとは、このことだ。

久《ひさ》しぶりに会《あ》ったおじさんにおこづかいをもらったよ

四字熟語《よじじゅくご》 朝令暮改《ちょうれいぼかい》：命令《めいれい》や法律《ほうりつ》がすぐに変《か》わり、あてにならない。

のれんに腕《うで》おし

ことわざ

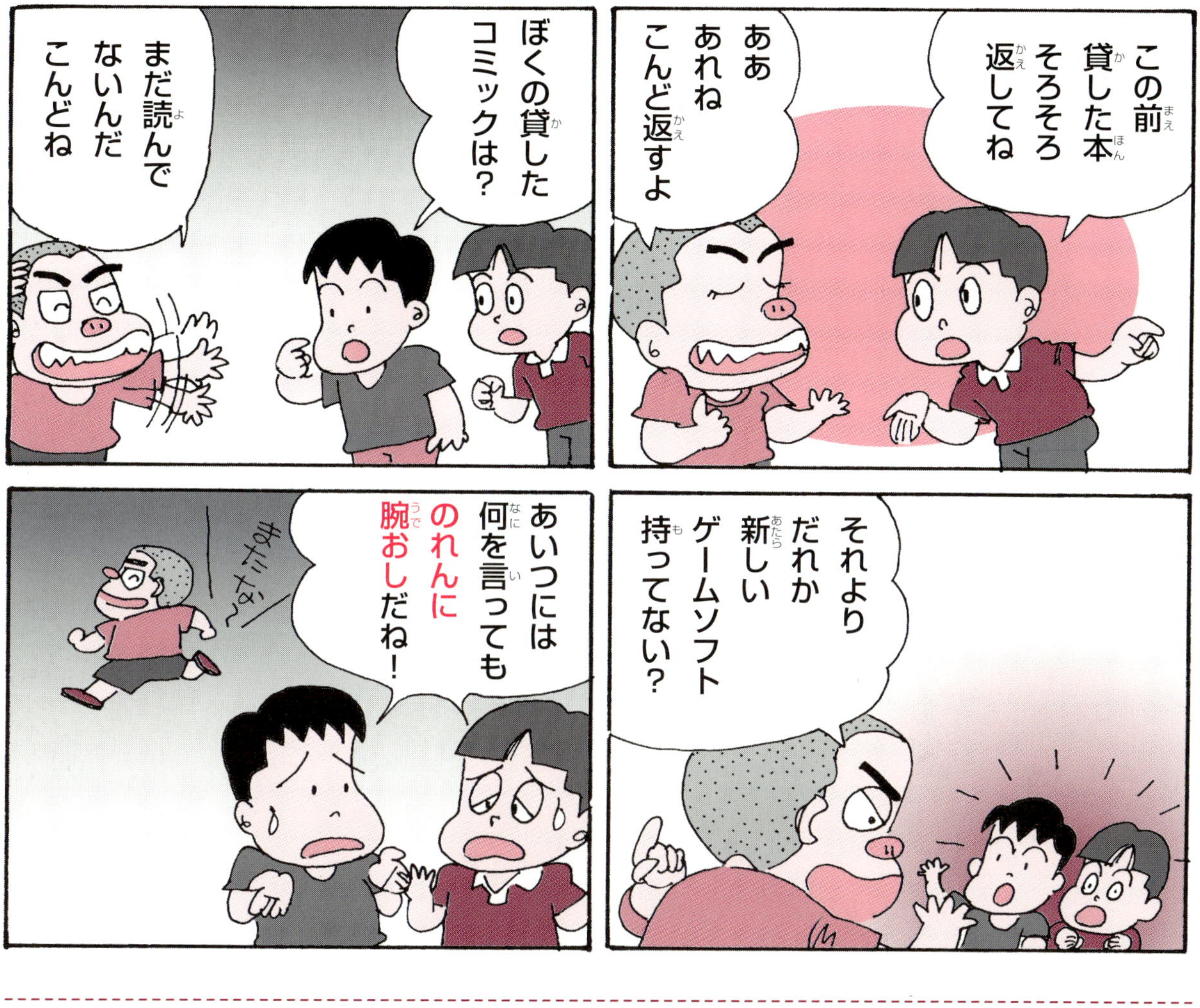

よくでる!

いみ 力《ちから》を入《い》れても、手《て》ごたえがなく、はり合《あ》いがないことのたとえ。

さんこう 「のれん」は、お店《みせ》の入《い》り口《ぐち》にたらしてある布《ぬの》。その「のれん」を力《ちから》いっぱいおしても、なんの手《て》ごたえもないことから。

ようれい 早《はや》く帰《かえ》ってくるようにと、何回《なんかい》も言《い》っているのに、**のれんに腕《うで》おし**で、いつも帰《かえ》りがおそい。

同じいみ 馬《うま》の耳《みみ》に念仏《ねんぶつ》（↓121ページ）／ぬかにくぎ（↓182ページ）／とうふにかすがい（↓181ページ）／かえるの面《つら》に水《みず》（↓122ページ）

※「のれん（暖簾）」は、もとは禅寺《ぜんでら》で、冬《ふゆ》にすきま風《かぜ》を防《ふせ》ぐために用《もち》いられた垂《た》れ幕《まく》です。これに、暖《あたた》かいという「暖《だん》」の字《じ》と、すだれの「簾《れん》」という字《じ》を当《あ》てたのも、そのことからきているのかもしれません。

四字熟語 **猪突猛進《ちょとつもうしん》**：あとさきのことも考《かんが》えず、猪《いのしし》のようにがむしゃらにとっ進《しん》する。

昔《むかし》とったきねづか

ことわざ

ブン
おや
家《いえ》の中《なか》で
野球《やきゅう》か…
明日《あした》試合《しあい》
なんだよ
それなら
わしが外《そと》で
練習相手《れんしゅうあいて》に
なってやるよ
え!
じいちゃん
野球《やきゅう》できるの?
昔《むかし》とった
きねづかじゃよ
これでも
わかいころは
ごうわん
ピッチャー
だったんじゃ!
ビュン

おぼえておこう!

いみ わかいころ、しっかりきたえて身《み》につけた、自信《じしん》のある技《わざ》やうで前《まえ》のこと。

さんこう 「きねづか」は、うすに入《い》れたもち米《ごめ》などをつくときに使《つか》うきねの、手《て》で持《も》つ棒《ぼう》の部分《ぶぶん》。昔《むかし》、きねを使《つか》って、上手《じょうず》にもちをついていた人《ひと》は、いつまでもその技《わざ》をわすれない、という意味《いみ》から。『京《きょう》いろはがるた』の一《ひと》つ。

ようれい わかいころ、バレエを習《なら》っていた母《はは》は、昔《むかし》とったきねづかで、今《いま》でも音楽《おんがく》を聞《き》くと、体《からだ》が動《うご》きだす。

四字熟語《よじじゅくご》 沈思黙考《ちんしもっこう》:深《ふか》く思《おも》いにふけり、静《しず》かに考《かんが》えこむ。

相《あい》づちを打《う》つ

慣用句

いみ 相手《あいて》の話《はなし》を聞《き》くとき、調子《ちょうし》を合《あ》わせてうなずいたり、ことばをそえたりする。

さんこう もとの意味《いみ》は、鍛冶《かじ》で師匠《ししょう》が打《う》つつちに調子《ちょうし》を合《あ》わせ、弟子《でし》が、師匠《ししょう》と交互《こうご》につちを打《う》って、刀《かたな》などをきたえることを「相《あい》づち」といったことから。

ようれい 息子《むすこ》の留学体験《りゅうがくたいけん》の話《はなし》に、父《ちち》は**相《あい》づちを打《う》**ちながら聞《き》き入《い》った。

危《あぶ》ない橋《はし》をわたる

慣用句

いみ 危《あぶ》ないと知《し》りながら、危険《きけん》な方法《ほうほう》や手段《しゅだん》で、物事《ものごと》を行《おこな》う。

さんこう 特《とく》に、法律《ほうりつ》にふれるかふれないかの、すれすれのことをする場合《ばあい》などに使《つか》う。

ようれい あの人《ひと》は、今《いま》の仕事《しごと》を始《はじ》めるまでは、いろいろと**危《あぶ》ない橋《はし》をわた**ってきたといううわさだ。

油《あぶら》を売《う》る

慣用句

よくでる!

いみ 仕事《しごと》の途中《とちゅう》で、むだ話《ばなし》などをして、なまける。

さんこう 江戸時代《えどじだい》、髪油《かみあぶら》を売《う》る行商人《ぎょうしょうにん》が、油《あぶら》を器《うつわ》に移《うつ》すあいだ、お客相手《きゃくあいて》に世間話《せけんばなし》をしながら、商売《しょうばい》をしていたことから。

ようれい お母《かあ》さんは、あちこちで**油《あぶら》を売《う》**っていて、買《か》い物《もの》にいつも二時間《にじかん》はかかる。

油《あぶら》をしぼる

慣用句

いみ 失敗《しっぱい》やあやまちなどに対《たい》して、しかったりきびしくせめること。

さんこう 菜種《なたね》やつばきなどから、油《あぶら》をとるとき、種《たね》や実《み》をおしつぶして、しぼりとることから。上《うえ》からおさえつけて、きびしくせめるようすをたとえた。

ようれい いたずらがばれて、先生《せんせい》にこってり**油《あぶら》をしぼ**られた。

四《よ》字《じ》熟《じゅく》語《ご》 適材適所《てきざいてきしょ》：能力《のうりょく》のある人《ひと》を、その能力《のうりょく》が発揮《はっき》できる仕事《しごと》につける。

板に付く 〔慣用句〕 よくでる!

いみ しぐさや態度、身なりなどが、その人の職業や地位などになじんで、ぴったり合っている。

さんこう「板」は、かぶきやしばいの舞台のことで、役者が舞台に調和するということから。

ようれい 姉も、子どもが生まれて一年たち、ようやくお母さんぶりが板に付いてきた。

板は、板じきの舞台のこと

「板に付く」は、舞台でしばいをする人たちが使っていた言い方で、「板」というのは、板じきの舞台のことです。また、「板付き」というのは、幕が開くときから、役者が舞台に出ていることをいい、「板に乗せる」とは、しばいを上演するという意味で、その人にしっくり合っている、という意味になりました。「板に付く」は、役者の演技や役がらが、場面にぴったりとはまっていることで、そこから役割や仕事が、

板ばさみになる 〔慣用句〕

いみ 意見や立場のちがう二人のあいだに立って、どちらにもつけずに、こまるようす。

さんこう 板と板の間にはさまれて、身動きができないということから。

ようれい 先生は、クラスのみんなと学級委員のわたしの言い争いの板ばさみになって、こまってしまったようだ。

糸を引く 〔慣用句〕

いみ ①裏からさしずして、人をあやつる。②ねばって、糸のように長くのびる。

さんこう ①は、人形じょうるりなどのあやつり人形を、人形師が後ろで糸を引いて動かすことから。

ようれい ①背後で糸を引いている男をつかまえることが、先決だ。②朝食の納豆をまぜていたら、ねばって糸を引いた。

四字熟語 徹頭徹尾（てっとうてつび）：最初から最後まで、一つの考えをつらぬく。

うだつが上《あ》がらない

慣用句

いみ いっこうに出世《しゅっせ》ができず、低《ひく》い地位《ちい》でいつまでもぐずぐずしている。

さんこう 「うだつ」は、うだちともいい、はりの上《うえ》に立《た》てて、むな木《ぎ》をささえる短《みじか》い柱《はしら》のこと。うだつのすぐ上《うえ》に屋根《やね》があり、いつも頭《あたま》をおさえられているように見《み》えることから。また、京都《きょうと》や大阪《おおさか》などでは、となりの家《いえ》との境《さかい》の屋根《やね》につける、防火壁《ぼうかへき》ににたものをいい、「うだつが上《あ》がらない」とは、うだつを立《た》てるほどの立派《りっぱ》な家《いえ》を持《も》てない境遇《きょうぐう》にあることをいう。

絵《え》にかいたもち

ことわざ

いみ 計画《けいかく》や想像《そうぞう》だけで、実現《じつげん》しそうもないことのたとえ。

さんこう 絵《え》にかいたもちは、実際《じっさい》には食《た》べられないことから。「画餅《がべい》」ともいう。

ようれい 夏休《なつやす》みの宿題《しゅくだい》を毎日《まいにち》キチンとする計画《けいかく》も、遊《あそ》んでばかりいては、絵《え》にかいたもちになってしまう。

同じいみ 机上《きじょう》の空論《くうろん》

えりを正《ただ》す

慣用句

いみ 気持《きも》ちを引《ひ》きしめ、まじめに物事《ものごと》に対《たい》処《しょ》する。

さんこう 「えり」は、衣服《いふく》の首《くび》のまわりの部《ぶ》分《ぶん》。えりをピシッと決《き》めることは、服装《ふくそう》の乱《みだ》れを整《ととの》えて、姿勢《しせい》を正《ただ》すという意味《いみ》。

ようれい 職員室《しょくいんしつ》へあやまりに行《い》くとき、わたしはきちんとえりを正《ただ》して行《い》きます。

同じいみ 姿勢《しせい》を正《ただ》す

大《おお》ぶろしきを広《ひろ》げる

慣用句

いみ できそうもない大《おお》げさなことを言《い》う。

さんこう 「大《おお》ぶろしき」は、大《おお》げさな話《はなし》や計画《けいかく》のたとえ。

ようれい おじさんは、大《おお》ぶろしきを広《ひろ》げるくせがあるから、話《はなし》は注意《ちゅうい》して聞《き》いたほうがいい。

同じいみ ほらをふく

四字熟語　天衣無縫《てんいむほう》：天女《てんにょ》の衣《ころも》は縫《ぬ》い目《め》がないことから、かざり気《け》がなく、自然《しぜん》なさまをいう。

お茶をにごす　〈慣用句〉　よくでる！

いみ　いいかげんなことを言って、その場をごまかす。

さんこう　茶のたて方を知らない人が、抹茶を適当にかきまぜて、作法を知っているように、ごまかしてみせることから。

ようれい　母は買い物でおそくなったので、昼ごはんのかわりにお菓子で、お茶をにごそうとした。

（イラスト：「ごはんは？」「お菓子食べててね」）

帯に短したすきに長し　〈ことわざ〉　おぼえておこう！

いみ　中途半ぱで、何の役にも立たないことのたとえ。

さんこう　「たすき」は、着物を着て仕事をするとき、動きやすいように、袖を肩のほうへたくし上げるために使うひも。たすきとして使うには長すぎ、かといって帯（三~四メートル）にするには短くて、どちらにも使えないということから。

ようれい　旅行用のカバンを買いに行ったが、どれも帯に短したすきに長しで、けっきょく何も買わないまま帰った。

折り紙を付ける　〈慣用句〉　おぼえておこう！

いみ　その人や物事が、じゅうぶん信用できるものであると、評価をすること。

さんこう　この「折り紙」は、形をつくって遊ぶものではなく、公式な文書に使われた、紙を二つに折ったもので、そのもののたしかさを証明するかん定書や保証書のこと。とくに、書や絵画、刀けんなどに折り紙を付けて、品質の保証をしたことから。「折り紙付き」ともいう。

ようれい　お母さんの手料理に折り紙を付ける。

勝ってかぶとの緒をしめよ　〈ことわざ〉

いみ　物事がうまくいっても、得意にならないで、いっそう気を引きしめなさい、という教え。

さんこう　「かぶと」は、昔、武士が戦いのとき、頭を守るためにかぶった武具。そのかぶとのあごひもを、戦いに勝ったといってゆるめず、むしろきつくしめ直して、気持ちを引きしめよ、という意味。

ようれい　一回戦に勝って大喜びしたら、監督は、選手たちに、「勝ってかぶとの緒をしめよ」と、カツを入れた。

四字熟語　電光石火（でんこうせっか）：動作が非常にすばやいこと。あっという間。

かぶとをぬぐ

慣用句

いみ とてもかなわないと、負《ま》けをみとめ、降参《こうさん》する。

さんこう 「かぶと」は、戦《いくさ》で頭《あたま》を守《まも》るための武具《ぶぐ》。昔《むかし》、戦場《せんじょう》でかぶとをぬぐのは、降《こう》参《さん》したことを意味《いみ》することから。「シャッポ（ぼうしのこと）をぬぐ」ともいう。

ようれい 息子《むすこ》の王手《おうて》に、将棋《しょうぎ》好《ず》きの父《ちち》も**かぶとをぬい**だ。

まいった!

かべに耳《みみ》あり障子《しょうじ》に目《め》あり

ことわざ

いみ 秘密《ひみつ》やないしょの話《はなし》は、もれやすいものだ、という教《おし》え。

さんこう ないしょ話《ばなし》をしているつもりでも、かべに耳《みみ》を当《あ》ててこっそり聞《き》いている人《ひと》がいたり、障子《しょうじ》に穴《あな》をあけてのぞいている人《ひと》がいたりするかもしれない、ということ。

ようれい 「**かべに耳《みみ》あり障子《しょうじ》に目《め》あり**だ。めったなことは言《い》わないほうがいい」と、村田《むらた》くんはまゆをひそめて言《い》った。

同じいみ かべに耳《みみ》

くぎ付《づ》けにする

慣用句

いみ その場所《ばしょ》から、身動《みうご》きがとれないようにすること。

さんこう 「くぎ付《づ》けになる」は、くぎを打《う》ち付《つ》けて、物《もの》を動《うご》かないようにさせることから。心《こころ》をうばわれたり、じゃまされたりして動《うご》けなくなるという意味《いみ》。

ようれい 雷《かみなり》のえいきょうで電車《でんしゃ》が止《と》まり、乗客《じょうきゃく》はもよりの駅《えき》に**くぎ付《づ》けに**された。

くぎをさす

慣用句

おぼえておこう!

いみ まちがいを起《お》こさないように、前《まえ》もって、念《ねん》をおしておくことのたとえ。

ようれい 今日《きょう》は、「早《はや》く学校《がっこう》が終《お》わっても、寄《よ》り道《みち》をしないで帰《かえ》るのよ」と、お母《かあ》さんから、出《で》がけに**くぎをさ**された。

同じいみ くぎを打《う》つ

道《みち》くさはだめよ
はーい

 四字熟語《よじじゅくご》 天罰覿面《てんばつてきめん》：悪《わる》いことをすると、すぐにその結果《けっか》が現《あらわ》れてばちが当《あ》たる。

くさい物《もの》にふたをする

ことわざ

いみ 人《ひと》に知《し》られてはこまることを、一時《いちじ》しのぎのやりかたでかくすことのたとえ。

さんこう くさいものが入《はい》っている容器《ようき》にふたをしても、根本的《こんぽんてき》な解決《かいけつ》にはならず、くさいにおいがしないのは、一時《いちじ》しのぎにすぎないということから。

ようれい 担当者《たんとうしゃ》のミスをごまかすなんて、くさい物《もの》にふたをするようなものだ。

くしの歯《は》が欠《か》けたよう

慣用句

いみ あるべきものが、ところどころ欠《か》けているようす。

ようれい カゼで野球《やきゅう》のメンバーがそろわず、くしの歯《は》が欠《か》けたようになってしまった。

同じいみ 歯《は》のぬけたよう（→70ページ）

薬《くすり》も過《す》ぎれば毒《どく》となる

ことわざ

いみ 物事《ものごと》をやりすぎるのは、かえってよくないことになる、という教《おし》え。

さんこう 薬《くすり》といっても、飲《の》みすぎると逆《ぎゃく》に体《からだ》を悪《わる》くするということから。

ようれい 体力《たいりょく》づくりのため毎日《まいにち》ジョギングをしたが、薬《くすり》も過《す》ぎれば毒《どく》となるのことわざどおり、かえって体《からだ》をこわしてしまった。

同じいみ 過《す》ぎたるはなおおよばざるがごとし（故事成語《こじせいご》→251ページ）

管《くだ》を巻《ま》く

慣用句

いみ 不平《ふへい》など、とりとめのないことをくどくど言《い》うこと。

さんこう 「管《くだ》」は、はたを織《お》るとき、糸《いと》を巻《ま》きつけるもの。糸車《いとぐるま》で管《くだ》を巻《ま》くときの音《おと》は、ぶうぶうとうるさいことから。

ようれい おじさんは、お酒《さけ》を飲《の》むといつも管《くだ》を巻《ま》くので、めいわくだ。

四字熟語《よじじゅくご》 天変地異《てんぺんちい》：自然界《しぜんかい》に起《お》きる異変《いへん》。

慣用句

口火《くちび》を切《き》る

いみ 一番先《いちばんさき》に始《はじ》めて、きっかけをつくることのたとえ。

さんこう 「口火《くちび》」は、ばく発物《はつぶつ》や火《ひ》なわ銃《じゅう》などの点火《てんか》に使《つか》う火《ひ》のこと。そこから、きっかけ、原因《げんいん》を表《あらわ》す。

ようれい 長《なが》いちんもくのあと、最初《さいしょ》に話《はなし》の口火《くちび》を切《き》ったのは山田《やまだ》くんだった。

同じいみ 口《くち》を切《き》る（→63ページ）

慣用句

車《くるま》の両輪《りょうりん》

いみ 両方《りょうほう》とも重要《じゅうよう》で、たがいになくてはならない密接《みっせつ》な関係《かんけい》にあることのたとえ。

さんこう 車《くるま》の車輪《しゃりん》は、片方《かたほう》では意《い》味《み》がなく、二《ふた》つあってこそ成《な》り立《た》っているということから。

ようれい 徳田《とくだ》くんと田島《たじま》さんは、車《くるま》の両輪《りょうりん》として、児童会《じどうかい》をここまで引《ひ》っぱってきました。

慣用句

軍配《ぐんばい》が上《あ》がる

いみ 試合《しあい》や競争《きょうそう》などで、勝《か》ちと判定《はんてい》されること。

さんこう 「軍配《ぐんばい》」は、相撲《すもう》の行司《ぎょうじ》が持《も》っているうちわ。行司《ぎょうじ》は、勝《か》った力士《りきし》の方《ほう》にこれを上《あ》げて、勝《か》ちを告《つ》げることから。

ようれい この対戦《たいせん》は、どちらに軍配《ぐんばい》が上《あ》がってもふしぎではない、いい試合《しあい》だ。

ことわざ・慣用句《かんようく》クイズ⑱

答《こた》えは274ページを見《み》てね

1 次《つぎ》の①～④の□に、ア～エの適当《てきとう》な漢字《かんじ》を入《い》れて、ことわざ・慣用句《かんようく》を完成《かんせい》させましょう。

① 転《ころ》ばぬ□のつえ
② のれんに□おし
③ □とったきねづか
④ □を売《う》る

ア 腕《うで》　イ 昔《むかし》　ウ 油《あぶら》　エ 先《さき》

2 次《つぎ》のことわざ・慣用句《かんようく》の中《なか》から、まちがったものを二《ふた》つ選《えら》びましょう。

ア 石橋《いしばし》をたたいてはかる
イ たなからぼたもち
ウ 板《いた》にくっつく
エ お茶《ちゃ》をにごす

クイズ⑱は162～170ページを見《み》ながらとこう。

 四字熟語 同工異曲《どうこういきょく》：一見《いっけん》ちがうように見《み》えても、中身《なかみ》はほとんど同《おな》じである。

げたを預ける 〈慣用句〉

いみ 物事の処理の方法や責任など、その事がらに関するすべてを相手にまかせることのたとえ。

さんこう げたを相手に預けると、預けた人は自由に歩き回ることができなくなることから。

ようれい 日曜日の計画は、お兄ちゃんにげたを預けたから、どこへ遊びに行くことになっても文句は言わない。／げたを預けられたからには、最後までがんばってやり通そう。

さいは投げられた 〈慣用句〉 おぼえておこう！

いみ こういうことになった以上、かくごを決めて、実行するほかはない、ということのたとえ。

さんこう 「さい」は、サイコロのこと。勝負を決めるサイコロは、すでにふられたという意味。昔、カエサル（シーザー）がヨーロッパにあるルビコン川をわたって、命令に背いて軍隊とともにローマへ帰る際に言ったとされることば。命令に背くことは、政敵との戦いを始める、ということを意味した。

ごまをする 〈慣用句〉

いみ 自分の利益を考えて、相手が喜ぶようなおせじを言ったり、きげんをとったりする。

さんこう すりばちでごまをすると、ごまが、すりばちのみぞに入って、べたべたとくっつく。そのようすから、あちこちにくっついてごきげんとりをすることをたとえた。

ようれい 「お兄ちゃんみたいにゲームがうまくなりたいな」と、兄にごまをすってゲームソフトを借りた。

さじを投げる 〈慣用句〉 よくでる！

いみ ①病気が治る見こみがないと、医者が患者の治りょうをあきらめ、病人を見はなすこと。②どれだけやってもうまくいかず、よくなる気配もないため、あきらめること。

さんこう 医者が、「もう、だめだ」と、薬をまぜ合わせるためのさじ（スプーン）を投げ出して、患者を見はなすことから。

ようれい いくら教えても、まなぶくんは覚えようとしないから、ぼくはもうさじを投げたよ。

四字熟語 東奔西走（とうほんせいそう）：あちらこちらをいそがしく走り回る。

敷居《しきい》が高《たか》い

慣用句

いみ 相手《あいて》に失礼《しつれい》なことをしたり、はずかしくて、顔《かお》を合《あ》わせられないことがあったりして、その人《ひと》の家《いえ》に行《い》きにくくなる。また、その人《ひと》に、会《あ》いにくい状態《じょうたい》のたとえ。

さんこう たずねにくくなって、相手《あいて》の家《いえ》の敷居《しきい》が高《たか》く感《かん》じられるようになる、という意味《いみ》から。

ようれい 手紙《てがみ》をもらっていたのに、ちゃんと返事《へんじ》を出《だ》していなかったので、ひさしぶりに友《とも》だちのみどりちゃんの家《いえ》に遊《あそ》びに行《い》くのは、ちょっと敷居《しきい》が高《たか》い。

杓子《しゃくし》は耳《みみ》かきにならず

ことわざ

いみ 大《おお》きい物《もの》が、必《かなら》ずしも小《ちい》さい物《もの》の代《か》わりとして使《つか》えるとはかぎらない、という教《おし》え。

さんこう 杓子《しゃくし》は耳《みみ》かきと形《かたち》がにているけれども、実際《じっさい》には、耳《みみ》かきの代《か》わりにはならないところから。

ようれい 弟《おとうと》が、あまりにも寒《さむ》そうにしていたので、お父《とう》さんのコートを着《き》せてあげた。でも、すそをひきずるくらい大《おお》きすぎて、弟《おとうと》に、「杓子《しゃくし》は耳《みみ》かきにならず」と言《い》われた。

反対のいみ 大《だい》は小《しょう》をかねる （→222ページ）

しゃちほこ張《ば》る

慣用句

いみ ①しゃちほこのように、いげんたっぷりにかまえる。②きん張《ちょう》して、体《からだ》が、かたくなることのたとえ。

さんこう 「しゃちほこ」左《ひだり》の囲《かこ》み参照《さんしょう》。

ようれい ①社長《しゃちょう》は、大《おお》きないすにしゃちほこ張《ば》ってすわっている。②テストの答案《とうあん》を返《かえ》してもらうとき、思《おも》わずしゃちほこ張《ば》ってしまった。

しゃちほこ

「しゃちほこ張《ば》る」の「しゃち」は、漢字《かんじ》で鯱《しゃち》と書《か》きます。頭《あたま》は虎《とら》、形《かたち》は魚《さかな》で背《せ》にとげをもつという想像上《そうぞうじょう》の海獣《かいじゅう》で、防火《ぼうか》の効力《こうりょく》があるとされることから、城《しろ》などの棟《むね》の飾《かざ》り瓦《がわら》によく使《つか》われています。名古《なご》屋城《やじょう》の金《きん》の鯱《しゃち》がその代表例《だいひょうれい》です。屋根《やね》の上《うえ》にいげんをもって、しっぽを立《た》てていることから、きん張《ちょう》して体《からだ》をこわばらせるという意味《いみ》のたとえになりました。「しゃち張《ば》る」「しゃちこ張《ば》る」「しゃち張《ば》り返《かえ》る」「しゃっちょこ張《ば》る」など、みんな同《おな》じ意味《いみ》です。

四《よ》字《じ》熟《じゅく》語《ご》 得意満面《とくいまんめん》：得意《とくい》そうな表情《ひょうじょう》が顔《かお》いっぱいに表《あらわ》れている。

重箱《じゅうばこ》のすみをようじでほじくる

慣用句

いみ どうでもいいような細《こま》かいことを、わざわざとりあげて、あれこれ口《くち》うるさく言《い》うことのたとえ。

さんこう 「重箱《じゅうばこ》」は、食《た》べ物《もの》を入《い》れる四角《しかく》い箱《はこ》で、いくつか重《かさ》ねられる。この箱《はこ》のすみに残《のこ》ったものを、わざわざようじでほじくるという意味《いみ》から。「ようじで重箱《じゅうばこ》のすみをほじくる」「重箱《じゅうばこ》のすみをようじでつつく」ともいう。

ようれい わたしがそうじをすると、お母《かあ》さんは、「ここにまだほこりがあるわよ」と、重箱《じゅうばこ》のすみをようじでほじくるようなことを言《い》う。

将棋《しょうぎ》だおし

慣用句

いみ はしにあるものがたおれると、もう一方《いっぽう》のはしに向《む》かって、ならべたものが次々《つぎつぎ》にたおれる。また、一《ひと》つのくずれがきっかけで、全体《ぜんたい》がくずれてしまう。

さんこう 将棋《しょうぎ》のこまを立《た》てて一列《いちれつ》にならべ、一番《いちばん》はしのこまをたおすと、全部《ぜんぶ》が、次々《つぎつぎ》にたおれてしまうことから。この遊《あそ》びを「将棋《しょうぎ》だおし」といい、多《おお》くの物《もの》や人《ひと》が、連続《れんぞく》してたおれることを、この遊《あそ》びにたとえた。

ようれい 電車《でんしゃ》が急《きゅう》ブレーキをかけたので、乗客《じょうきゃく》が将棋《しょうぎ》だおしになった。

白《しら》羽《は》の矢《や》が立《た》つ

慣用句

いみ ①多《おお》くの人《ひと》の中《なか》から、ぎせい者《しゃ》として選《えら》ばれる。②多《おお》くの人《ひと》の中《なか》から、とくに選《えら》び出《だ》される。

さんこう 神《かみ》が人身《ひとみ》ごくうとして選《えら》んだ少女《しょうじょ》の家《いえ》の屋根《やね》に、白《しろ》い羽《はね》の付《つ》いた矢《や》を立《た》てた、という言《い》い伝《つた》えから。

ようれい 児童会長候補《じどうかいちょうこうほ》として、木村《きむら》くんに白羽《しらは》の矢《や》が立《た》った。

砂《すな》をかむよう

慣用句

いみ 物《もの》の味《あじ》わいやおもしろみが、まったくない。興味《きょうみ》がわかない。

さんこう ジャリジャリした砂《すな》をかむように、口《くち》あたりが悪《わる》いことから。

ようれい 無人島《むじんとう》にたどりついたかれは、話《はな》し相手《あいて》もなく、砂《すな》をかむような日々《ひび》を送《おく》った。

同じいみ ろうをかむよう

袖にする 〔慣用句〕

いみ 冷たくする、いいかげんにあつかう。親しくしていた人を、じゃま者あつかいすることのたとえ。

さんこう 手を袖に入れたまま、何もしないことから。

ようれい いつもは仲のいい友だちから袖にされて、ショックを受けた。

そろばんが合う 〔慣用句〕

いみ ①計算が合うこと。②入ってくるお金と、出ていくお金のバランスがとれている。

ようれい ①みんなで買い物に行ったとき、算数が得意な田中くんに、合計金額を出してもらったら、一発でそろばんが合った。②新しい仕事を始めたけれども、経費がかかるわりにもうけが少なくそろばんが合わなかったので、すぐにやめた。

そろばんをはじく 〔慣用句〕

いみ ①そろばんの玉をはじいて計算する。②損得を考えることのたとえ。

さんこう 「そろばん」は、日本や中国などで使われる、簡単な計算用具。たてにならべられた玉を、指で上下にはじいて計算することから。

ようれい ①買い物をすると、お店の人がそろばんをはじいて「二百五十円です」と言った。②石田くんは、友だちを選ぶときもそろばんをはじいている。

損して得とれ 〔ことわざ〕

いみ 目の前のちょっとした損を気にするよりも、そのときは損をしてもあとで大きな利益を得るようにしたほうがよい。

さんこう 損をしないことばかり考えていたら、あまりもうからないので、たくさんもうけようと思うのなら、小さな損は、気にしないほうがいい、という意味から。

物にかかわる

177　四字熟語　南船北馬：あちらこちらをいそがしく旅行する。

対岸《たいがん》の火事《かじ》

慣用句

いみ 自分《じぶん》にはまったく関係《かんけい》がなく、いたくもかゆくもない出来《でき》事《ごと》のたとえ。

さんこう 向《む》こう岸《ぎし》の火事《かじ》は、こちらの岸《きし》には、飛《と》び火《ひ》してくる心《しん》配《ぱい》がないことから。「対岸《たいがん》の火災《かさい》」ともいう。

ようれい 毎年《まいねん》、地球《ちきゅう》の気温《きおん》が上昇《じょうしょう》しているといわれているが、これは、対岸《たいがん》の火事《かじ》としてほっとけない、深《しん》こくな問題《もんだい》だ。

同じいみ 風馬牛《ふうばぎゅう》

太鼓判《たいこばん》をおす

慣用句

いみ 絶対《ぜったい》に大《だい》じょうぶ、まちがいない、確実《かくじつ》だと、自信《じしん》を持《も》って保証《ほしょう》すること。

さんこう 「太鼓判《たいこばん》」は、太鼓《たいこ》のような大《おお》きなハンコのこと。証明《しょうめい》のために、ふつうの判《はん》ではなく、大《おお》きな判《はん》をおす、という意味《いみ》から。

ようれい ピアノの発表会《はっぴょうかい》の前日《ぜんじつ》、母《はは》が、「とても上手《じょうず》になったから大《だい》じょうぶよ」と、太鼓判《たいこばん》をおしてくれたので、ちょっと安心《あんしん》した。

たががゆるむ

慣用句

いみ ①きん張《ちょう》がゆるんで、だらしなくなったり、しまりがなくなったりする。②年《とし》をとって弱《よわ》る。

さんこう 「たが」は、おけやたるなどの外側《そとがわ》にはめる、竹《たけ》や金属《きんぞく》製《せい》の輪《わ》のこと。これがゆるむと、おけなどが、きちんとしなくなって水《みず》もれしてしまう。

ようれい ①お姉《ねえ》ちゃんはテストが終《お》わったとたん、たががゆるんで、一日中《いちにちじゅう》遊《あそ》びほうけている。②父《ちち》は、年《とし》をとってたががゆるんでしまったようだ。

宝《たから》の持《も》ちぐされ

慣用句

いみ 役《やく》に立《た》つすばらしいものや、すぐれた才能《さいのう》を持《も》っているのに、それをしまいこんで、上手《じょうず》に使《つか》わないでいる。

さんこう 「宝《たから》」とは金《きん》、銀《ぎん》、宝石《ほうせき》などの貴重《きちょう》なもの。また大切《たいせつ》なもの。「持《も》ちぐされ」は、持《も》っていても、活用《かつよう》しないこと。

ようれい 百科事典《ひゃっかじてん》を買《か》ってもらったのに、使《つか》わないで、本《ほん》だなに入《い》れっぱなしでは宝《たから》の持《も》ちぐされだ。

四字熟語 二者択一《にしゃたくいつ》：二《ふた》つのうち、一《ひと》つを選《えら》ぶ。

宝《たから》の山《やま》に入《い》りながら手《て》をむなしくして帰《かえ》る

ことわざ

いみ ここぞという絶好《ぜっこう》のチャンスにめぐまれながら、そのチャンスを生《い》かせず、何《なに》も得《え》られない。

さんこう 宝《たから》の山《やま》に入《はい》りながら、何一《なにひと》つ手《て》に入《い》れることができず、手《て》ぶらで帰《かえ》る、という意味《いみ》から。『正法念経《しょうぼうねんきょう》』より。

ようれい 食《た》べ放題《ほうだい》の店《みせ》に行《い》ったのに、とつぜんの腹痛《ふくつう》で、何《なに》も食《た》べられずに帰《かえ》って来《き》た。宝《たから》の山《やま》に入《い》りながら手《て》をむなしくして帰《かえ》るとは、このことだ。

ただより高《たか》い物《もの》はない

ことわざ

いみ ただで物《もの》をもらうと、お返《かえ》しにお金《かね》がかかったり、代《か》わりにたのまれごとをしたり、相手《あいて》に気《き》をつかったりして、かえって高《たか》くつく、ということ。

ようれい ちゅうせんで、温泉旅行《おんせんりょこう》が当《あ》たり、喜《よろこ》んで行《い》ったのだけれども、高《たか》いおみやげを買《か》わされてしまった。やっぱり、ただより高《たか》い物《もの》はないんだな、と思《おも》い知《し》らされた。

同じいみ 買《か》うはもらうに勝《まさ》る

立《た》て板《いた》に水《みず》

ことわざ

いみ すらすらと、つかえることなくしゃべることのたとえ。

さんこう 立《た》てかけた板《いた》に水《みず》を流《なが》すと、さっと一気《いっき》に流《なが》れ落《お》ちるようすから。『京《きょう》いろはがるた』の一《ひと》つ。

ようれい 帰国子女《きこくしじょ》の木村《きむら》さんは、立《た》て板《いた》に水《みず》のように、英語《えいご》を話《はな》すのでおどろいた。

よくでる!

たてに取《と》る

慣用句

いみ ある物事《ものごと》を、自分《じぶん》の立場《たちば》を守《まも》るために、言《い》いわけとして使《つか》ったり、言《い》いがかりに使《つか》ったりすることのたとえ。

さんこう 「たて」は、刀《かたな》や剣《つるぎ》、矢《や》や槍《やり》などの攻撃《こうげき》から身《み》を守《まも》るためのもの。

ようれい 権力《けんりょく》で守《まも》られていることをたてに取《と》って、あの国会議員《こっかいぎいん》は、したい放題《ほうだい》のことをしている。／母親《ははおや》に、宿題《しゅくだい》が終《お》わっていないことをたてに取《と》られて、「今日《きょう》はテレビを見《み》ないで勉強《べんきょう》しなさい」と言《い》われた。

四字熟語《よじじゅくご》 二束三文《にそくさんもん》：量《りょう》に対《たい》して、値段《ねだん》がたいへん安《やす》い。

たなに上げる 〔慣用句〕

いみ ほうっておいて、問題として取り上げずにおくこと。

さんこう たなの上に上げてしまっておくということから。とくに、自分のふつごうなことにふれないでおくことをいう。

ようれい 自分のことはたなに上げて、人の服装の乱れをいうのは、おかしい。

玉にきず 〔ことわざ〕

いみ もしそれさえなければ、完ぺきなのに、残念ながら、ほんの少し欠点がある。

さんこう 「玉」は、丸い宝石のこと。すばらしい宝石に小さなきずがあって、なんともおしい、という意味から。

ようれい 気に入った服を見つけたが、値段がとても高いのが玉にきずだ。

ちょうちんにつりがね 〔ことわざ〕

いみ 二つの物事がまったくつり合わず、くらべものにならないもののたとえ。

さんこう ちょうちんとつりがねは、同じつり下げるもので、形はよくにているけれども、大きさや重さがまるでちがうことから。

ようれい とも子さんは、頭もよく、美しい。ぼくと結婚したら、ちょうちんにつりがねだ。

同じいみ 月とすっぽん（→130ページ）／ひょうたんにつりがね

ちりも積もれば山となる 〔ことわざ〕

いみ ちりのように小さいものでも、たくさんたまって積み重なれば、山のように大きなものになる。

さんこう どんなにわずかな努力でも、こつこつと続けることが大事だ、ということ。「ちりも積もって山となる」ともいう。『江戸いろはがるた』の一つ。

ようれい ちりも積もれば山となると教えられて、今ではもう一万円もしていたら、毎日十円貯金をたまった。

同じいみ 雨だれ石をうがつ（→189ページ）

四字熟語　**日進月歩**：日ごと月ごとに、どんどん進歩する。

ことわざ

とうふにかすがい

よくでる!

いみ 少《すこ》しも手《て》ごたえがなく、まったくききめがない。

さんこう 「かすがい」は、材木《ざいもく》と材木《ざいもく》をつなぐ、コの字形《じがた》のくぎのこと。これを、やわらかいとうふに打《う》っても、何《なん》のききめもないことから。『京《きょう》いろはがるた』の一《ひと》つ。

同じいみ 馬《うま》の耳《みみ》に念仏《ねんぶつ》（→121ページ）／ぬかにくぎ（→182ページ）／のれんに腕《うで》おし（→165ページ）／かえるの面《つら》に水《みず》（→122ページ）

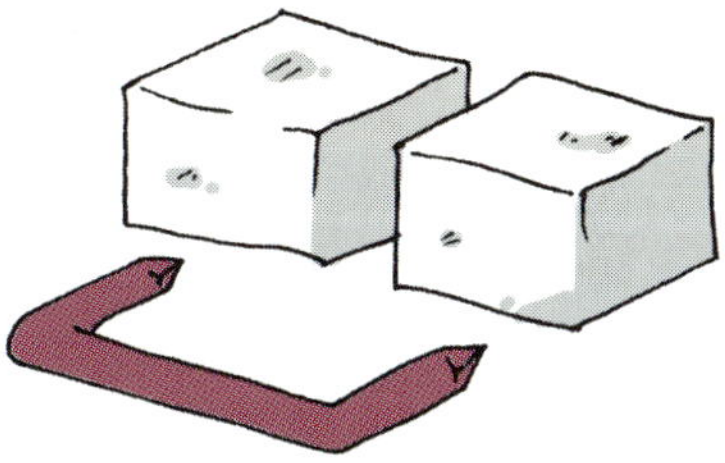

ことわざ

ない袖《そで》はふれない

いみ 何《なん》とかしてあげたいと思《おも》っていても、持《も》っていないものは出《だ》したくても出《だ》せず、どうにもしようがない。

さんこう 着物《きもの》に袖《そで》がついていなかったら、いくら袖《そで》をふりたくてもふれないことから。「ない袖《そで》はふられぬ」ともいう。多《おお》くはお金《かね》のことで使《つか》われる。

ようれい 新《あたら》しいスニーカーを買《か》ってもらおうと、お母《かあ》さんにたのんだら、「買《か》ってあげたいけど、給料日《きゅうりょうび》前《まえ》だからない袖《そで》はふれない」と、言《い》われた。

ことわざ

長《なが》い物《もの》には巻《ま》かれろ

おぼえておこう!

いみ 権力《けんりょく》や勢力《せいりょく》のある人《ひと》には、さからわないで、おとなしくしたがっているほうが得《とく》だ。

さんこう 「長《なが》い物《もの》」は、権力《けんりょく》、勢力《せいりょく》、財力《ざいりょく》などのある人《ひと》のこと。

ようれい 長《なが》い物《もの》には巻《ま》かれろというから、商人《しょうにん》は役人《やくにん》にわいろをおくった。

同じいみ 大《おお》きな物《もの》にはのまれろ

慣用句

二足《にそく》のわらじをはく

いみ 一人《ひとり》で、二《ふた》つのちがった仕事《しごと》、職業《しょくぎょう》を持《も》つこと。

さんこう 「わらじ」は、わらを編《あ》んで作《つく》ったはきもの。江戸時代《えどじだい》、本来《ほんらい》は役人《やくにん》に取《と》りしまられる立場《たちば》のばくち打《う》ちが、罪人《ざいにん》をつかまえる役人《やくにん》もしていて、「二足《にそく》のわらじ」とよばれていたことから。

ようれい ぼくのお姉《ねえ》ちゃんは、ピアノの先生《せんせい》とモデルの二足《にそく》のわらじをはいているから、毎日《まいにち》いそがしい。

四字熟語《よじじゅくご》 破顔一笑《はがんいっしょう》：顔《かお》をほころばせ、にっこり笑《わら》う。

ことわざ

よくでる!

ぬかにくぎ

いみ なんの手《て》ごたえもなく、ききめがないことのたとえ。

さんこう 「ぬか」は、玄米《げんまい》から白米《はくまい》にするときに出《で》る粉《こな》。そのぬかにくぎを打《う》っても、粉《こな》なのでまるでききめがないことから。『京《きょう》いろはがるた』の一《ひと》つ。

ようれい 弟《おとうと》に、「本《ほん》は、本《ほん》だなへかたづけるように」と、何度《なんど》も言《い》っているのに、まったく**ぬかにくぎ**で、ちっとも実行《じっこう》していない。

同じいみ 馬《うま》の耳《みみ》に念仏《ねんぶつ》（↓121ページ）／とうふにかすがい（↓181ページ）／のれんに腕《うで》おし（↓165ページ）／かえるの面《つら》に水《みず》（↓122ページ）

ことわざ

残《のこ》り物《もの》には福《ふく》がある

いみ 最後《さいご》まで残《のこ》っていた物《もの》には、思《おも》いがけなくいい物《もの》がある。先《さき》を争《あらそ》って手《て》を出《だ》すようなことをしない人《ひと》にこそ、幸運《こううん》がおとずれるものだ、というたとえ。

さんこう 「福《ふく》」は、幸《しあわ》せ、幸運《こううん》のこと。「あまり物《もの》に福《ふく》がある」ともいう。

ようれい 福引《ふくび》きの順番《じゅんばん》は最後《さいご》だったが、みごと一等賞《いっとうしょう》を当《あ》てた。**残《のこ》り物《もの》には福《ふく》がある**って本当《ほんとう》だ。

慣用句

乗《の》りかかった船《ふね》

いみ いったん始《はじ》めてしまった以上《いじょう》、途中《とちゅう》でやめるわけにはいかない。

さんこう 港《みなと》を出《で》てしまった船《ふね》からは、目的地《もくてきち》に着《つ》くまで、降《お》りることができないことから。

ようれい **乗《の》りかかった船《ふね》**だから、このジグソーパズルが出来上《できあ》がるまで、ぼくも手伝《てつだ》うよ。

慣用句

はしにも棒《ぼう》にもかからない

いみ あまりにひどすぎて、取《と》りあつかいにこまる。また、何《なん》のとりえもないことのたとえ。

さんこう 細《ほそ》くて小《ちい》さいはしでも、つまめないし、太《ふと》くて大《おお》きな棒《ぼう》を使《つか》っても、引《ひ》っかからない（どうしようもないもの）、という意《い》味《み》から。

ようれい 子《こ》どものころは、**はしにも棒《ぼう》にもかからない**いたずらっ子《こ》だったけんちゃんが、日本《にほん》を代表《だいひょう》する立派《りっぱ》な学者《がくしゃ》になった。

四《よ》字《じ》熟《じゅく》語《ご》 馬耳東風《ばじとうふう》：人《ひと》の意見《いけん》や忠告《ちゅうこく》などに、耳《みみ》をかたむけない。

慣用句

一筋縄《ひとすじなわ》ではいかない

いみ ふつうのやり方《かた》では、思《おも》うようにあつかうことができず、手《て》ごわいことのたとえ。

さんこう 「一筋縄《ひとすじなわ》」は、一本《いっぽん》の縄《なわ》で、ふつうの方法《ほうほう》、やり方《かた》のたとえ。一本《いっぽん》ではおさえきれず、何本《なんぼん》もの縄《なわ》を必要《ひつよう》とする意味《いみ》から。

ようれい 学芸会《がくげいかい》で何《なん》の劇《げき》をしようか、みんなで相談《そうだん》しているのだが、みんな自分《じぶん》の意見《いけん》をゆずらず、一《ひと》つにまとめるのは一筋縄《ひとすじなわ》ではいかないようだ。

同じいみ にても焼《や》いても食《く》えない（→266ページ）

ことわざ

火《ひ》のない所《ところ》に煙《けむり》は立《た》たない

いみ うわさが立《た》つのは、必《かなら》ず何《なに》かしら理由《りゆう》があるからで、まったく根拠《こんきょ》のないうわさなどない。

さんこう もともと火《ひ》の気《け》のないところから煙《けむり》が出《で》ることはない、という意味《いみ》から。

ようれい バレンタインデーに、みかちゃんが、とおるくんにチョコをあげたってうわさになっているけれど、火《ひ》のない所《ところ》に煙《けむり》は立《た》たないというから、本当《ほんとう》かもね。

クイズ⑲は174〜182ページを見《み》ながらとこう。

ことわざ・慣用句《かんようく》クイズ⑲

答《こた》えは274ページを見《み》てね

1 次《つぎ》の①〜⑤のことわざ・慣用句《かんようく》と（　）内《ない》の意味《いみ》の中《なか》で、まちがった組《く》み合《あ》わせのものを二《ふた》つ選《えら》んで、正《ただ》しい意味《いみ》をあとのア〜オの中《なか》から選《えら》びましょう。

① さじを投《な》げる（決《けっ》してあきらめない）
② 立《た》て板《いた》に水《みず》（すらすらとつかえることがない）
③ ちりも積《つ》もれば山《やま》となる（小《ちい》さなものでも積《つ》み重《かさ》なれば山《やま》となる）
④ 長《なが》い物《もの》には巻《ま》かれろ（権力《けんりょく》のある人《ひと》にしたがう）
⑤ ぬかにくぎ（たしかな手《て》ごたえがある）

ア すんなり物事《ものごと》が進《すす》まない
イ 手《て》ごたえがない
ウ あきらめる
エ なにかにつけて逆《さか》らう
オ 手《て》ごわい

2 次《つぎ》のあ〜えの（　）の意味《いみ》を見《み》て、○にあてはまることばや漢字《かんじ》を入《い》れて、ことわざ・慣用句《かんようく》を完成《かんせい》させましょう。

あ 将棋《しょうぎ》○○し（一《ひと》つのものがきっかけで全体《ぜんたい》がくずれる）
い 宝《たから》の持《も》ち○○れ（才能《さいのう》や物《もの》を上手《じょうず》に使《つか》わないでいる）
う 玉《たま》に○○（ほんの少《すこ》し欠点《けってん》がある）
え 二足《にそく》のわらじを○○（一人《ひとり》で二《ふた》つの仕事《しごと》を持《も》つ）

 四字熟語《よじじゅくご》 八方美人《はっぽうびじん》：だれにでも愛想《あいそ》をふりまく人《ひと》を、ばかにしていうことば。

火は火元からさわぎだす 〔ことわざ〕

いみ 一番にさわぎ出した人が、その物事を引き起こした張本人である、ということのたとえ。

さんこう 火事が起きたとき、まっ先に火元がさわぎ立てることから。

よりれい 「だれが、わたしのけいたい電話を持っていったのだ」と、父がさわぎ出した。しばらくすると父の背広のポケットに入っていることが分かった。これこそ、火は火元からさわぎだす、というのだなと思った。

下手な鉄砲も数うちゃ当たる 〔ことわざ〕

いみ どんな下手な人でも、何度も同じことをくり返しやっていれば、たまにはうまくいくこともある、ということ。

さんこう 鉄砲をうつのが下手な人でも、数を多くうっているうちに、まぐれ当たりで一回くらい命中することもある、という意味から。「うてば」は、「うては」が変化したことば。

よりれい 下手な鉄砲も数うちゃ当たると言って、つよしくんは十校も受験するらしい。

船をこぐ 〔慣用句〕

いみ いねむりをする。

さんこう こっくりこっくりと、いねむりするようすが、体を前後にゆらして、船をこぐすがたににていることから。

よりれい 兄はつかれているのか、さっきまでテレビを見ていたと思ったら、すわったまま船をこいでいた。

身から出たさび 〔ことわざ〕

いみ 自分のした悪い行いのために、自らが苦しむことのたとえ。

さんこう 「身」は、刃物の身、刀身のこと。刃物のさびは、刃物自体から出て切れ味を悪くし、価値を下げる、という意味から。『江戸いろはがるた』の一つ。

よりれい テストの点数が悪かったのは、遊んでばかりいたからで、身から出たさびだ。

同じいみ 自業自得(四字熟語→114ページ)／因果応報(四字熟語→54ページ)

四字熟語 波瀾万丈：人生や物事の変化がひじょうにはげしい。

水《みず》と油《あぶら》

慣用句

いみ おたがいに考《かん》え方《かた》や性格《せいかく》がちがい、気《き》が合《あ》わないことのたとえ。

さんこう 水《みず》と油《あぶら》はまぜても、決《けっ》してとけ合《あ》わないことから。「油《あぶら》と水《みず》」「水《みず》に油《あぶら》」「油《あぶら》に水《みず》」ともいう。

ようれい いつもけんかをしている大木《おおき》くんと山田《やまだ》さんは、まさに水《みず》と油《あぶら》だ。

同じいみ 反《そ》りが合《あ》わない（→262ページ）

焼《や》け石《いし》に水《みず》

慣用句

いみ とても悪《わる》い状態《じょうたい》で、少《すこ》しばかりの助《たす》けや努力《どりょく》では、ちっとも役《やく》に立《た》たないこと。

さんこう 焼《や》けて熱《あつ》くなった石《いし》に、少《すこ》しの水《みず》をかけても石《いし》は冷《さ》めないことから。英語《えいご》では、「ふるいで水《みず》を運《はこ》ぶようだ」という。

ようれい 大《おお》きな点差《てんさ》がついてしまった今《いま》、ホームランが一本出《いっぽんで》たぐらいじゃ、焼《や》け石《いし》に水《みず》だ。

安物買《やすものが》いの銭失《ぜにうしな》い

ことわざ

いみ 値段《ねだん》の安《やす》いものは、品質《ひんしつ》がよくないので、買《か》ってもすぐにこわれたり、だめになってしまう。買《か》い直《なお》さなければならないので、結局損《けっきょくそん》をしてしまう、というたとえ。

さんこう 安物買《やすものが》いは、かえってお金《かね》がかかる。つまり、「銭《ぜに》を失《うしな》う」のと同《おな》じことだという意味《いみ》。

ようれい 安物《やすもの》のくつを買《か》ったら、すぐにくつ底《ぞこ》がはがれてしまい、安物買《やすものが》いの銭失《ぜにうしな》いだった。

やぶから棒《ぼう》

ことわざ

いみ 前《まえ》ぶれもなく、思《おも》いがけないことがとつぜん起《お》こる。また、だしぬけであるようす。

さんこう やぶからいきなり棒《ぼう》がつき出《で》てきたら、びっくりすることから。「やぶから棒《ぼう》をつき出《だ》す」ともいう。

ようれい 「ブラジルにサッカー留学《りゅうがく》したい」と言《い》ったら、「やぶから棒《ぼう》に何《なに》を言《い》うんだ」と、両親《りょうしん》がおどろいていた。

同じいみ 青天《せいてん》のへきれき（→191ページ）／寝耳《ねみみ》に水《みず》（→51ページ）

 四《よ》字《じ》熟《じゅく》語《ご》 半死半生《はんしはんしょう》：生死《せいし》の境《さかい》にあり、今《いま》にも死《し》にそう。

横《よこ》のものを縦《たて》にもしない

慣用句

いみ どんなささいなことでも、めんどうくさがって、何《なに》もしないことのたとえ。

さんこう 横《よこ》になっているものを、縦《たて》に向《む》きを変《か》えるほどの、ささいなことですらしない、という意味《いみ》から。「縦《たて》のものを横《よこ》にもしない」ともいう。

ようれい 仕事《しごと》が休《やす》みで、ひさしぶりに家《いえ》にいるお父《とう》さんは、一日中《いちにちじゅう》ゴロゴロしているだけで、**横《よこ》のものを縦《たて》にもしない。**

良薬《りょうやく》は口《くち》に苦《にが》し

ことわざ

おぼえておこう!

いみ ためになる忠告《ちゅうこく》ほど、聞《き》くのはつらいものだ。だから忠告《ちゅうこく》は、すなおに聞《き》くものである、という教《おし》え。

さんこう 病気《びょうき》によくきく薬《くすり》は、苦《にが》くて飲みにくい、という意味《いみ》から。中国《ちゅうごく》の『孔子家語《こうしけご》』より。「良薬《りょうやく》は口《くち》に苦《にが》く忠言《ちゅうげん》は耳《みみ》に逆《さか》らう」ともいう。「良薬《りょうやく》」を「れうやく」と書《か》いて、『江戸《えど》いろはがるた』の「れ」の札《ふだ》のことばになっている。

同じいみ 忠言耳《ちゅうげんみみ》に逆《さか》らう（→68ページ）

渡《わた》りに船《ふね》

慣用句

いみ 何《なに》かをしようと思《おも》っているとき、ちょうどつごうのよい物《もの》事《ごと》に、思《おも》いがけなくめぐり合《あ》うことのたとえ。

さんこう 川《かわ》をわたりたいと思《おも》っていたら、うまい具合《ぐあい》につごうよく船《ふね》がやってくる、という意味《いみ》から。仏教《ぶっきょう》の経典《きょうてん》『法華経《ほけきょう》』にあることば。

ようれい ぼくが駅《えき》に着《つ》いたとき、ちょうど妹《いもうと》を駅《えき》まで車《くるま》で送《おく》ってきた母《はは》に会《あ》い、ぼくは**渡《わた》りに船《ふね》**とばかりに、車《くるま》に乗《の》って帰《かえ》ることができた。

わらじをぬぐ

慣用句

いみ ①旅《たび》を終《お》える。②旅《たび》の途中《とちゅう》で宿《やど》にとまる。

さんこう 昔《むかし》、ばくち打《う》ちなどが、旅先《たびさき》でその土地《とち》のばくち打《う》ちの一番《いちばん》えらい親分《おやぶん》の家《いえ》に身《み》をよせた、ということから。

ようれい ①ヨーロッパをぐるりと旅《たび》して来《き》たけれど、次《つぎ》に行《い》くスペインで、しばらく**わらじをぬぐ**ことに決めた。②今日《きょう》はよく歩《ある》いたので、つかれがとれるように、温泉《おんせん》のある宿《やど》で**わらじをぬい**だ。

四字熟語《よじじゅくご》 **半信半疑《はんしんはんぎ》**：半分信《はんぶんしん》じているが、同時《どうじ》に疑《うたが》いの気持《きも》ちも半分《はんぶん》ある。

自然《しぜん》・天気《てんき》

にかかわる

ことわざ・慣用句《かんようく》

「自然《しぜん》・天気《てんき》」にかかわる
ことわざ・慣用句《かんようく》を集《あつ》めました。

大風がふけばおけ屋がもうかる
ことわざ

コマ1:
おっ
風がふいてきたぞ
もっとたくさん
おけを作らなきゃな

コマ2:
そうすると三味線にねこの皮を使うから
ねこの数が少なくなる
そうなるとねずみがふえる
ねずみがふえるとおけがかじられる…

コマ3:
風がふくとほこりが立つ
それが目に入って目の見えない人がふえる
目の見えない人は生活のために三味線を習うだろ…
どうして？
ヒュウウ

コマ4:
おけがかじられるとおけ屋の仕事がふえるというわけさ
でもだれもおけを買いにこないね
シーン

おぼえておこう！

いみ
一つのことがめぐりめぐって、意外なところにえいきょうがおよぶ。

さんこう
大風がふくと、砂ぼこりが立ち、その砂ぼこりが目に入って、目の見えない人が多くなる。目の見えない人たちの多くは、三味線をひくことを仕事としているので、三味線の胴に張るねこの皮が必要になる。そのためねこがとらえられて、ねこの数がへり、ねずみがふえる。ねずみは、おけをかじってだめにするので、おけがよく売れて、おけ屋がもうかり、喜ぶという話から。「風がふけばおけ屋がもうかる」ともいう。

四字熟語 百花繚乱：たくさんの花がいっぺんにさき乱れるように、すぐれた人が一時的に大ぜい現れる。

雨だれ石をうがつ 〔ことわざ〕

いみ 小さな力でも根気よく努力をすれば、いつかは必ず成功する、という教え。

さんこう 「うがつ」は、穴をあけるという意味。わずかな水のしずくでも、長い間、同じところに落ち続けると、かたい石に穴をあけるという意味から。中国の『漢書』より。「点滴石をうがつ」ともいう。

同じいみ 石に立つ矢／思う念力岩をも通す／ちりも積もれば山となる（→180ページ）

雨が降ろうがやりが降ろうが 〔慣用句〕

いみ たとえどんな困難があろうと、最後まで必ずやりとげる、という強い気持ちを表すことば。

さんこう 「雨が降ってもやりが降っても」「雨が降ろうとやりが降ろうと」「絶対、つりに行く」などともいう。

よう れい 「雨が降ろうがやりが降ろうが、つりには、父は雨が降ろうがやりが降ろうが、つりに行くだろう。

（イラスト：「何があってもいくぞ！」）

雨降って地固まる 〔ことわざ〕

いみ 悪いことやいやなことが起こると、それを解決しようとして、いろいろ考えたり、意見を言い合ったりするので、かえって前よりもよい状態になるということ。

さんこう 雨が降っているときは、地面がぬかるんでいても、雨があがれば、前よりもしっかり固まることから。

よう れい けんかをした後のほうが、二人とも親しくなって、雨降って地固まる結果となった。

嵐の前の静けさ 〔慣用句〕

いみ 大きな事件や出来事が起こる前の、ぶきみな静けさのたとえ。

さんこう 台風などの嵐が来る前には、風が一時やんで、静かになることがあることから。

よう れい 騎馬戦が行われようとしている運動場は、いっしゅん、嵐の前の静けさにつつまれた。

自然・天気にかかわる

四字熟語　**百発百中**（ひゃっぱつひゃくちゅう）：予想や計画がそのとおりに的中する。

雲《くも》をかすみと

慣用句

いみ あっという間《ま》ににげて、姿《すがた》が見《み》えなくなること。

さんこう 「かすみ」は、こまかい水滴《すいてき》が空中《くうちゅう》にただよい、空《そら》がぼんやりして、遠《とお》くがはっきり見《み》えない現象《げんしょう》。雲《くも》やかすみのように、姿《すがた》がぼうっとして、よく見《み》えなくなることから。

ようれい 「どろぼう！」とさけぶ声《こえ》が聞《き》こえたので、外《そと》へ出《で》てみたら、雲《くも》をかすみとにげ去《さ》ったあとで、どこにも見当《みあ》たらなかった。

雲《くも》をつかむよう

慣用句

おぼえておこう！

いみ ぼうっとしていて、とらえどころがない。ばくぜんとしていることのたとえ。

さんこう 雲《くも》を手《て》でつかむことなんてできない、という意味《いみ》から。

ようれい 「宝《たから》のありかを知《し》らないか」と聞《き》かれたが、大《おお》ざっぱな地図《ちず》しかなく、まるで雲《くも》をつかむようで、話《はなし》にならない。

雲《くも》をつく

慣用句

いみ すごく背《せ》が高《たか》いことのたとえ。

さんこう 空高《そらたか》くうかぶ雲《くも》をつき上《あ》げるほど高《たか》い、という意味《いみ》から。

ようれい はじめて東京《とうきょう》に遊《あそ》びに来《き》たおばあちゃんが、雲《くも》をつくような高《たか》いビルが立《た》ちならんでいるようすを見《み》て、とてもおどろいていた。／あそこの家《いえ》には、雲《くも》をつくような大男《おおおとこ》が住《す》んでいると、みんなの間《あいだ》でうわさになっている。

地震雷火事親父《じしんかみなりかじおやじ》

ことわざ

いみ この世《よ》の中《なか》でおそろしいものを四《よっ》つ、おそろしい順《じゅん》にならべたことば。

さんこう 「親父《おやじ》」は、お父《とう》さんのこと。

ようれい 昔《むかし》のお父《とう》さんは、親父《おやじ》と言《い》うくらい、きびしくてこわかったけれども、近《ちか》ごろのお父《とう》さんはやさしくなった。

四字熟語《よじじゅくご》 品行方正《ひんこうほうせい》：行《おこな》いがきちんとして正《ただ》しく、道徳的《どうとくてき》。

慣用句

青天《せいてん》のへきれき

いみ 思《おも》いもよらない、とつぜんの出来《でき》事《ごと》や事件《じけん》。

さんこう 「青天《せいてん》」は青空《あおぞら》、「へきれき」は、かみなりのこと。雲一《くもひと》つない青《あお》く晴《は》れた空《そら》に、とつぜんかみなりが鳴《な》るという意味《いみ》から。中国《ちゅうごく》の詩人《しじん》、陸游《りくゆう》の詩《し》より。

同じいみ 寝耳《ねみみ》に水《みず》（➘51ページ）／やぶから棒《ぼう》（➘185ページ）

慣用句

花《はな》に嵐《あらし》

いみ よいことには、じゃまが入《はい》りやすいことのたとえ。

さんこう さくらの花《はな》がきれいにさいているのに、嵐《あらし》のような強《つよ》い風《かぜ》がふいて、せっかくの花《はな》を散《ち》らしてしまう、という意味《いみ》から。

ようれい 父《ちち》の商売《しょうばい》は、支店《してん》も増《ふ》えて順調《じゅんちょう》だったのに、花《はな》に嵐《あらし》で、さぎにあって倒産《とうさん》してしまった。

同じいみ 月《つき》にむら雲花《くもはな》に風《かぜ》／好事魔多《こうじまおお》し（➘218ページ）

ことわざ・慣用句《かんようく》クイズ⑳

答《こた》えは275ページを見《み》てね

1 次《つぎ》の①～⑥の□にア～カの適当《てきとう》な漢字《かんじ》を入《い》れて、ことわざ・慣用句《かんようく》を完成《かんせい》させましょう。

① □け石《いし》に水《みず》
② やぶから□
③ 安物《やすもの》買《が》いの□失《うしな》い
④ 良薬《りょうやく》は□に苦《にが》し
⑤ □降《ふ》って地固《じかた》まる
⑥ □をかすみと

ア 銭《ぜに》
イ 雲《くも》
ウ 口《くち》
エ 雨《あめ》
オ 焼《や》
カ 棒《ぼう》

2 次《つぎ》の①～⑥のことわざ・慣用句《かんようく》とア～カの意味《いみ》が正《ただ》しい組《く》み合《あ》わせを考《かんが》えましょう。

① 水《みず》と油《あぶら》
② 身《み》から出《で》たさび
③ 渡《わた》りに船《ふね》
④ 横《よこ》のものを縦《たて》にもしない
⑤ 嵐《あらし》の前《まえ》の静《しず》けさ
⑥ 青天《せいてん》のへきれき

ア 大《おお》きな出来事《できごと》の前《まえ》の静《しず》けさ
イ 思《おも》いもよらないとつぜんの出来事《できごと》
ウ つごうのよいことにめぐり合《あ》う
エ 自分《じぶん》のよくない行《おこな》いのために自分《じぶん》が苦《くる》しむ
オ 性格《せいかく》や考《かんが》え方《かた》がちがい気《き》が合《あ》わない
カ めんどうなので何《なに》もしない

クイズ⑳は184～191ページを見《み》ながらとこう。

四字熟語《よじじゅくご》 不言実行《ふげんじっこう》：あれこれ言《い》わないで、だまってやるべきことをやる。

風雲急《ふううんきゅう》を告《つ》げる

慣用句

いみ 大《おお》きな事件《じけん》や出来事《できごと》が、今《いま》にも起《お》きそうなさしせまったようす。

さんこう 「風雲《ふううん》」は、嵐《あらし》が来《く》る前《まえ》の風《かぜ》や雲《くも》のこと。転《てん》じて、世《よ》の中《なか》が大《おお》きく動《うご》きそうなようすのことをいう。「急《きゅう》を告《つ》げる」は、さしせまっていることを知《し》らせること。風《かぜ》や雲《くも》の動《うご》きが速《はや》くなり、嵐《あらし》が今《いま》にも来《き》そう、という意味《いみ》から。

ようれい 台風《たいふう》が来《き》て、川《かわ》の水《みず》があふれそうになり、**風雲急《ふううんきゅう》を告《つ》げる**事態《じたい》に、みんなあわててひなんした。

風雲《ふううん》の志《こころざし》

慣用句

いみ 何《なに》か変《か》わったことが起《お》こりそうな事《じ》態《たい》を利用《りよう》して、大《おお》きなことをしようとする。

さんこう 竜《りゅう》が、風《かぜ》や雲《くも》を利用《りよう》して、天《てん》にのぼっていく、という意味《いみ》から。

ようれい 親《しん》せきのおじさんは、わかいころ、**風雲《ふううん》の志《こころざし》**をいだいて上京《じょうきょう》し、会社《かいしゃ》を設立《せつりつ》したとよく話《はな》していた。

降《ふ》ってわいたよう

慣用句

いみ 思《おも》いもしないことが、とつぜん起《お》こる。

さんこう 空《そら》から降《ふ》ってきたのか、地面《じめん》からわいて出《で》てきたのか、とつぜん現《あらわ》れる、という意味《いみ》から。最近《さいきん》は、災難《さいなん》や迷《めい》わくなことに使《つか》うことが多《おお》い。

ようれい 体育館《たいいくかん》をとりこわすという、**降《ふ》ってわいたよう**な話《はなし》に、運動《うんどう》クラブの人《ひと》たちはあわてている。

ことわざ・慣用句《かんようく》クイズ㉑

答《こた》えは275ページを見《み》てね

次《つぎ》のあ〜えのことわざ・慣《かん》用《よう》句《く》の○の中《なか》に文字《もじ》を入《い》れて、語句《ごく》を完成《かんせい》させましょう。

あ 雲《くも》を○○○よう（とらえどころがないようす）

い 降《ふ》って○○○よう（思《おも》いがけない出来事《できごと》がとつぜん起《お》こる）

う 風雲急《ふううんきゅう》を○○る（大《おお》きな出《で》来事《きごと》が今《いま》にも起《お》こりそう）

え 地震雷火事《じしんかみなりかじ》○○（おそろしいものを順《じゅん》にならべたもの）

クイズ㉑は190〜192ページを見《み》ながらとこう。

四《よ》字《じ》熟《じゅく》語《ご》 **不承不承《ふしょうぶしょう》**：いやいやながら、しかたなく承《しょう》だくする。

場所《ばしょ》にかかわる

ことわざ・慣用句《かんようく》

「場所《ばしょ》」にかかわる
ことわざ・慣用句《かんようく》を集《あつ》めました。

郷《ごう》に入《い》っては郷《ごう》にしたがえ

ことわざ

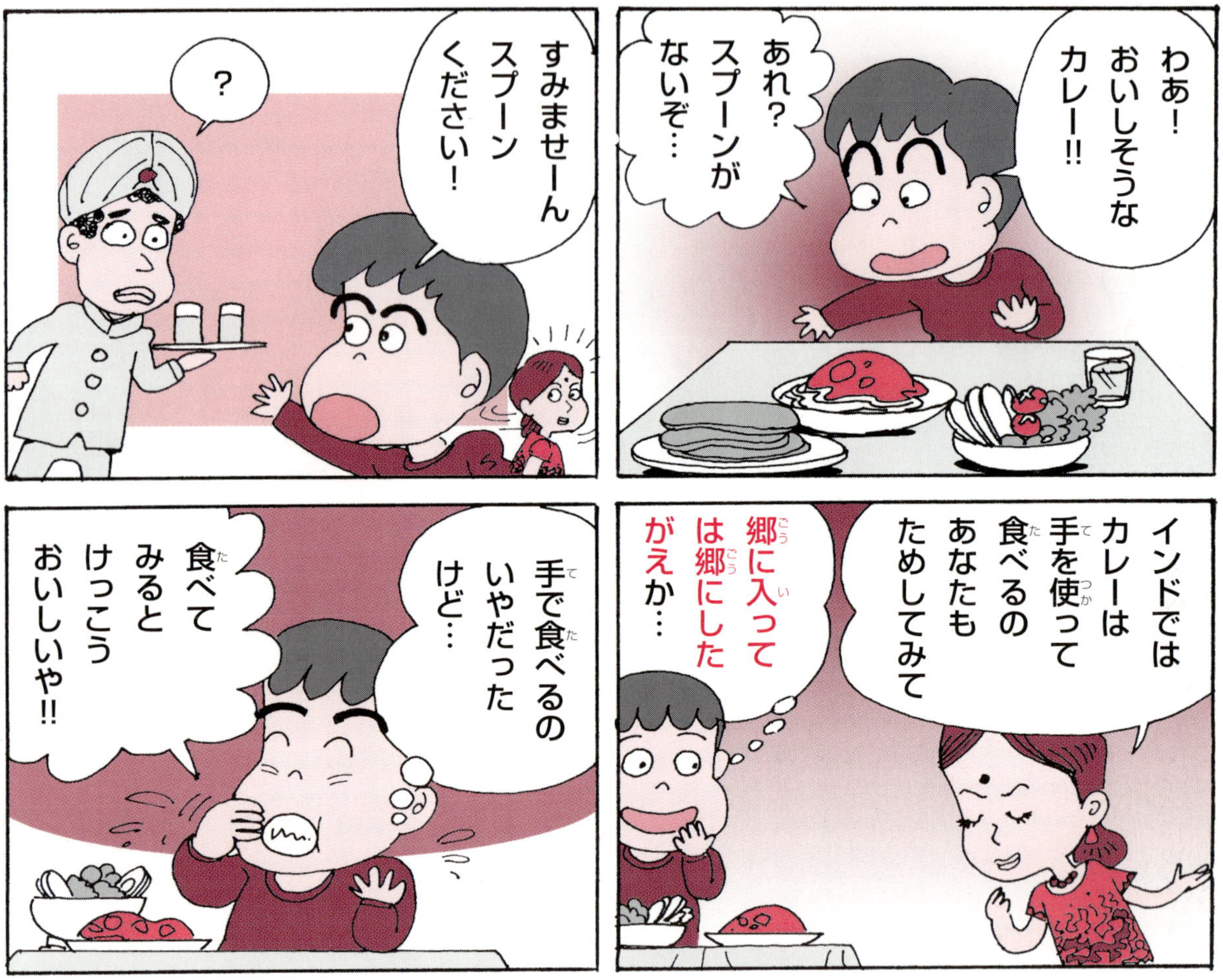
わぁ！
おいしそうな
カレー!!
あれ？
スプーンが
ないぞ…
すみませーん
スプーン
ください！
？
インドでは
カレーは
手《て》を使《つか》って
食《た》べるの
あなたも
ためしてみて
郷《ごう》に入《い》って
は郷《ごう》にした
がえか…
手《て》で食《た》べるの
いやだった
けど…
食《た》べて
みると
けっこう
おいしいや!!

おぼえておこう！

いみ その土地《とち》によって、しきたりやならわしがちがうから、住《す》む土地《とち》のしきたりやならわしにしたがって生活《せいかつ》したほうがいい。

さんこう 土地《とち》の意味《いみ》。「郷《ごう》」は、地方《ちほう》、いなか、英語《えいご》にも「ローマにいるときは、ローマ人《じん》のするとおりにせよ」という、同《おな》じような意味《いみ》のことわざがある。

同じいみ 人《ひと》のおどるときはおどれ

外国《がいこく》に
行《い》ったときは
この気持《きも》ちで!!

すべての道《みち》はローマに通《つう》ず

ことわざ

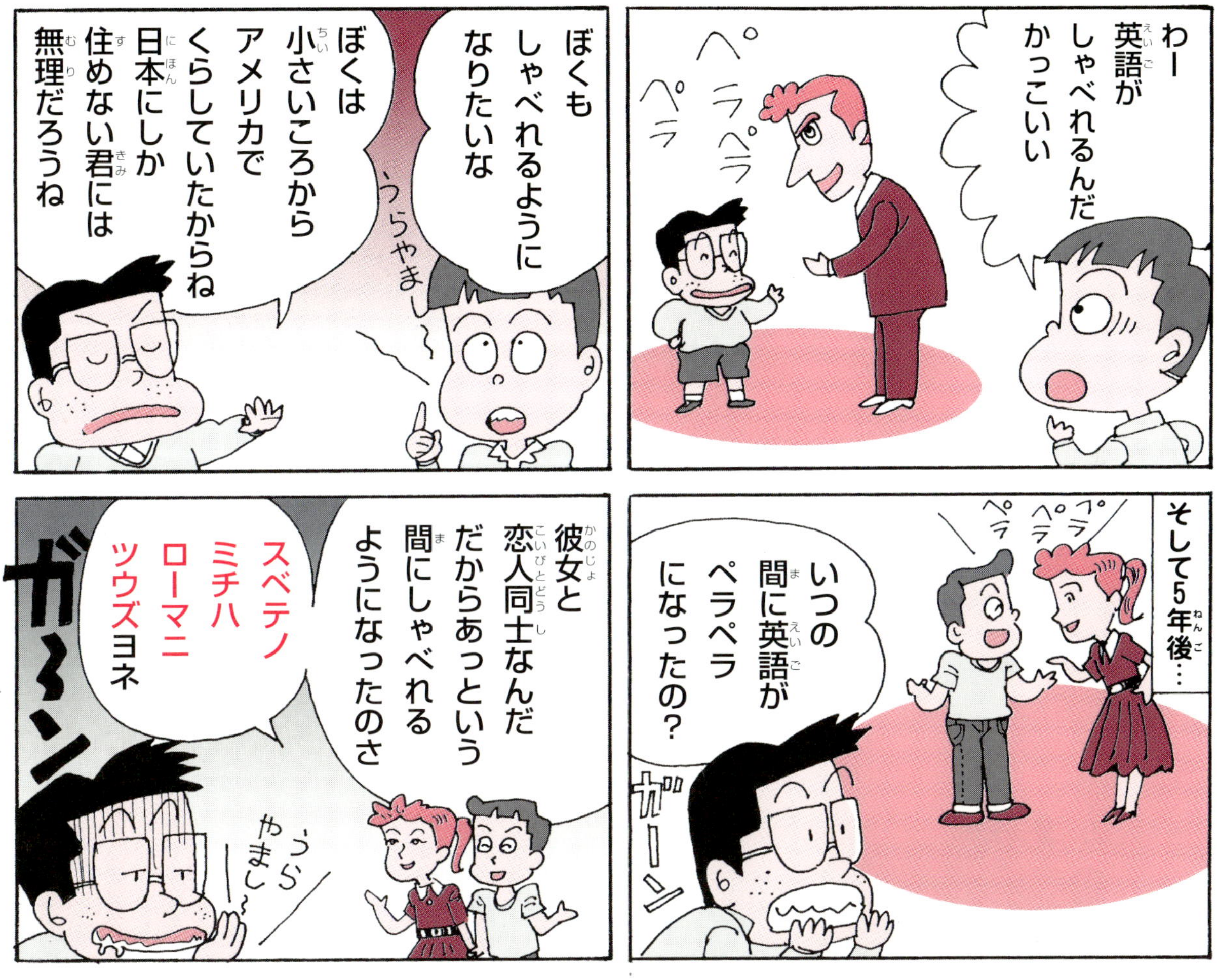
わー英語《えいご》がしゃべれるんだかっこいい
ペラペラ
ペラ
ぼくもしゃべれるようになりたいな
ぼくは小《ちい》さいころからアメリカでくらしていたからね
日本《にほん》にしか住《す》めない君《きみ》には無理《むり》だろうね
うらやまし〜
そして5年後《ねんご》…
ペラペラ
ペラ
いつの間《ま》に英語《えいご》がペラペラになったの？
ガーン
彼女《かのじょ》と恋人同士《こいびとどうし》なんだからあっという間《ま》にしゃべれるようになったのさ
スベテノミチハローマニツウズヨネ
ガ〜ン
うらやまし〜

おぼえておこう！

いみ 方法《ほうほう》は、一《ひと》つだけではなく、いくつもあるが、目的《もくてき》は同《おな》じであること。また、ある一《ひと》つの真理《しんり》はすべてのものにあてはまり、用《もち》いられる。

さんこう ローマ帝国《ていこく》が一番栄《いちばんさか》えていた時代《じだい》、首都《しゅと》ローマには、世界《せかい》のいろいろな場所《ばしょ》から、道《みち》が通《つう》じていたことから。十七世紀《じゅうななせいき》のフランスの詩《し》人《じん》、ラ・フォンテーヌが『寓話《ぐうわ》』の中《なか》で使《つか》ったことば。

ローマは今《いま》のイタリアにあるよ

場所にかかわる

四《よ》字《じ》熟《じゅく》語《ご》 不老長寿《ふろうちょうじゅ》：いつまでも年《とし》をとらないで、長生《ながい》きする。

江戸《えど》の敵《かたき》を長崎《ながさき》でうつ

ことわざ

いみ 意外《いがい》な場所《ばしょ》や、まったく関係《かんけい》のないことで、うらみのある相手《あいて》に、仕返《しかえ》しをすることのたとえ。

さんこう 「江戸《えど》」は、今《いま》の東京《とうきょう》。江戸《えど》で受《う》けたうらみを、遠《とお》くはなれた長崎《ながさき》ではらす、という意味《いみ》から。江戸時代《えどじだい》、職人《しょくにん》が作《つく》った見世物《みせもの》の競争《きょうそう》があり、江戸《えど》が大阪《おおさか》に負《ま》け、その大阪《おおさか》を長崎《ながさき》が負《ま》かしたことからできたという。（↓下《した》のコラム参照《さんしょう》）

京《きょう》の着《き》だおれ大阪《おおさか》の食《く》いだおれ

ことわざ

いみ 京都《きょうと》の人《ひと》は、着《き》るものにお金《かね》をおしまず、大阪《おおさか》の人《ひと》は、食《た》べ物《もの》にお金《かね》をおしまず、そのために、財産《ざいさん》をなくしてしまう人《ひと》さえいる、ということ。

さんこう 「たおれ」は、あることにぜいたくをして、身《み》をほろぼすこと。

江戸《えど》の敵《かたき》を長崎《ながさき》が…

「江戸《えど》の敵《かたき》を長崎《ながさき》でうつ」。このことわざは、江戸《えど》で受《う》けたくつじょくを、遠《とお》くはなれた長崎《ながさき》ではらした、ということから、思《おも》いもよらない場所《ばしょ》や筋《すじ》ちがいなことでうらみをはらす、ということのたとえとされています。

しかし、もともとは「江戸《えど》の敵《かたき》を長崎《ながさき》で」ではなく、「江戸《えど》の敵《かたき》を長崎《ながさき》が」だったという説《せつ》もあります。

それによると、江戸《えど》で人気《にんき》のある見世物一座《みせものいちざ》が、大阪《おおさか》からやってきた別《べつ》の一座《いちざ》に人気《にんき》をうばわれてしまう、というくつじょくを受《う》けた。しかし、その大阪《おおさか》の一座《いちざ》も、あとからきた長崎《ながさき》の一座《いちざ》に人気《にんき》をうばわれてしまった。江戸《えど》の一座《いちざ》としては、そこで「ざまあみろ」とばかりに、うらみをはらしたというものです。

清水《きよみず》の舞台《ぶたい》から飛《と》び下《お》りる

慣用句

いみ 思《おも》い切《き》って決断《けつだん》し、かくごを決《き》めて行《おこな》うことのたとえ。

さんこう 「清水《きよみず》の舞台《ぶたい》」は、京都《きょうと》の清水寺《きよみずでら》にある、高《たか》いがけの上《うえ》にはりだしてつくられた舞台《ぶたい》。その舞台《ぶたい》から、思《おも》い切《き》って飛《と》び下《お》りる、という意味《いみ》から。

ようれい 清水《きよみず》の舞台《ぶたい》から飛《と》び下《お》りる気《き》持《も》ちで、一生《いっしょう》けんめい貯《た》めたお金《かね》をはたいて、パソコンを買《か》った。

落《お》ちたら死《し》ぬ？ 清水《きよみず》の舞台《ぶたい》

清水寺《きよみずでら》は、約千二百年前《やくせんにひゃくねんまえ》、坂上田村麻呂《さかのうえのたむらまろ》が建《た》てたとされる、現在《げんざい》の京都市東山区《きょうとしひがしやまく》にあるお寺《てら》のこと。このお寺《てら》の本堂《ほんどう》の前方《ぜんぽう》には切《き》り立《た》ったがけがあり、百五十九本《ひゃくごじゅうきゅうほん》の柱《はしら》で支《ささ》えられた「舞台《ぶたい》」が、せりだすようにつくられていて、景色《けしき》はよいが、ここから飛《と》び下《お》りたら、命《いのち》の保証《ほしょう》はないとされてきました。

そこから、「清水《きよみず》の舞台《ぶたい》から飛《と》び下《お》りる」とは、死《し》んだつもりになって、物事《ものごと》を決断《けつだん》することのたとえとなったのです。

故郷《こきょう》へ錦《にしき》をかざる

慣用句

いみ 故郷《こきょう》をはなれ、努力《どりょく》を重《かさ》ねていた人《ひと》が、成功《せいこう》して、立派《りっぱ》な晴《は》れがましい姿《すがた》で故郷《こきょう》へ帰《かえ》る。

さんこう 「錦《にしき》」は、金《きん》や銀《ぎん》などの絹糸《きぬいと》で織《お》った、美《うつく》しくて高価《こうか》な織《お》り物《もの》。美《うつく》しい着物《きもの》を着《き》て、身《み》をかざって故郷《こきょう》に帰《かえ》る、という意味《いみ》から。

ようれい すぐれた研究《けんきゅう》で有名《ゆうめい》になった野口《のぐち》さんは、故郷《こきょう》に錦《にしき》をかざった。

住《す》めば都《みやこ》

ことわざ

いみ どんな所《ところ》でも、いったん住《す》んでなれてしまえば、一番住《いちばんす》みやすくて、いい所《ところ》だと思《おも》うようになる。

さんこう ここでいう「都《みやこ》」は、天皇《てんのう》や王様《おうさま》が住《す》む、にぎやかで便《べん》利《り》な大《おお》きな町《まち》のこと。住《す》みやすい土地《とち》の意味《いみ》。

ようれい 初《はじ》めは不便《ふべん》で、なじめなかった山《やま》でのくらしも、住《す》めば都《みやこ》で、もう町《まち》ではくらしたくない。

同じいみ 地獄《じごく》もすみか （↓219ページ）

 四《よ》字《じ》熟《じゅく》語《ご》 粉骨砕身《ふんこつさいしん》：力《ちから》のかぎり、全力《ぜんりょく》をつくして事《こと》に当《あ》たる。

慣用句

取《と》り付《つ》く島《しま》もない

いみ ①たよりにして、すがりつこうとしても、まったく助《たす》けとなるところや方法《ほうほう》がなく、どうしようもない。②相手《あいて》の態度《たいど》がとても冷《つめ》たく、話《はな》しかけるきっかけもない、というたとえ。

さんこう 「島《しま》」は、たよるところ、手《て》がかりや助《たす》けになるもののこと。

ようれい ①**取《と》り付《つ》く島《しま》もない**ほど問題《もんだい》が山積《やまづ》みだ。②母《はは》のきげんが悪《わる》く、おこづかいをもらおうとして、おこられた。まったく**取《と》り付《つ》く島《しま》もない**。

慣用句

氷山《ひょうざん》の一角《いっかく》

いみ 表《おもて》にあらわれているのは、物事《ものごと》の一部分《いちぶぶん》だけで、大部分《だいぶぶん》はかくされたままである。

さんこう 「氷山《ひょうざん》」は、北極《ほっきょく》や南極《なんきょく》などの海《うみ》にうかんでいる大《おお》きな氷《こおり》のかたまり。「一角《いっかく》」は、ほんの一部分《いちぶぶん》。氷山《ひょうざん》の海《うみ》の上《うえ》に出《で》ている部分《ぶぶん》は、全体《ぜんたい》の七分《ななぶん》の一《いち》くらいで、大部分《だいぶぶん》は海《うみ》の下《した》にかくれたままである、という意味《いみ》から。

ようれい 今日《きょう》の調《しら》べでわかったミスの数《かず》は、**氷山《ひょうざん》の一角《いっかく》**で、実際《じっさい》はその何倍《なんばい》ものミスがある。

ことわざ

ローマは一日《いちにち》にして成《な》らず

いみ 大《おお》きな仕事《しごと》は、長《なが》い年月《ねんげつ》と努力《どりょく》を積《つ》み重《かさ》ねて、はじめて成《な》しとげられるものだ、というたとえ。

さんこう 昔《むかし》、大《おお》きな領土《りょうど》を持《も》って、栄《さか》えたローマ帝国《ていこく》も、一日《いちにち》でできたわけではなく、長《なが》い時間《じかん》と多《おお》くの人《ひと》の努力《どりょく》によってできたものである、という西洋《せいよう》のことわざから。

ことわざ・慣用句《かんようく》クイズ㉒

答《こた》えは275ページを見《み》てね

次《つぎ》の①〜⑥の□にア〜カの適当《てきとう》な漢字《かんじ》を入《い》れて、ことわざ・慣用句《かんようく》を完成《かんせい》させましょう。

① □に入《い》っては□にしたがえ
② すべての□はローマに通《つう》ず
③ 江戸《えど》の□を長崎《ながさき》でうつ
④ 住《す》めば□
⑤ 取《と》り付《つ》く□もない
⑥ 清水《きよみず》の舞台《ぶたい》から□び下《お》りる

ア 敵《かたき》
イ 道《みち》
ウ 都《みやこ》
エ 島《しま》
オ 郷《ごう》
カ 飛《と》

クイズ㉒は194〜198ページを見《み》ながらとこう。

時間《じかん》や日《ひ》にち にかかわる

ことわざ・慣用句《かんようく》

「時間《じかん》や日《ひ》にち」にかかわる
ことわざ・慣用句《かんようく》を集《あつ》めました。

石《いし》の上《うえ》にも三年《さんねん》

ことわざ

はじめての路上《ろじょう》ライブ
ドキドキ
ジャン
あれから三年《さんねん》
最初《さいしょ》はだれもぼくの歌《うた》なんか聞《き》いてくれなかったけど…
ジャンジャン
今《いま》では女《おんな》の子《こ》のファンもふえて…
石《いし》の上《うえ》にも三年《さんねん》かあ
今度《こんど》デビューすることになりました! 応援《おうえん》よろしくね!!
パチパチ
キャー
がんばってェ～

おぼえておこう!

いみ どんなにつらいことがあっても、じっとがまんしてがんばれば、いつか必《かなら》ず成《な》しとげられる、ということ。

さんこう 冷《つめ》たい石《いし》の上《うえ》でも、三年間《さんねんかん》もすわりつづければ温《あたた》まる、という意味《いみ》から。

同じいみ いばらの中《なか》にも三年《さんねん》／火《ひ》の中《なか》にも三年《さんねん》／しんぼうする木《き》に金《かね》がなる

目的《もくてき》を達成《たっせい》するには石《いし》の上《うえ》にも三年《さんねん》だ

急《いそ》がば回《まわ》れ

ことわざ

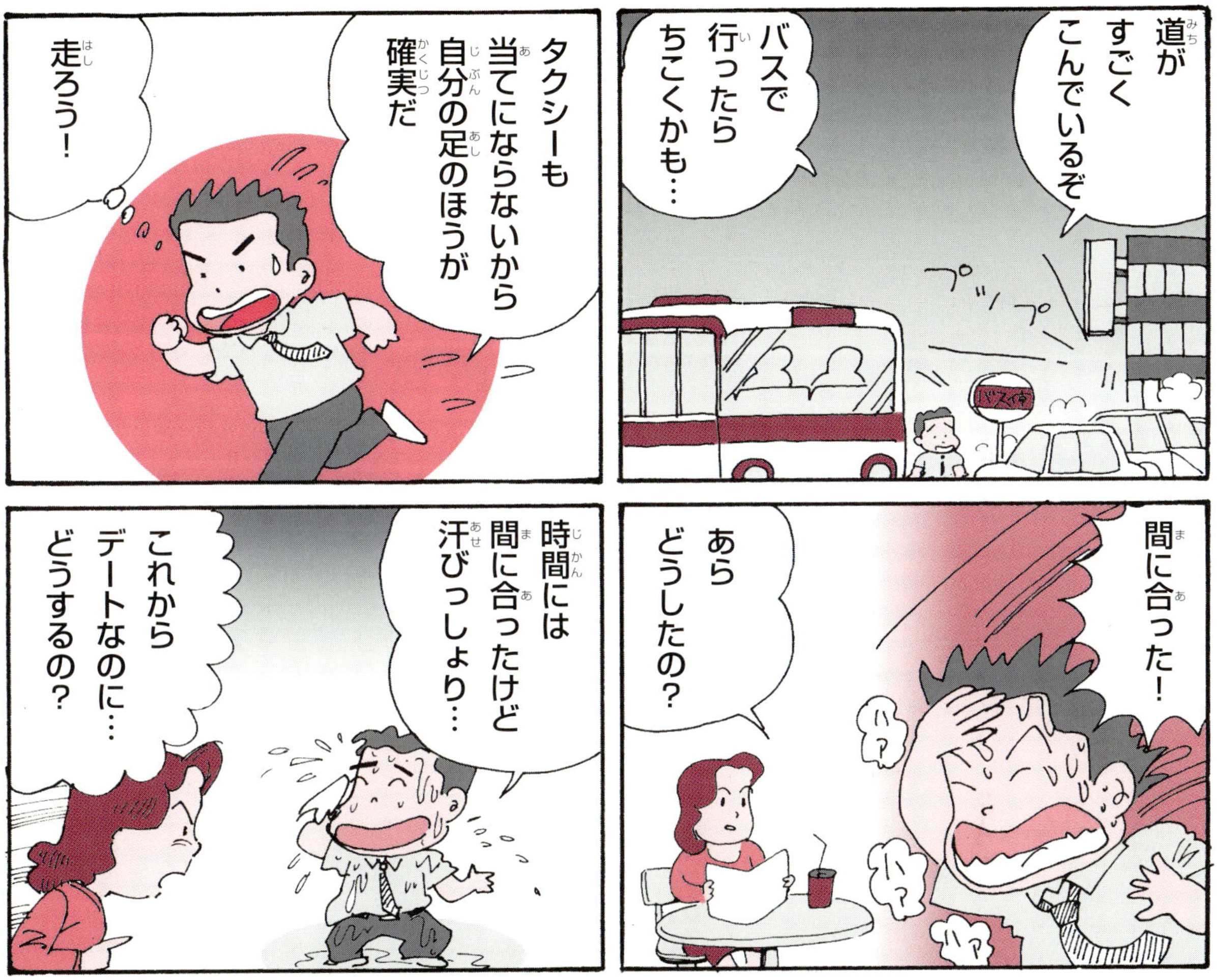

道《みち》がすごくこんでいるぞ
バスで行《い》ったらちこくかも…
タクシーも当《あ》てにならないから自分《じぶん》の足《あし》のほうが確実《かくじつ》だ
走《はし》ろう！
間《ま》に合《あ》った！
あらどうしたの？
ハァ
ハァ
ハァ
時間《じかん》には間《ま》に合《あ》ったけど汗《あせ》びっしょり…
これからデートなのに…どうするの？

よくでる！

いみ 物事《ものごと》を急《いそ》いでやりたいときは、時間《じかん》や手間《てま》がかかっても、安全《あんぜん》で確《かく》実《じつ》な方法《ほうほう》をとったほうが、結局《けっきょく》は早《はや》くできる、ということ。

さんこう 急《いそ》ぐときは、あぶない近道《ちかみち》を行《い》くよりは、少《すこ》し遠《とお》まわりでも安全《あんぜん》な道《みち》を行《い》ったほうが、結局《けっきょく》は早《はや》く着《つ》く、という意味《いみ》から。

同じいみ 近道《ちかみち》は遠道《とおみち》／せいては事《こと》を仕損《しそん》じる（→205ページ）

反対のいみ 善《ぜん》は急《いそ》げ（→221ページ）

この前《まえ》 近道《ちかみち》をしたら 工事中《こうじちゅう》で通《とお》れず かえって時間《じかん》が かかったわ

四字熟語《よじじゅくご》 傍若無人《ぼうじゃくぶじん》：自分《じぶん》の思《おも》いどおりに、勝手《かって》なふるまいをする。

朝起《あさお》きは三文《さんもん》の徳《とく》

ことわざ

いみ 朝《あさ》、早《はや》く起《お》きると、何《なに》かしらいいことがあることのたとえ。

さんこう 「文《もん》」は、昔《むかし》のお金《かね》の一番小《いちばんちい》さい単位《たんい》。「三文《さんもん》」は、わずかなことのたとえ。「徳《とく》」は「得《とく》」とも書《か》き、利益《りえき》の意味《いみ》。

同じいみ 早起《はやお》きは三文《さんもん》の徳《とく》（得《とく》）

朝寝坊《あさねぼう》のよいっぱり

ことわざ

いみ 夜《よる》はおそくまで起《お》きていて、朝《あさ》はおそくまで寝《ね》ている。

さんこう 「よいっぱり」は、夜《よる》おそくまで寝《ね》ないで起《お》きていて、夜《よ》ふかしをすること。「よいっぱりの朝寝坊《あさねぼう》」ともいう。

朝飯前《あさめしまえ》

慣用句

いみ 朝飯《あさめし》（＝朝食《ちょうしょく》）をとる前《まえ》にできるくらい、簡単《かんたん》なこと。

さんこう 朝食《ちょうしょく》をとる前《まえ》の、おなかがすいたときにでも、また、朝食前《ちょうしょくまえ》のちょっとした時間《じかん》にでもできる、という意味《いみ》から。

ようれい かけ算《ざん》の九九《くく》を覚《おぼ》えるなんて、ぼくには**朝飯前《あさめしまえ》**だ。

同じいみ お茶《ちゃ》の子《こ》さいさい

明日《あした》は明日《あした》の風《かぜ》がふく

ことわざ

いみ 先《さき》のことを、あまりくよくよ気《き》にするな、なりゆきにまかせたほうがよい、という教《おし》え。

さんこう 明日《あした》は明日《あした》で、今日《きょう》とはちがった風《かぜ》がふくのだから、明日《あした》のことは明日《あした》考《かんが》えよう、という意味《いみ》から。「明日《あした》」は「あす」とも読《よ》む。

ようれい **明日《あした》は明日《あした》の風《かぜ》がふく**のだから、負《ま》けた試合《しあい》のことは気《き》にするな。

同じいみ 明日《あす》の事《こと》は明日案《あすあん》じよ

思《おも》い立《た》ったが吉日《きちじつ》

ことわざ

おぼえておこう!

いみ 何《なに》かをしようと思《おも》い立《た》ったら、すぐに始《はじ》めたほうがよい。

さんこう 「吉日《きちじつ》」は、「きちにち」とも読《よ》み、占《うらな》いなどで、物事《ものごと》をするのにえんぎがよいとされる日《ひ》。何《なに》かをしようと一度《いちど》心《こころ》に決《き》めたら、よい日《ひ》かどうかに関係《かんけい》なく、その日《ひ》が吉日《きちじつ》なのだ、という意味《いみ》から。「思《おも》い立《た》つが吉日《きちじつ》」ともいう。

同じいみ 善《ぜん》は急《いそ》げ（→221ページ）／今日《きょう》できることは(を)明日《あす》までのばすな

終《お》わりよければすべてよし

ことわざ

いみ 最初《さいしょ》や途中《とちゅう》がどうであれ、終《お》わりがよければ、すべてがよかったことになる。物事《ものごと》は、最後《さいご》の結果《けっか》が一番大事《いちばんだいじ》だ、ということのたとえ。

さんこう 西洋《せいよう》のことわざより。英語《えいご》では、「All's《オールズ》 well《ウェル》 that《ザット》 ends《エンズ》 well《ウェル》.」。

同じいみ 仕上《しあ》げがかんじん

終《お》わりを告《つ》げる

慣用句

いみ ①終《お》わりになる。②終《お》わりが来《き》たことを知《し》らせる。

ようれい ①四年《よねん》に一度《いちど》のオリンピックも、あと二日《ふつか》で**終《お》わりを告《つ》げる**。②近所《きんじょ》のお寺《てら》から、一年《いちねん》の**終《お》わりを告《つ》げる**除夜《じょや》のかねの音《おと》が、聞《き》こえてきた。

今日《きょう》という今日《きょう》

慣用句

いみ 今日《きょう》こそは。

さんこう 「今日《きょう》」を、強《つよ》く言《い》いたいときに使《つか》うことば。

ようれい 夏休《なつやす》みもあと三日《みっか》で終《お》わり。**今日《きょう》という今日《きょう》**こそ、残《のこ》っている宿題《しゅくだい》をやらなければ、間《ま》に合《あ》わなくなりそうだ。

四《よ》字《じ》熟《じゅく》語《ご》 本末転倒《ほんまつてんとう》：大切《たいせつ》なことと、つまらないことを取《と》りちがえる。

光陰矢のごとし 〈慣用句〉

いみ 月日というものは、すぎるのがとても早い、ということのたとえ。

さんこう 「光」は太陽、「陰」は月の意味で、「光陰」は、時間、月日、年月のこと。矢が飛んでいくように、月日が、あっという間にすぎ去る、という意味から。

ようれい 卒業してから十年もたつなんて、信じられない。光陰矢のごとしだ。

同じいみ 光陰流水のごとし／歳月人を待たず（故事成語→240ページ）

今昔の感 〈慣用句〉

いみ 今と昔とをくらべて、変化の大きさをしみじみと感じる気持ち。

さんこう 「感」は、深く心にしみること。

ようれい 生まれ故郷をはなれて三十年。ひさしぶりに帰ってきたけれども、新幹線が走り、畑だった所にビルが立ちならぶ町並みを見ていると、今昔の感がある。

時間の問題 〈慣用句〉

いみ すでに物事の見通しがついていて、近いうちにそうなること。

ようれい 最近、急成長して、タイムをのばしている兄が、日本記録をやぶるのも時間の問題だ。／あの熟したカキが落ちるのも時間の問題だろう。

終止符を打つ 〈慣用句〉

いみ 物事をそこで終わりにすること。

さんこう 「終止符」は、物事の終わり、決着、結末。また、欧文などで、文の終わりに打つ記号をピリオドという。そのことから「ピリオドを打つ」ともいう。

ようれい 引退をせんげんした小山選手は、二十年間の野球人生に終止符を打った。

四字熟語　**満場一致**：その場にいる全員の意見が同じになる。

正直《しょうじき》は一生《いっしょう》の宝《たから》

ことわざ

いみ 正直《しょうじき》な人《ひと》は、みんなから信《しん》らいされ、その信《しん》らいによって幸《しあわ》せを手《て》にすることができるもの。正直《しょうじき》であることこそ、一生《いっしょう》を通《つう》じて大切《たいせつ》に守《まも》るべき宝《たから》だ、という教《おし》え。

同じいみ 正直《しょうじき》の頭《こうべ》に神宿《かみやど》る （→159ページ）

反対のいみ 正直者《しょうじきもの》がばかを見《み》る （→32ページ）

ぼくが折《お》りました
正直《しょうじき》だね

勝負《しょうぶ》は時《とき》の運《うん》

ことわざ

いみ 勝《か》ち負《ま》けは、そのときの運《うん》、不運《ふうん》によるもので、必《かなら》ずしも実力《じつりょく》によるものではない、ということ。

さんこう これから勝負《しょうぶ》をするときや、勝負《しょうぶ》に負《ま》けた人《ひと》をなぐさめるときなどに、よく使《つか》われる。「勝敗《しょうはい》は時《とき》の運《うん》」ともいう。

ようれい 一組《いちくみ》が、優勝候補《ゆうしょうこうほ》と言《い》われているけれど、勝負《しょうぶ》は時《とき》の運《うん》、一生《いっしょう》けんめい戦《たたか》おう。

寸暇《すんか》をおしむ

慣用句

いみ ほんのわずかな時間《じかん》も大切《たいせつ》にすること。

さんこう 「寸暇《すんか》」は、ほんの少《すこ》しのあき時間《じかん》。「おしむ」は、大切《たいせつ》にする、大事《だいじ》に思《おも》うこと。

ようれい 夏《なつ》の終《お》わりに、寸暇《すんか》をおしむようにせみが鳴《な》いている。／じゅくには、寸暇《すんか》をおしんで勉強《べんきょう》する受験生《じゅけんせい》がたくさんいる。

せいては事《こと》を仕損《しそん》じる

ことわざ

おぼえておこう！

いみ 物事《ものごと》をあせって急《いそ》いでやろうとすると、かえって失敗《しっぱい》しやすいので、急《いそ》ぐときほど、落《お》ち着《つ》いてゆっくりやりなさい、ということの教《おし》え。

さんこう 「仕損《しそん》じる」は、「仕損《しそん》ずる」ともいう。

同じいみ 急《いそ》がば回《まわ》れ （→201ページ）／近道《ちかみち》は遠道《とおみち》

反対のいみ 善《ぜん》は急《いそ》げ （→221ページ）

四《よ》字《じ》熟《じゅく》語《ご》 無我夢中《むがむちゅう》：あることに熱中《ねっちゅう》して、我《われ》をわすれる。

席の暖まるいとまもない 〔慣用句〕

いみ 一つの場所に落ち着いているひまもないほど、いそがしいことのたとえ。

さんこう 同じ席に長く座っているひまがないくらいいそがしく、座席が体温で暖まることがない、という教え。「席暖まるにいとまあらず」ともいう。中国の詩人、韓愈の『争臣論』にあることば。

よられい 学校から帰ったら、ピアノ教室へ、夕方からは学習じゅくへ行く南さんは、いそがしくて席の暖まるいとまもないそうだ。

時は金なり 〔ことわざ〕

いみ 時間は、お金と同じように大切なものだから、むだに使ってはいけない、という教え。

さんこう 西洋のことわざから。英語では「Time is money.」。

よられい 時は金なり、というから、ぼんやり過ごしていては、時間がもったいないよ。

習うは一生 〔慣用句〕

いみ 人は何歳になっても学ぶことがあり、生まれてから死ぬまで、ずっと勉強の連続だ。

よられい 習うは一生と言って、七十歳の祖父が大学に通いだした。／学校を卒業したって、習うは一生、新たな勉強が始まるはずだ。

年貢の納め時 〔慣用句〕

いみ ①長い間、悪いことをくり返してきた者が、ついにつかまって、罪をつぐなわなければならなくなる時。②長い間してきたことをあきらめて、終わりにする時。

さんこう 「年貢」は、今の税金のこと。ずっと納めていなかった年貢を、納めなければならない時という意味。

よられい ①あのどろぼうも、ついにつかまり、今度こそ年貢の納め時だろう。②気楽な独身生活も年貢の納め時で、来月は結婚式だ。

四字熟語 **無味乾燥**：何の味わいもなく、おもしろみがない。

その他《た》のことわざ 慣用句《かんようく》

その他《た》の
ことわざ・慣用句《かんようく》を集《あつ》めました。

上には上がある
ことわざ

おぼえておこう！

いみ
自分でこれが一番だ、と思っても、世の中にはそれよりもさらにすぐれたものがある。物事には上限がない、ということ。

さんこう
「下には下がある」と続けていうこともある。また「上には上」ともいう。

ようれい
上には上があるもので、学校一背が高い木村君を上回る背丈の小学生が、となり町の小学校にいるそうだ。

つねに上を目指してチャレンジしよう！

四字熟語 **門外不出**（もんがいふしゅつ）：貴重なものの持ち出しをゆるさない。

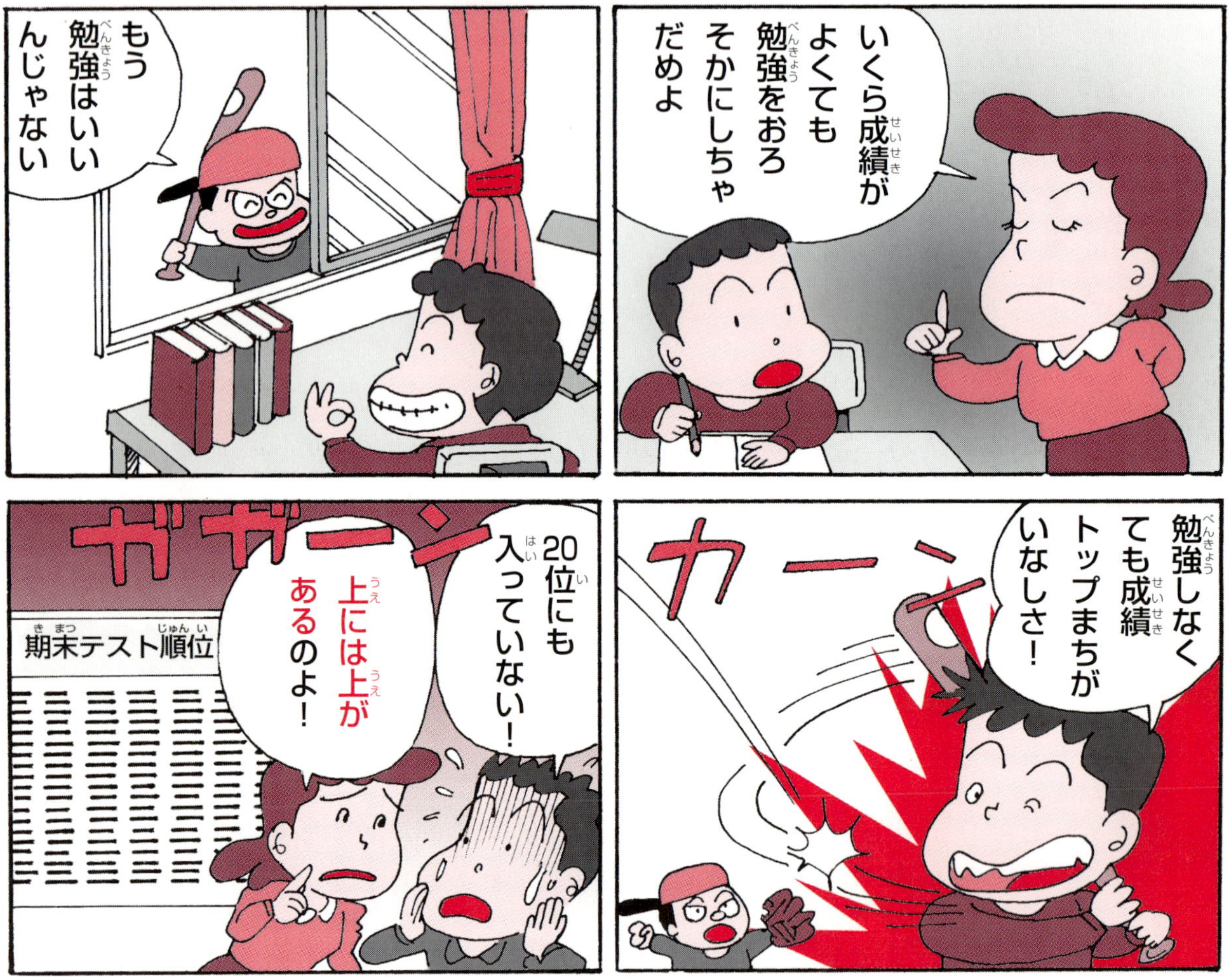

うわさをすれば影《かげ》がさす

ことわざ

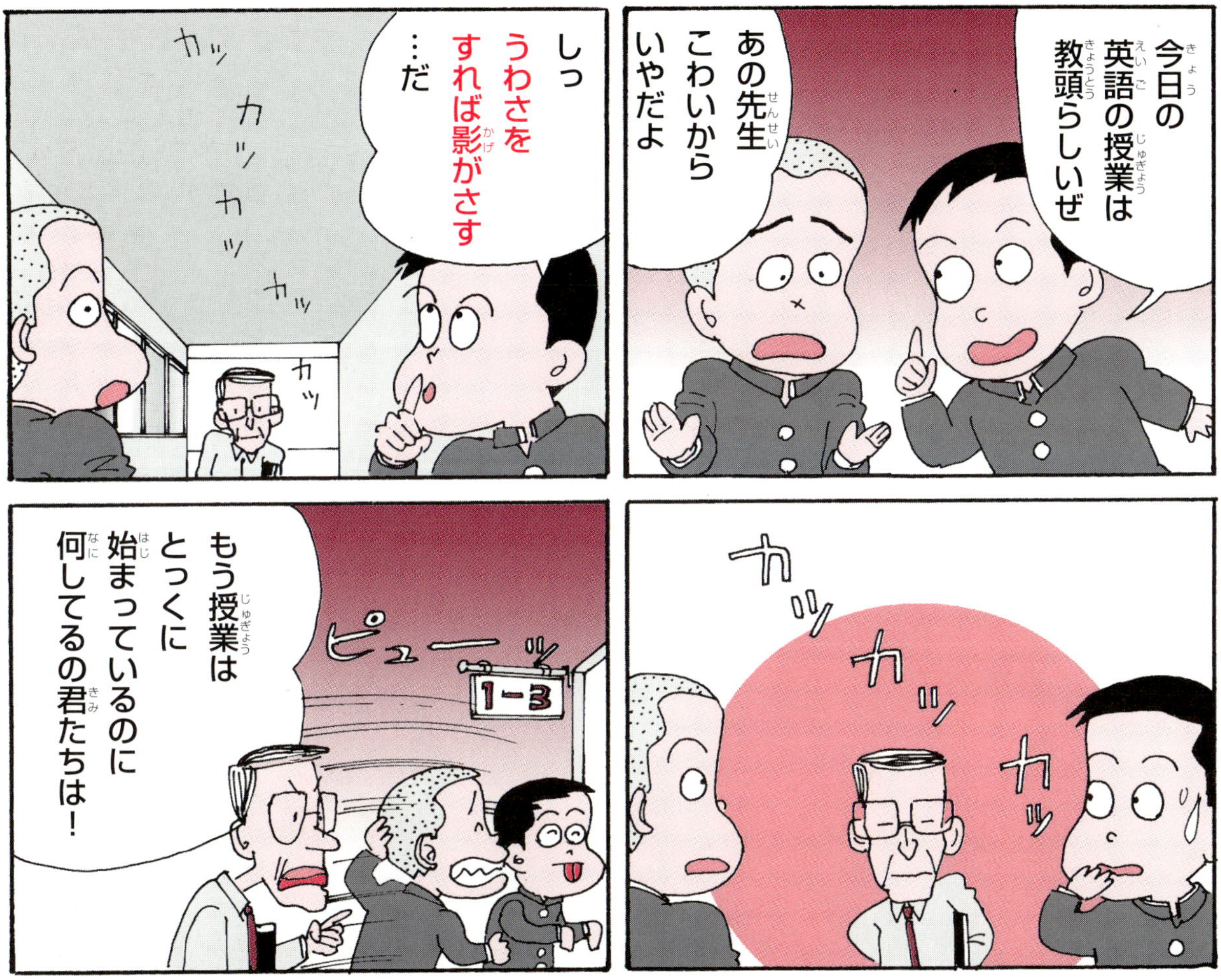
今日《きょう》の
英語《えいご》の授業《じゅぎょう》は
教頭《きょうとう》らしいぜ
あの先生《せんせい》
こわいから
いやだよ
しっ
うわさを
すれば影《かげ》がさす
…だ
カッ
カッ
カッ
カッ
カッ
カッ
カッ
カッ
もう授業《じゅぎょう》は
とっくに
始《はじ》まっているのに
何《なに》してるの君《きみ》たちは!
ピューーッ
1-3

おぼえておこう!

いみ 人《ひと》のうわさをしていると、そのうわさをされている本人《ほんにん》が、ぐうぜんその場《ば》に現《あらわ》れることがあるというたとえ。

さんこう 「影《かげ》がさす」は、その人《ひと》の姿《すがた》が現《あらわ》れるという意味《いみ》。略《りゃく》して「うわさをすれば影《かげ》」、また「人事言《ひとごとい》えば影《かげ》がさす」ともいう。

人《ひと》のうわさ
なんてあまり
するものじゃ
ないわね

四《よ》字《じ》熟《じゅく》語《ご》 優柔不断《ゆうじゅうふだん》：なかなかにえきらず、いつまでも決断《けつだん》できない。

聞《き》くは一時《いっとき》の恥《はじ》、聞《き》かぬは一生《いっしょう》の恥《はじ》

ことわざ

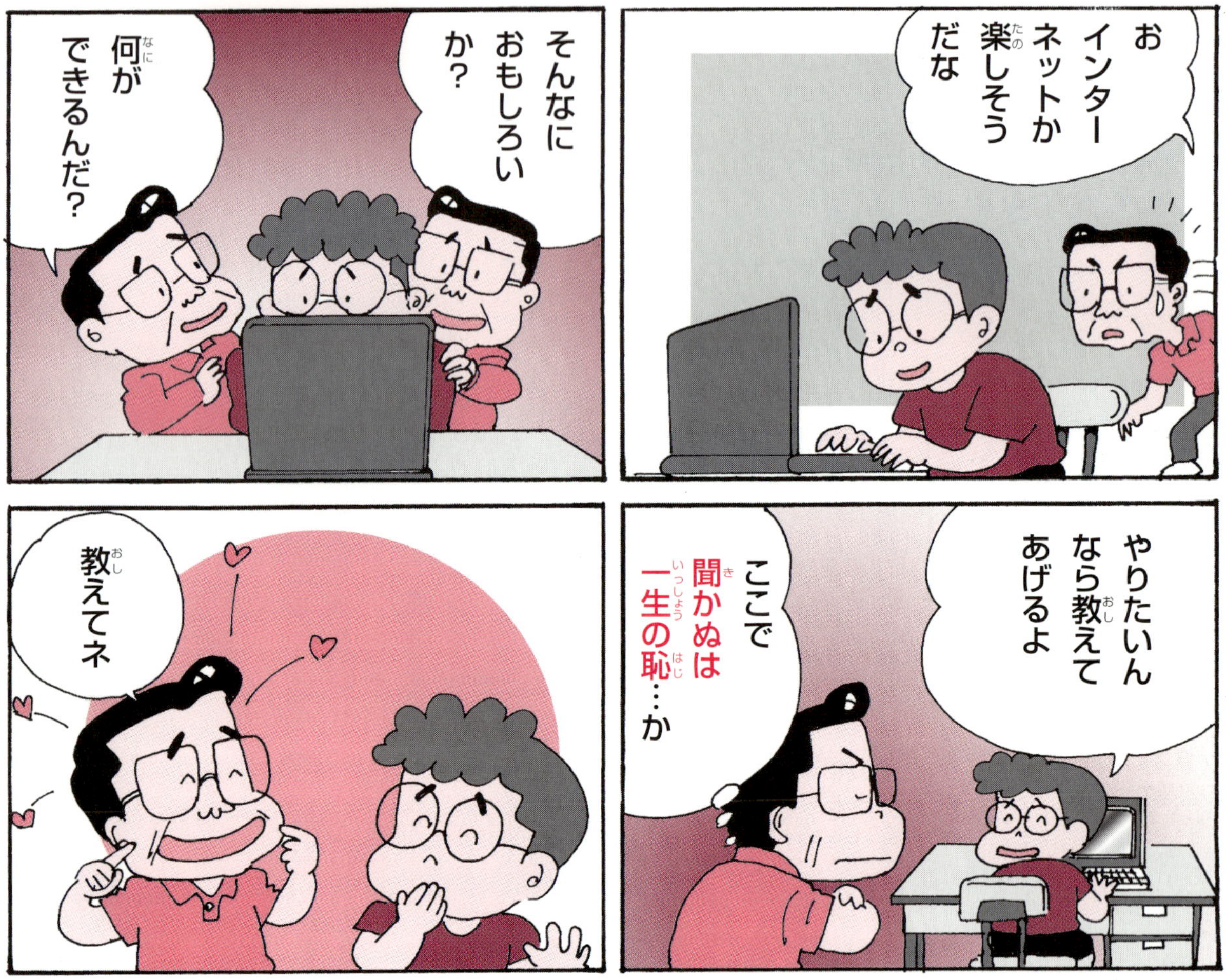

おぼえておこう！

いみ 知《し》らないことを人《ひと》に聞《き》くのは、そのときだけ恥《は》ずかしい思《おも》いをすればすむが、人《ひと》に聞《き》かず知《し》らないままでいると、一生《いっしょう》恥《は》ずかしい思《おも》いをしてすごすことになる。だから、わからないことは恥《は》ずかしがらずに、すぐにその場《ば》で人《ひと》に聞《き》いたほうがいい、という教《おし》え。

さんこう 英語《えいご》では、「聞《き》くとおろか者《もの》に見《み》えるが、聞《き》かなかったら、実際《じっさい》におろか者《もの》になる」という。

同じいみ 問《と》うはいったんの恥《はじ》、問《と》わぬは末代《まつだい》の恥《はじ》

四《よ》字《じ》熟《じゅく》語《ご》 有名無実《ゆうめいむじつ》：名前《なまえ》ばかりで、中身《なかみ》がない。

失敗《しっぱい》は成功《せいこう》のもと

ことわざ

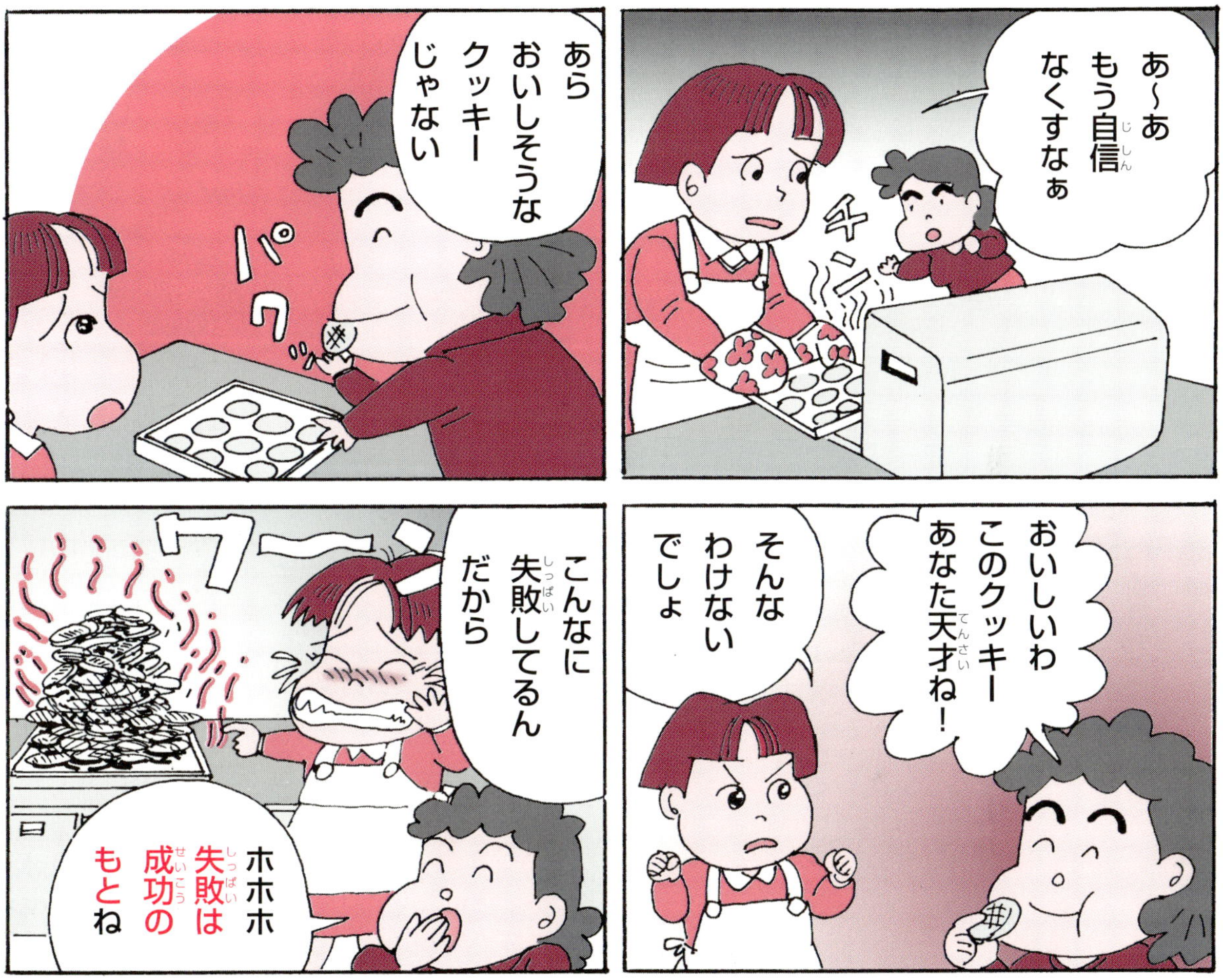

おぼえておこう！

いみ 失敗《しっぱい》しても、その原因《げんいん》をよく考《かんが》え、同《おな》じ失敗《しっぱい》をくり返《かえ》さないように、悪《わる》い点《てん》を直《なお》せば、成功《せいこう》への道《みち》は開《ひら》かれる、という教《おし》え。

ようれい クッキー作《づく》りに三回《さんかい》も失敗《しっぱい》し、がっかりしていたら、母《はは》に「失《しっ》敗《ぱい》は成功《せいこう》のもとだから、次《つぎ》はきっと上手《じょうず》に焼《や》けるはずよ」と、はげまされた。

同じいみ 失敗《しっぱい》は成功《せいこう》の母《はは》

四字熟語 **悠悠自適**《ゆうゆうじてき》：世間《せけん》からはなれ、のんびりと思《おも》いのままにすごす。

念《ねん》には念《ねん》を入《い》れよ

ことわざ

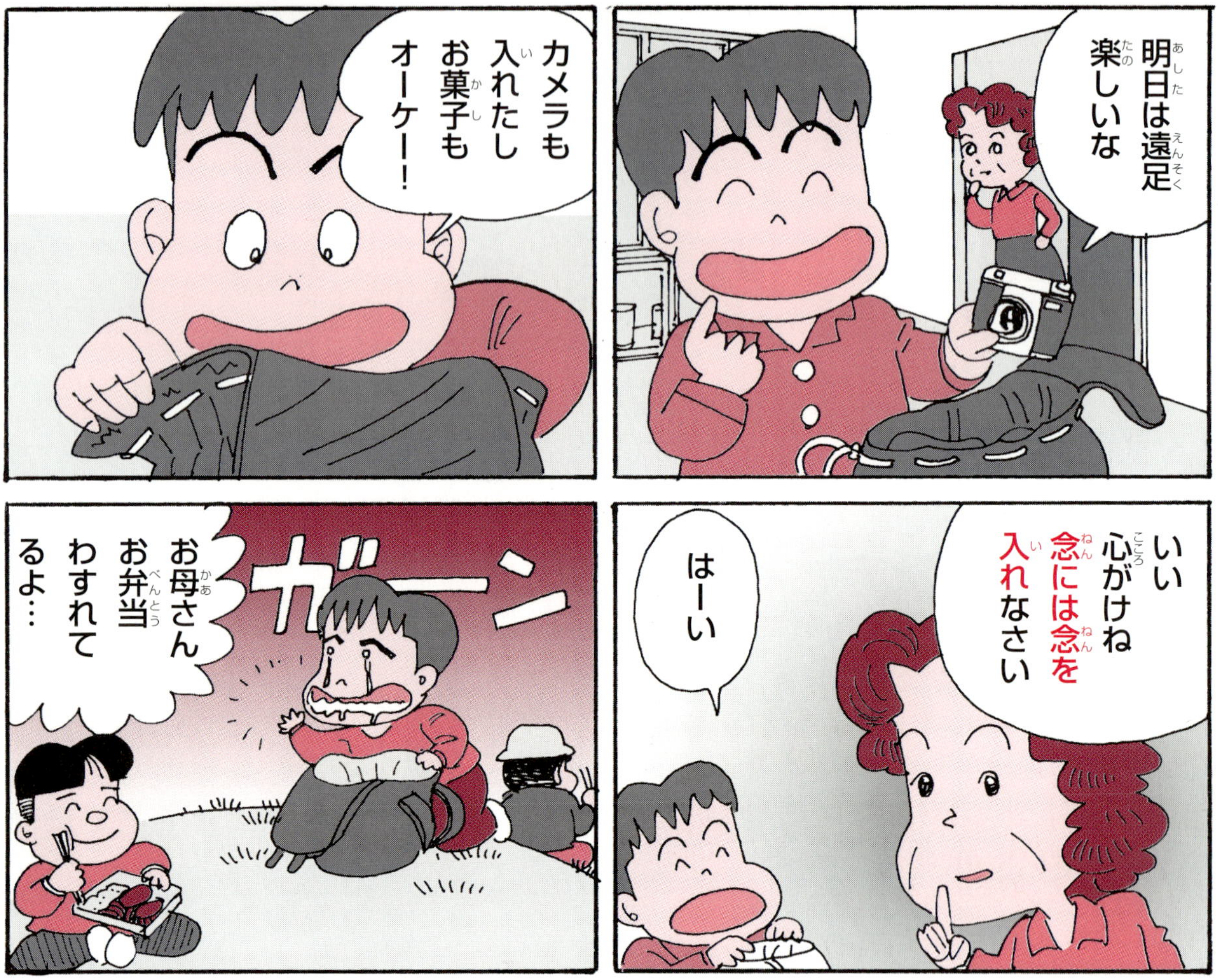

おぼえておこう！

いみ 注意《ちゅうい》したうえに、さらに注意《ちゅうい》して、よく気《き》をつけなさい、という教《おし》え。

さんこう 「念《ねん》」は、細《こま》かいことにも注意《ちゅうい》すること。『江戸《えど》いろはがるた』の一《ひと》つ。

同じいみ 石橋《いしばし》をたたいてわたる（→162ページ）／転《ころ》ばぬ先《さき》のつえ（→163ページ）／浅《あさ》い川《かわ》も深《ふか》くわたれ（→214ページ）

四《よ》字《じ》熟《じゅく》語《ご》 油断大敵《ゆだんたいてき》：ちょっとしたことでも、気《き》をぬいてはいけない。

楽《らく》あれば苦《く》あり苦《く》あれば楽《らく》あり

ことわざ

おぼえておこう！

いみ 苦労《くろう》したあとには、必《かなら》ず楽《たの》しいことがあるし、楽《らく》をしたあとには、苦《くる》しいことがあるものだ、という教《おし》え。

さんこう 人生《じんせい》、楽《たの》しいこともあれば、苦《くる》しいこともあるという、いましめとなぐさめの意味《いみ》をふくむことば。単《たん》に「楽《らく》あれば苦《く》あり」、また、「苦《く》あれば楽《らく》あり楽《らく》あれば苦《く》あり」ともいう。『江戸《えど》いろはがるた』の一《ひと》つ。

同じいみ 楽《らく》は苦《く》の種《たね》、苦《く》は楽《らく》の種《たね》

四字熟語 **用意周到《よういしゅうとう》**：準備《じゅんび》がじゅうぶん整《ととの》い、手落《てお》ちがない。

浅《あさ》い川《かわ》も深《ふか》くわたれ

ことわざ

いみ どんなささいなことでも、決《けっ》して油断《ゆだん》せずに、注意《ちゅうい》をおこたってはいけない、という教《おし》え。

さんこう 浅《あさ》い川《かわ》でも、わたるときに油断《ゆだん》するとおぼれることがあるので、深《ふか》い川《かわ》をわたるときのように用心《ようじん》しなさい、ということ。

同じいみ 石橋《いしばし》をたたいてわたる（→162ページ）／転《ころ》ばぬ先《さき》のつえ（→163ページ）／念《ねん》には念《ねん》を入《い》れよ（→212ページ）

当《あ》たるも八卦《はっけ》当《あ》たらぬも八卦《はっけ》

ことわざ

いみ うらないは、当《あ》たることもあれば、はずれることもあるので、あまり気《き》にするなという教《おし》え。

さんこう 「八卦《はっけ》」は、易《えき》（中国《ちゅうごく》のうらないの方法《ほうほう》）で、陰《いん》と陽《よう》を表《あらわ》す棒《ぼう》の組《く》み合《あ》わせによってできる八《やっ》つの形《かたち》。転《てん》じて、うらないのこと。

同じいみ 当《あ》たるもふしぎ当《あ》たらぬもふしぎ／合《あ》うもふしぎ合《あ》わぬもふしぎ

案《あん》ずるより産《う》むがやすし

ことわざ

おぼえておこう!

いみ 物事《ものごと》は、あれこれ心配《しんぱい》するよりも、実際《じっさい》にやってみると、意外《いがい》にかんたんにできるものだ。

さんこう 「案《あん》ずる」は、あれこれ考《かんが》えて、心配《しんぱい》する意味《いみ》。出産《しゅっさん》（赤《あか》ちゃんを産《う》むこと）は、心配《しんぱい》していたよりも軽《かる》くすむ、という意味《いみ》から。「思《おも》うより産《う》むがやすい」ともいう。

命《いのち》あっての物《もの》だね

ことわざ

いみ すべてのことは、命《いのち》があってこそできるのだから、その大切《たいせつ》な命《いのち》にかかわるようなあぶないことは、なるべくするな。何《なに》よりも命《いのち》を大切《たいせつ》にしなさい、ということ。

さんこう 「物《もの》だね」は、物事《ものごと》のもとになるもののこと。死《し》んでしまっては、すべて終《お》わりになる、という意味《いみ》にもなる。語《ご》ろ合《あ》わせで「命《いのち》あっての物《もの》だね、畑《はたけ》あってのいもだね」などともいう。

同じいみ 命《いのち》は物《もの》だね／命《いのち》のかけがえはない

四字熟語《よじじゅくご》 利害得失《りがいとくしつ》：利益《りえき》と損失《そんしつ》。得《え》るものと失《うしな》うもの。

ことわざ

うそから出《で》たまこと

いみ うそのつもりで言《い》ったことが、たまたま結果《けっか》として、それが本当《ほんとう》のことになってしまうこと。

さんこう 「まこと」は、本当《ほんとう》という意味《いみ》。『江戸《えど》いろはがるた』の一《ひと》つ。

同じいみ ひょうたんからこまが出《で》る

ことわざ

うそつきはどろぼうの始《はじ》まり

いみ 平気《へいき》でうそをつくようになると、そのうち平気《へいき》でぬすみをするようになる。だから、うそをつくということは、いわばどろぼうになる始《はじ》まりともいえる、という教《おし》え。

さんこう うそをつくことはよくない、といましめることば。

同じいみ うそはぬすびとの始《はじ》まり／うそはぬすみのもと

ことわざ

うそも方便《ほうべん》

いみ うそをつくのはよくないことだが、うそをつくことで、物事《ものごと》がうまくいくこともあるから、一《ひと》つの手段《しゅだん》として時《とき》には必要《ひつよう》だ。

さんこう 「方便《ほうべん》」は、ある目的《もくてき》のために使《つか》う、一時的《いちじてき》な手段《しゅだん》の意味《いみ》。もともとは仏教《ぶっきょう》で、人《ひと》をすくい、さとりの世界《せかい》へみちびくために仏《ほとけ》もうそを用《もち》いた、ということから。

同じいみ うそも世《よ》わたり

ことわざ

起《お》きて半畳《はんじょう》寝《ね》て一畳《いちじょう》

いみ どんな大富豪《だいふごう》であっても、自分《じぶん》ひとりが必要《ひつよう》とするスペースは、起《お》きているときは畳半畳分《たたみはんじょうぶん》、寝《ね》ているときは、一畳分《いちじょうぶん》で十分《じゅうぶん》だ。だから必要以上《ひつよういじょう》にものをほしがるのはつまらないことだ、ということのたとえ。

同じいみ 起《お》きて三尺《さんじゃく》寝《ね》て六尺《ろくしゃく》

四《よ》字《じ》熟《じゅく》語《ご》 離合集散《りごうしゅうさん》：はなれたり、集《あつ》まったりする。

おごる平家《へいけ》は久《ひさ》しからず

ことわざ

いみ ぜいたくなくらしや、わがままなふるまいをしている人《ひと》は、長《なが》い間《あいだ》、そのような生活《せいかつ》を続《つづ》けることができず、そのうちほろんでしまうことのたとえ。

さんこう ぜいたくざんまいで、勝手気《かってき》ままな行《おこな》いが多《おお》かった平安《へいあん》時代《じだい》の平家《へいけ》一門《いちもん》が、あっけなく源氏《げんじ》にほろぼされたことから。『平家物語《へいけものがたり》』のはじめに書《か》かれている「おごれる人《ひと》も久《ひさ》しからず、ただ春《はる》の夜《よ》の夢《ゆめ》のごとし」から。

同じいみ おごれる者久《ものひさ》しからず／おごる平家《へいけ》に二代《にだい》なし

学問《がくもん》に王道《おうどう》なし

ことわざ

いみ 学問《がくもん》を身《み》につけるのには、かんたんにできる方法《ほうほう》はない。一《ひと》つひとつ段取《だんど》りをふんで学《まな》んでいくしかない、ということのたとえ。

さんこう 「王道《おうどう》」は王様《おうさま》が歩《ある》く道《みち》という意味《いみ》で、楽《らく》な道《みち》のたとえ。

同じいみ 学問《がくもん》に近道《ちかみち》なし

果報《かほう》は寝《ね》て待《ま》て

ことわざ

いみ 幸運《こううん》は、手《て》に入《い》れようとして得《え》られるものではないので、あせらず、気長《きなが》に、運《うん》がめぐってくるのを待《ま》っているほうがよい、という教《おし》え。

さんこう 「果報《かほう》」は、よいめぐり合《あ》わせ、幸運《こううん》、幸《しあわ》せの意味《いみ》。

ようれい 試験《しけん》でやるべきことはやった。果報《かほう》は寝《ね》て待《ま》てで、あとは結果《けっか》を待《ま》つのみだ。

同じいみ 待《ま》てば海路《かいろ》の日和《ひより》あり（→224ページ）

聞《き》いて極楽《ごくらく》見《み》て地獄《じごく》

ことわざ

いみ 人《ひと》から聞《き》いた話《はなし》と、実際《じっさい》に自分《じぶん》の目《め》で見《み》たものとでは、まるっきりちがう、ということ。

さんこう 「極楽《ごくらく》」は、すばらしいところ。「地獄《じごく》」は、ひどく苦《くる》しいところ。話《はなし》に聞《き》いたかぎりでは、極楽《ごくらく》のように思《おも》われたことが、実際《じっさい》に自分《じぶん》で見《み》て、たしかめてみたら、地獄《じごく》のようなありさまだった、ということから。『江戸《えど》いろはがるた』の一《ひと》つ。

同じいみ 見《み》ての(は)極楽住《ごくらくす》んでの(は)地獄《じごく》／見《み》ると聞《き》くとは大《おお》ちがい（→224ページ）

四《よ》字《じ》熟《じゅく》語《ご》 立身出世《りっしんしゅっせ》：成功《せいこう》して、社会的《しゃかいてき》に高《たか》い地位《ちい》につき、名《な》をあげる。

窮《きゅう》すれば通《つう》ず

ことわざ

いみ どうにもならない状態《じょうたい》に追《お》いこまれ、行《い》きづまってしまうと、かえってよい考《かんが》えがうかび、道《みち》が開《ひら》ける。

さんこう 「窮《きゅう》する」は、行《い》きづまって、こまること。中国《ちゅうごく》の『易《えき》経《きょう》』より。

ようれい 夏休《なつやす》みの自由研究《じゆうけんきゅう》のテーマが決《き》まらず、あせっていたら、窮《きゅう》すれば通《つう》ずで、夏休《なつやす》みが終《お》わる直前《ちょくぜん》に、いい案《あん》が思《おも》いうかんだ。

同じいみ 必要《ひつよう》は発明《はつめい》の母《はは》（→34ページ）

芸術《げいじゅつ》は長《なが》く人生《じんせい》は短《みじか》し

ことわざ

いみ すぐれた芸術作品《げいじゅつさくひん》は、作者《さくしゃ》が死《し》んでしまっても、いつまでも長《なが》く残《のこ》るものだ、ということのたとえ。

さんこう 古代《こだい》ギリシャの医師《いし》ヒポクラテスが、「医術《いじゅつ》をきわめるには長《なが》い年月《ねんげつ》がかかるが、人《ひと》の一生《いっしょう》は短《みじか》い」と言《い》ったのが変化《へんか》したもの。「医術《いじゅつ》」を「芸術《げいじゅつ》」に変《か》えて、この意味《いみ》でも用《もち》いられる。

芸《げい》は身《み》のあだ

ことわざ

いみ 習《なら》いおぼえた芸《げい》があるために、かんじんの本業《ほんぎょう》がおろそかになり、かえって身《み》をほろぼすことがある、ということ。

さんこう 「芸《げい》」は、もともと三味線《しゃみせん》や踊《おど》り、唄《うた》などの芸能《げいのう》のことを指《さ》す。

同じいみ 粋《すい》が身《み》を食《く》う

反対のいみ 芸《げい》は身《み》を助《たす》ける（→本《ほん》ページ左《ひだり》）

芸《げい》は身《み》を助《たす》ける

ことわざ

おぼえておこう！

いみ 趣味《しゅみ》でおぼえた芸《げい》が、思《おも》いがけない役《やく》に立《た》ったり、生活《せいかつ》にこまったときに、それでお金《かね》をかせぐことができたりする、ということ。

さんこう 『江戸《えど》いろはがるた』の一《ひと》つ。

反対のいみ 芸《げい》は身《み》のあだ（→本《ほん》ページ右《みぎ》）／粋《すい》が身《み》を食《く》う

四《よ》字《じ》熟《じゅく》語《ご》 竜頭蛇尾《りゅうとうだび》：最初《さいしょ》は勢《いきお》いがあるが、最後《さいご》は勢《いきお》いがおとろえ、ふるわない。

好事魔多し《こうじまおお》

ことわざ

いみ よいことには、なにかとじゃまが入《はい》りやすいということのたとえ。

さんこう 「好事《こうじ》」は、よいこと、めでたいこと。「好事《こうじ》魔《ま》、多《おお》し」ではなく「好事《こうじ》、魔《ま》多《おお》し」である。中国《ちゅうごく》の『琵琶記《びわき》』にあることば。

同じいみ 花《はな》に嵐《あらし》（→191ページ）／月《つき》にむら雲《くも》花《はな》に風《かぜ》

紺屋《こうや》の白《しろ》ばかま

ことわざ

おぼえておこう！

いみ 他人《たにん》のためにばかりいそがしくして、自分《じぶん》のことをするひまがない。

さんこう 「紺屋《こうや》」は、「こんや」の転《てん》じた言《い》い方《かた》で、染物屋《そめものや》のこと。その染物屋《そめものや》が、仕事《しごと》がいそがしくて、自分《じぶん》のはかまをそめるひまがなく、いつも白《しろ》いはかまをはいていることから。

ようれい あのクリーニング屋《や》さんは、紺屋《こうや》の白《しろ》ばかまで、いつもシワシワのシャツを着《き》ている。

同じいみ 医者《いしゃ》の不養生《ふようじょう》（→24ページ）／坊主《ぼうず》の不信心《ふしんじん》（→35ページ）

コロンブスの卵《たまご》

ことわざ

おぼえておこう！

いみ どんなにかんたんに見《み》えることでも、最初《さいしょ》に思《おも》いついたり、実行《じっこう》したりすることはむずかしい、というたとえ。

さんこう ヨーロッパ人《じん》として初《はじ》めて、アメリカ大陸《たいりく》にたどり着《つ》いたコロンブスに、ある人《ひと》が、「海《うみ》を西《にし》へ行《い》けば、だれにでもできた」と言《い》った。コロンブスはゆで卵《たまご》を取《と》り出《だ》し、「では、この卵《たまご》を立《た》てられますか」と、聞《き》いたが、だれもできずにいた。するとコロンブスは、卵《たまご》の底《そこ》をつぶし、立《た》てて見《み》せ、「大陸到達《たいりくとうたつ》もこれと同《おな》じ。わかってしまえばかんたんなことでも、最初《さいしょ》に思《おも》いつくことに意義《いぎ》がある」と語《かた》ったという話《はなし》から。

コロンブスの卵《たまご》

コロンブスは、十五世紀《じゅうごせいき》に活《かつ》やくしたイタリアの冒険家《ぼうけんか》で、初《はじ》めて大西洋《たいせいよう》を横断《おうだん》、アメリカ大陸《たいりく》に到達《とうたつ》しました。

しかし、その成功《せいこう》に対《たい》して、世間《せけん》からの風当《かぜあ》たりも強《つよ》く、「そんなことはだれにでもできる」と、パーティの席《せき》でひにくられたりもしました。

「コロンブスの卵《たまご》」の話《はなし》は、このとき生《う》まれたものですが、この話《はなし》から、なんでもないようなことでも、最初《さいしょ》に考《かんが》えたり、やりとげたりすることは、むずかしいということわざが、生《う》まれたのです。

四字熟語《よじじゅくご》 粒粒辛苦《りゅうりゅうしんく》：こつこつと非常《ひじょう》な苦労《くろう》や努力《どりょく》を重《かさ》ねること。

地獄《じごく》もすみか

ことわざ

いみ 住《す》みなれてしまえば、どんなにひどい場所《ばしょ》でも、たとえ地獄《じごく》だって、住《す》み心地《ごこち》がよくなる、というたとえ。

さんこう 「すみか」は、住《す》んでいるところ。

ようれい 地獄《じごく》もすみか、というくらいだから、ほんの二《に》、三日《さんにち》野宿《のじゅく》をすることなんて、たいしたことはない。

同じいみ 住《す》めば都《みやこ》（→197ページ）

事実《じじつ》は小説《しょうせつ》よりも奇《き》なり

ことわざ

いみ この世《よ》で実際《じっさい》に起《お》こる出来事《できごと》のほうが、人《ひと》が考《かんが》えて作《つく》った小説《しょうせつ》よりもふしぎであり、おもしろい。

さんこう イギリスの詩人《しじん》、バイロンの詩《し》『ドン・ジュアン』に出《で》てくることばから。

ことわざ・慣用句《かんようく》クイズ㉓

答《こた》えは275ページを見《み》てね

1 次《つぎ》の①～⑤のことわざと（　）内《ない》の意味《いみ》の中《なか》から、まちがった組《く》み合《あ》わせのものを三《みっ》つ選《えら》んで、正《ただ》しい意味《いみ》をア～オの中《なか》から選《えら》びましょう。

① 念《ねん》には念《ねん》を入《い》れよ（注意《ちゅうい》の上《うえ》に注意《ちゅうい》を重《かさ》ねる）
② うそも方便《ほうべん》（便利《べんり》だからうそをつこう）
③ 果報《かほう》は寝《ね》て待《ま》て（よくない知《し》らせは寝《ね》て待《ま》とう）
④ 好事魔多《こうじまおお》し（きみょうなことがしょっちゅう起《お》こる）
⑤ 芸《げい》は身《み》を助《たす》ける（趣味《しゅみ》で覚《おぼ》えた芸《げい》が生活《せいかつ》の役《やく》に立《た》つ）

ア よいことにはじゃまが入《はい》りやすい
イ 注意《ちゅうい》しすぎはよくない
ウ うそをつくことで物事《ものごと》がうまくいくこともある
エ 幸運《こううん》はあせらず気長《きなが》に待《ま》つ
オ 芸《げい》のために本業《ほんぎょう》がおろそかになる

2 次《つぎ》の①～⑤の□にア～オの適当《てきとう》な漢字《かんじ》を入《い》れて、ことわざを完成《かんせい》させましょう。

① □には□がある
② 聞《き》くは一時《いっとき》の□、聞《き》かぬは一生《いっしょう》の□
③ 案《あん》ずるより□むがやすし
④ □あっての物《もの》だね
⑤ コロンブスの□

ア 卵《たまご》　イ 命《いのち》　ウ 上《うえ》　エ 恥《はじ》
オ 産《う》

クイズ㉓は208～218ページを見《み》ながらとこう。

四字熟語《よじじゅくご》 理路整然《りろせいぜん》：物事《ものごと》や話《はなし》の筋道《すじみち》が通《とお》っている。

しずむ瀬《せ》あれば浮《う》かぶ瀬《せ》あり

ことわざ

いみ 生《い》きている間《あいだ》には、いろいろなことがあり、落《お》ちぶれることもあれば、栄《さか》えることもある。今《いま》は不幸《ふこう》や不運《ふうん》であっても、次《つぎ》にはよいことがあるかもしれないから、くよくよするな。

さんこう 「瀬《せ》」は、ここでは機会《きかい》や場合《ばあい》の意味《いみ》。

同じいみ 塞翁《さいおう》が馬《うま》（故事成語《こじせいご》→239ページ）／禍福《かふく》はあざなえる縄《なわ》のごとし

朱《しゅ》に交《まじ》われば赤《あか》くなる

ことわざ

おぼえておこう！

いみ 人《ひと》は、まわりの環境《かんきょう》や人《ひと》にえいきょうされやすく、付《つ》き合《あ》う友《とも》だちによって、よくも悪《わる》くもなる、ということのたとえ。

さんこう 「朱《しゅ》」は、赤《あか》っぽい色《いろ》のこと。朱色《しゅいろ》にまじれば、ほかのものも自然《しぜん》と赤色《あかいろ》になるという意味《いみ》。ふつう、悪《わる》い意味《いみ》に用《もち》いられる。

同じいみ 麻《あさ》の中《なか》のよもぎ／善悪《ぜんあく》は友《とも》による／水《みず》は方円《ほうえん》の器《うつわ》にしたがう

小異《しょうい》を捨《す》てて大同《だいどう》につく

ことわざ

いみ 細《こま》かい点《てん》で意見《いけん》のちがいがあっても、とやかく言《い》わず、だいたいが一致《いっち》している意見《いけん》にしたがう。

さんこう 「小異《しょうい》」は、ほんの少《すこ》しちがうこと。「大同《だいどう》」は、だいたい同《おな》じであること。

上手《じょうず》の手《て》から水《みず》がもる

ことわざ

いみ どんなにうでのすぐれた名人《めいじん》でも、時《とき》には失敗《しっぱい》することもある、ということのたとえ。

さんこう 少《すこ》しのすきもない意味《いみ》の「水《みず》ももらさぬ」から、「水《みず》がもる」は、逆《ぎゃく》に不注意《ふちゅうい》で失敗《しっぱい》することを指《さ》す。

同じいみ かっぱの川流《かわなが》れ（→122ページ）／弘法《こうぼう》にも筆《ふで》のあやまり（→18ページ）／猿《さる》も木《き》から落《お》ちる（→127ページ）

初心忘《しょしんわす》るべからず

ことわざ　おぼえておこう!

いみ　何《なに》か新《あたら》しいことを始《はじ》めたときの真《しん》けんな気持《きも》ちを、いつまでもわすれてはいけない、という教《おし》え。

さんこう　「初心《しょしん》」は、物事《ものごと》を始《はじ》めるときの、まじめな気持《きも》ちを指《さ》す。なれてなまけ心《ごころ》を起《お》こしたり、うぬぼれたりしてはいけない、といういましめ。室町時代《むろまちじだい》に能《のう》を大成《たいせい》した世阿弥《ぜあみ》が、能《のう》を学《まな》ぶ心《こころ》がまえとして、『花鏡《はなかがみ》』でのべたことば。

ようれい　サッカーの練習《れんしゅう》をさぼったら、「何事《なにごと》も**初心忘《しょしんわす》るべからず**だ」と、先生《せんせい》に言《い》われた。

詩《し》を作《つく》るより田《た》を作《つく》れ

ことわざ

いみ　生活《せいかつ》の役《やく》に立《た》たない詩《し》を作《つく》るよりも、実際《じっさい》に利益《りえき》が得《え》られる仕事《しごと》をしなさい。

さんこう　おなかの足《た》しにもならない詩《し》などを作《つく》るひまがあるのなら、お米《こめ》のできる田《た》んぼをたがやしなさい、という意味《いみ》から。

同じいみ　花《はな》より団子《だんご》（→144ページ）

好《す》きこそものの上手《じょうず》なれ

ことわざ　おぼえておこう!

いみ　自分《じぶん》が好《す》きなことは、何事《なにごと》も熱心《ねっしん》に一生《いっしょう》けんめいやるので、自然《しぜん》に上手《じょうず》になる、ということ。

同じいみ　好《す》きは上手《じょうず》のもと

反対のいみ　下手《へた》の横好《よこず》き（→224ページ）

善《ぜん》は急《いそ》げ

ことわざ　おぼえておこう!

いみ　よいと思《おも》ったことは、すぐにやったほうがいい、という教《おし》え。

さんこう　「善《ぜん》は急《いそ》げ、悪《あく》はのべよ」と対句《ついく》のようにいうこともある。

同じいみ　思《おも》い立《た》ったが吉日《きちじつ》（→203ページ）

反対のいみ　急《いそ》がば回《まわ》れ（→201ページ）／せいては事《こと》を仕損《しそん》じる（→205ページ）

今《いま》から
ダイエットよ!

四字熟語　老若男女《ろうにゃくなんにょ》：老人《ろうじん》もわかい人《ひと》も、男《おとこ》も女《おんな》も、みんな。

袖ふり合うも他生の縁　ことわざ

いみ　道で知らない人と袖がふれ合うような、ちょっとした出来事も、それは単なるぐうぜんではなく、前世（この世に生まれてくる前の世）からのめぐり合わせによるもの。だから、どんな出会いも大切にすべきだ、という仏教の教え。

さんこう　「他生の縁」は、前世からの因縁の意味で、「他生」は「多生」とも書く。「他生」は、現世から見て前世や来世。「多生」は、何度も生まれ変わること。「袖すり合うも他生の縁」「袖ふれ合うも他生の縁」などともいう。『京いろはがるた』の一つ。

備えあれば憂いなし　ことわざ　おぼえておこう！

いみ　日ごろから準備しておけば、いざというとき、何にも心配することはない、ということ。

さんこう　「憂い」は、心配事の意味。中国の『書経』より。

大は小をかねる　ことわざ　おぼえておこう！

いみ　大きいものは、小さいものの代わりとして使うことができる。小さいものよりも、大きいもののほうが、使い道が多く、役に立つ、ということ。

反対のいみ　杓子は耳かきにならず（→175ページ）

さんこう　中国の書『春秋繁露』より。

多芸は無芸　ことわざ

いみ　いろいろなことができる人は、かえって、どれ一つとして専門といえるような芸を持っていないから、結局、芸がないのと同じだ。

さんこう　「多芸」は、多くの芸に通じていること。「無芸」は、何も芸を身につけていないこと。

同じいみ　何でも来いに名人なし／器用貧乏

四字熟語　**和気藹藹（わきあいあい）**：なごやかで楽しい気分が満ちている。

旅《たび》は道《みち》連《づ》れ世《よ》は情《なさ》け

ことわざ

いみ 旅行《りょこう》に出《で》かけるときは、一人旅《ひとりたび》よりもいっしょに旅行《りょこう》してくれる人《ひと》がいたほうが、たがいに助《たす》け合《あ》えるので心強《こころづよ》い。同《おな》じように、世《よ》の中《なか》を生《い》きていくにも、たがいに思《おも》いやりの心《こころ》をもって助《たす》け合《あ》うことが大切《たいせつ》だ、という教《おし》え。

同じいみ 旅《たび》は情《なさ》け人《ひと》は心《こころ》

習《なら》うより慣《な》れよ

ことわざ

いみ 物事《ものごと》は、人《ひと》や本《ほん》などから学《まな》ぶよりも、実際《じっさい》に自分《じぶん》でやってみて、慣《な》れたほうが早《はや》く身《み》につく。

さんこう 「習《なら》うより慣《な》れろ」ともいう。

ようれい 板前《いたまえ》の修業《しゅぎょう》は、習《なら》うより慣《な》れよで、実際《じっさい》にやってみることが大切《たいせつ》だよ。

同じいみ 経験《けいけん》は学問《がくもん》に勝《まさ》る

冬《ふゆ》来《き》たりなば春《はる》遠《とお》からじ

ことわざ

いみ つらいことや苦《くる》しいことがあっても、いずれはよいことや楽《たの》しいことがある。だから今《いま》はじっとがまんしよう、ということのたとえ。

さんこう さむい冬《ふゆ》をがまんすれば、やがてあたたかい春《はる》がやってくるということ。イギリスの詩人《しじん》、シェリーのことば。

下手《へた》の考《かんが》え休《やす》むに似《に》たり

ことわざ

いみ 知恵《ちえ》のない人《ひと》は、いくら考《かんが》えてもよい考《かんが》えがうかばないのだから、何《なに》もしないで休《やす》んでいるのと同《おな》じで、時間《じかん》のむだだ。

さんこう 碁《ご》や将棋《しょうぎ》で、下手《へた》な人《ひと》がよい手《て》を思《おも》いつくはずもないのに、長《なが》く考《かんが》えこむのは休《やす》んでいるのと同《おな》じだ、という意味《いみ》から。

四《よ》字《じ》熟《じゅく》語《ご》 和洋折衷《わようせっちゅう》：和風《わふう》のものと洋風《ようふう》のものを、ほどよくまぜ合《あ》わせる。

下手《へた》の横好《よこず》き

ことわざ

おぼえておこう!

いみ 下手《へた》なくせに、そのことが大好《だいす》きで熱心《ねっしん》だということ。

さんこう 「横好《よこず》き」は、好《す》きで好《す》きでたまらないこと。「下手《へた》の物好《ものず》き」ともいう。

反対のいみ 好《す》きこそものの上手《じょうず》なれ （→221ページ）

待《ま》てば海路《かいろ》の日和《ひより》あり

ことわざ

おぼえておこう!

いみ 今《いま》は、物事《ものごと》がうまくいかなくても、気長《きなが》に待《ま》っていれば、そのうちよい機会《きかい》がめぐってくる。

さんこう 「海路《かいろ》の日和《ひより》」は、航海《こうかい》によいおだやかな天気《てんき》のこと。今《いま》は、海《うみ》が荒《あ》れていても、じっと待《ま》っていれば、必《かなら》ず航海《こうかい》にふさわしい、よい日《ひ》がやって来《く》る、という意味《いみ》から。

同じいみ 果報《かほう》は寝《ね》て待《ま》て （→216ページ）

ミイラ取《と》りがミイラになる

ことわざ

いみ ①人《ひと》をさがしに行《い》ったまま、そこにとどまって帰《かえ》ってこない。②相手《あいて》を説得《せっとく》しようとして、逆《ぎゃく》に説得《せっとく》され、相手《あいて》の考《かんが》えにしたがう。

さんこう 「ミイラ」は、くさらずにそのままの形《かたち》で残《のこ》っている死体《したい》のこと。ミイラのかけらは、古代《こだい》、痛《いた》み止《ど》めなどに使《つか》われたため、薬《くすり》にするためにミイラをさがしに行《い》く「ミイラ取《と》り」とよばれる人《ひと》がいた。ミイラをさがしに行《い》った人《ひと》が、帰《かえ》れなくなり、自分《じぶん》もそこで死《し》んでミイラになってしまう、という意味《いみ》から。

見《み》ると聞《き》くとは大《おお》ちがい

ことわざ

いみ 人《ひと》から話《はなし》に聞《き》いていたことと、実際《じっさい》に自分《じぶん》の目《め》で見《み》るのとでは、ずいぶんちがいがある。

さんこう 話《はなし》に聞《き》いていた内容《ないよう》よりも、実際《じっさい》に見《み》たもののほうが悪《わる》いときに使《つか》うことが多《おお》い。「聞《き》くと見《み》るとは大《おお》ちがい」「聞《き》くと見《み》るとは大《おお》きなちがい」ともいう。

同じいみ 聞《き》いて極楽《ごくらく》見《み》て地獄《じごく》 （→216ページ）

労《ろう》多《おお》くして功《こう》少《すく》なし

ことわざ

いみ 苦《く》労《ろう》したわりには、実《みの》りが少《すく》ないようす。むくわれなくてがっかりする。

さんこう 「功《こう》」は、手《て》がらや成《せい》績《せき》を指《さ》すことば。その手《て》がらが少《すく》ないことから。

ようれい かぶと虫《むし》をとろうと、近《きん》所《じょ》の雑《ぞう》木《き》林《ばやし》をさがしまわったが、労《ろう》多《おお》くして功《こう》少《すく》なしで、五《ご》時《じ》間《かん》さがして、一《いっ》匹《ぴき》しかつかまらなかった。

同じいみ 骨《ほね》折《お》り損《ぞん》のくたびれもうけ（→85ページ）

論《ろん》よりしょうこ

ことわざ

いみ 長《なが》い時《じ》間《かん》をかけて、あれこれと議《ぎ》論《ろん》するよりも、具《ぐ》体《たい》的《てき》なしょうこがあれば、物《もの》事《ごと》がはっきりする、ということのたとえ。

さんこう 「論《ろん》」は、議《ぎ》論《ろん》（自《じ》分《ぶん》の考《かん》えをのべあうこと）を指《さ》す。

ようれい 透《とう》明《めい》な魚《さかな》なんているわけない、と友《とも》だちが言《い》ったので、論《ろん》よりしょうこと、父《ちち》が飼《か》っている熱《ねっ》帯《たい》魚《ぎょ》を見《み》せてあげた。

ことわざ・慣《かん》用《よう》句《く》クイズ㉔

答《こた》えは275ページを見《み》てね

1 次《つぎ》の①～⑤の□に、ア～オの適《てき》当《とう》な漢《かん》字《じ》を入《い》れて、ことわざを完《かん》成《せい》させましょう。

① しずむ□あれば浮《う》かぶ□あり
② 朱《しゅ》に交《まじ》われば□くなる
③ 善《ぜん》は□げ
④ ミイラ□りがミイラになる
⑤ □よりしょうこ

ア 急《いそ》
イ 論《ろん》
ウ 瀬《せ》
エ 取《と》
オ 赤《あか》

2 次《つぎ》の①～⑤のことわざと、ア～オの意《い》味《み》の正《ただ》しい組《く》み合《あ》わせを選《えら》びましょう。

① 好《す》きこそものの上《じょう》手《ず》なれ
② 袖《そで》ふり合《あ》うも他《た》生《しょう》の縁《えん》
③ 習《なら》うより慣《な》れよ
④ 下《へ》手《た》の横《よこ》好《ず》き
⑤ 待《ま》てば海《かい》路《ろ》の日《ひ》和《より》あり

ア 物《もの》事《ごと》は学《まな》ぶよりやってみるほうが早《はや》く身《み》につく
イ 下《へ》手《た》なくせに好《す》きで熱《ねっ》心《しん》
ウ 気《き》長《なが》に待《ま》てばよいことがある
エ 好《す》きなことは熱《ねっ》心《しん》になるので上《じょう》達《たつ》も早《はや》い
オ どんな出《で》会《あ》いも大《たい》切《せつ》にするべきだ

クイズ㉔は220～225ページを見《み》ながらとこう。

故《こ》事《じ》成《せい》語《ご》 言《い》うはやすく行《おこな》うは難《かた》し：口《くち》で言《い》うのはかんたんだが、実《じっ》際《さい》に行《おこな》うのはむずかしい。

痛《いた》しかゆし

慣用句

八百屋
これください
ヘイ
ヘイ
これちょうだい
商売《しょうばい》はんじょうでいいわね！
毎度《まいど》それもこれもみなさんのおかげですよ
おじさんこのごろつかれてるんじゃない？
ハア
ハア
ハア
いそがしすぎて休《やす》む間《ま》もないんですよ
商売《しょうばい》はんじょうも痛《いた》しかゆしね…

おぼえておこう！

いみ どちらの方法《ほうほう》をとっても、一《いっ》方《ぽう》の具合《ぐあい》がよければ、もう一方《いっぽう》の具《ぐ》合《あい》が悪《わる》くなり、どうしたらよいのかと判断《はんだん》にまようこと。

さんこう かゆいのでかくと痛《いた》くなるし、かかなければかゆい、ということから。

ようれい 商売《しょうばい》がはんじょうするのはありがたいが、仕事《しごと》を手伝《てつだ》わされ、ねる時間《じかん》がへるのでは、**痛《いた》しかゆし**だ。

同じいみ あちら立《た》てればこちらが立《た》たず

故《こ》事《じ》成《せい》語《ご》 衣食足《いしょくた》りて礼節《れいせつ》を知《し》る：くらしにゆとりができると、人《ひと》は礼儀正《れいぎただ》しくなる。

恩《おん》をあだで返《かえ》す

慣用句

おじいさん 助《たす》けてくれて ありがとう
お礼《れい》に この大《おお》きな つづらを さしあげます
とても 重《おも》いが…
ガタ ガタ
一体何《いったいなに》が入《はい》って るんじゃろう?
ガタ
ワー!!
恩《おん》をあだで 返《かえ》しおって!

おぼえておこう!

いみ 受《う》けた恩《おん》をありがたく思《おも》うどころか、逆《ぎゃく》に、その恩人《おんじん》をきずつけるような仕打《しう》ちをするようす。

さんこう 「あだ」は、うらみの意味《いみ》。りゃくして「恩《おん》をあだ」ともいう。

ようれい 絵《え》をかくのを手伝《てつだ》ってあげたのに、ぼくの作品《さくひん》にいたずら書《が》きするなんて、**恩《おん》をあだで返《かえ》す**やつだ。

同じいみ 後足《あとあし》で砂《すな》をかける

反対のいみ あだを恩《おん》で報《ほう》ずる／恩《おん》をもってうらみに報《ほう》ず

かわいがっていた ハムスターに かまれちゃった

故事成語 **一敗地《いっぱいち》にまみれる**：再《ふたた》び立《た》ち直《なお》れないほど、手《て》ひどくうち負《ま》かされる。

かたずをのむ

慣用句

コマ1: 最後のバッターマツイのバットにかかっています！

コマ2: さあ逆転なるかどうか…

コマ3: 6万人の観衆が**かたずをのん**で見守っております

コマ4: 残念ですがここで中継を終わります…／ええ〜！そんなぁ〜!!

おぼえておこう！

いみ 事のなりゆきが気にかかり、はらはらしながら息をこらして、じっと見守るようす。

さんこう 「かたず」は、きんちょうしたときに口の中にたまるつば。それをのみこんで見つめることから。

ようれい 決勝進出が決まるしゅんかんを、**かたずをのんで**見守った。

ドラマのラストシーンは**かたずをのんで**見守ったわ

故事成語 意表をつく：だれもが予想しないようなことを行うこと。

けがの功名《こうみょう》

慣用句

おぼえておこう!

いみ まちがってしてしまったことや、何気《なにげ》なくしたことが、思《おも》いがけなく、よい結果《けっか》をもたらすことのたとえ。

さんこう 「けが」は、あやまち、失敗《しっぱい》。「功名《こうみょう》」は、手《て》がらの意味《いみ》。思《おも》いがけないことやあやまちが生《う》んだぐうぜんの手《て》がら、という意味《いみ》から。「あやまちの功名《こうみょう》」ともいう。

ようれい うっかりまちがえて、まぜてしまった赤《あか》い絵《え》の具《ぐ》だが、けがの功名《こうみょう》で、味《あじ》のあるいい色《いろ》が生《う》まれた。

故事成語《こじせいご》 恨《うら》み骨髄《こつずい》に徹《てっ》す：あいてをはげしくうらんでいる。

しのぎをけずる

慣用句

コマ1:
中間テストは二番だったから期末テストはぜったいトップだ！
（めざせ東大一番のり）

コマ2:
こんどの期末テストもトップを取るぞ～

コマ3:
そして…
やったー！一番を取り返した！
しまった！ぼくとしたことが…

コマ4:
ぼくたち…しのぎをけずってるよね！

おぼえておこう！

いみ はげしく争ったたとえ。

さんこう 「しのぎ」は、刀の刃とみねとの間の少し高くなった部分のこと。そのしのぎがけずれるほど、刀と刀をぶつけ合い、はげしく切り合うことから。

ようれい 運動会のリレーで、一組と三組のアンカーがしのぎをけずった。

> ボクと佐藤くんはどっちがゲーム王かでしのぎをけずっている

故事成語 肝胆相照らす：おたがいにかくしごとをせず、心を打ち明け、親しく付き合う。

図《ず》に乗《の》る

慣用句

レストラン
バイキング
レストラン
体《からだ》の調子《ちょうし》もいいし いっぱい食《た》べるぞ
バク バク
図《ず》に乗《の》って食《た》べすぎると おなかをこわすわよ
おなか痛《いた》いよ～ お母《かあ》さんの言《い》ったとおりだ

おぼえておこう！

いみ 自分《じぶん》の思《おも》ったとおりに物事《ものごと》が進《すす》んで、調子《ちょうし》づくこと。いい気《き》になることのたとえ。

ようれい 下手《したて》に出《で》ていたら、弟《おとうと》は図《ず》に乗《の》って態度《たいど》がだんだん大《おお》きくなった。

図《ず》に乗《の》って遊《あそ》びほうけていたら父《とう》さんにおこられちゃった

 故事成語《こじせいご》 **間髪《かんはつ》をいれず**：間《あいだ》をおかず、すかさず行動《こうどう》する。

途方《とほう》に暮《く》れる

慣用句

もう少《すこ》しだぞ
山頂
ずいぶん暗《くら》くなってきたよ
よし急《いそ》ごう!
雨《あめ》も降《ふ》ってきたよ
あ
どうしたの?
途方《とほう》に暮《く》れてるんだよ…
ヒュウウウウウ

おぼえておこう!

いみ どうしたらよいかわからなくなり、こまりはてるようす。

さんこう 「途方《とほう》」は、進《すす》むべき方向《ほうこう》、手段《しゅだん》、方法《ほうほう》の意味《いみ》。「暮《く》れる」は、どうしてよいかわからなくなる、という意味《いみ》。

ようれい 山《やま》で道《みち》にまよってしまい、途方《とほう》に暮《く》れた。

同じいみ 思案《しあん》に余《あま》る／思案《しあん》に暮《く》れる

(→256ページ)

夏休《なつやす》みの宿題《しゅくだい》は量《りょう》が多《おお》くて途方《とほう》に暮《く》れちゃうよ

故《こ》事《じ》成《せい》語《ご》 危急存亡《ききゅうそんぼう》のとき：生《い》き残《のこ》れるか、ほろぶかの分《わ》かれ目《め》が、目《め》の前《まえ》にせまっている。

非《ひ》の打《う》ち所《どころ》がない

慣用句

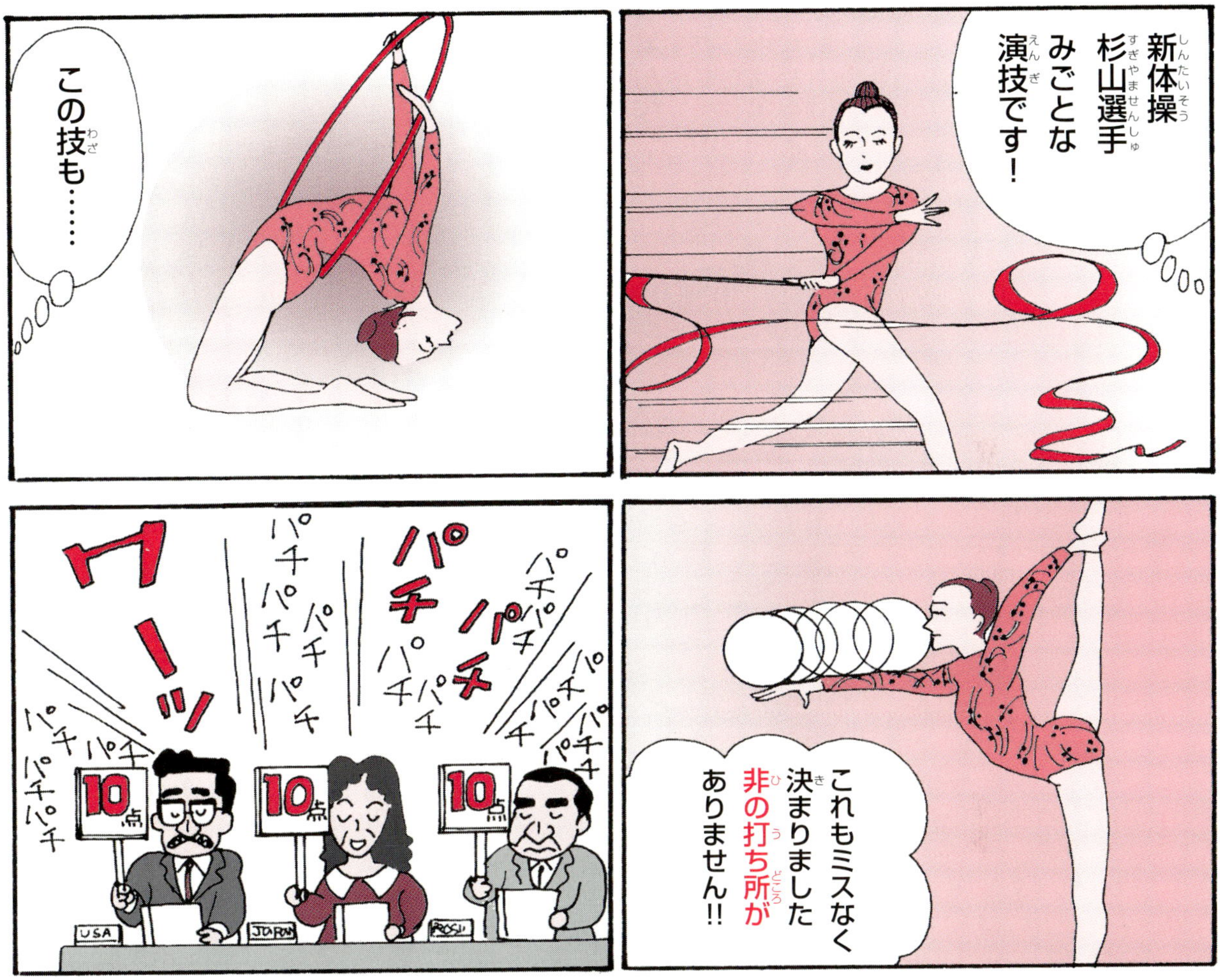
新体操《しんたいそう》
杉山選手《すぎやませんしゅ》
みごとな
演技《えんぎ》です!
この技《わざ》も……
これもミスなく
決《き》まりました
非《ひ》の打《う》ち所《どころ》が
ありません!!
ワーッ
パチ
パチパチ
パチパチ
パチパチ
パチパチ
パチパチパチ
パチパチ
パチパチ
パチパチ
10点
10点
10点
USA
JAPAN

おぼえておこう!

いみ 欠点《けってん》や悪《わる》いところがまったく見当《みあ》たらず、完全《かんぜん》である、ということのたとえ。

さんこう 「非《ひ》」は、欠点《けってん》や悪《わる》いところを表《あらわ》すことば。

ようれい **非《ひ》の打《う》ち所《どころ》がない**完《かん》ぺきな演技《えんぎ》で、みごと金《きん》メダルをかくとくした。

同じいみ 間然《かんぜん》するところがない

反対のいみ 非《ひ》を打《う》つ

先生《せんせい》に
キミの習字《しゅうじ》は
非《ひ》の打《う》ち所《どころ》がないって
ほめられちゃった

故《こ》事《じ》成《せい》語《ご》 木《き》に縁《よ》りて魚《うお》を求《もと》む：どんなに努力《どりょく》をしても、やり方《かた》をまちがえればむだである。

りゅう飲《いん》が下《さ》がる

慣用句

また負《ま》けちゃった……
05
トホホ これで10連敗《れんぱい》だよ…
みんな このくやしさを ばねに 次《つぎ》は勝《か》つぞ!
ハイ
ハイ
いつもと ちがう… あっ
ポーン
やった! 1点《てん》とったぞ!!
わーい 勝《か》った!
10
ワシも りゅう飲《いん》が下《さ》がる 思《おも》いじゃ…

おぼえておこう!

いみ いやなことや、気《き》に入《い》らないことがなくなり、すっきりした気分《きぶん》になる。

さんこう 「りゅう飲《いん》」は、胃《い》の消化《しょうか》が悪《わる》く、胸《むね》やけがして、酸《す》っぱい液《えき》が、のどに上《あ》がってくる症状《しょうじょう》。これがすっとなくなって、せいせいする、ということから。

ようれい 負《ま》け続《つづ》きだった相手《あいて》にひさびさに大勝《たいしょう》し、**りゅう飲《いん》が下《さ》が**った。

ずっと不満《ふまん》に思《おも》っていたことを全部《ぜんぶ》言《い》ったのでりゅう飲《いん》が下《さ》がったよ

故《こ》事《じ》成《せい》語《ご》 杞憂《きゆう》：心配《しんぱい》しなくてもいいようなことを心配《しんぱい》する。取《と》りこし苦労《くろう》。

愛想《あいそ》がいい

慣用句

いみ 人《ひと》にせっするときの態度《たいど》がよく、人当《ひとあ》たりがいいようす。

さんこう 「愛想《あいそ》」は、「あいそう」ともいって、愛情《あいじょう》や好意《こうい》の意味《いみ》。

ようれい 吉川《よしかわ》くんの妹《いもうと》は、だれにでも**愛想《あいそ》がいい**ので、人気者《にんきもの》だ。

愛想《あいそ》をつかす

慣用句

いみ 相手《あいて》の言《い》うことや、することにあきれて、すっかりいやになるようす。

さんこう 「つかす」は、すっかりなくすこと。

ようれい お酒《さけ》に酔《よ》うとだらしなくなる父《ちち》に、母《はは》は半分《はんぶん》は**愛想《あいそ》をつか**している。

同じいみ 愛想《あいそ》がつきる

味《あじ》も素《そ》っ気《け》もない

慣用句

いみ ①何《なん》の味《あじ》わいやおもしろみ、うるおいもなく、つまらない。②思《おも》いやりがなく、冷《つめ》たい。

さんこう 「素《そ》っ気《け》」は、相手《あいて》に対《たい》する思《おも》いやり、愛想《あいそ》、好意《こうい》のこと。

ようれい ①**味《あじ》も素《そ》っ気《け》もない**文章《ぶんしょう》で、最後《さいご》まで読《よ》むのがいやになってしまいそうだ。②ゆりちゃんに**味《あじ》も素《そ》っ気《け》もない**態度《たいど》をとられて、悲《かな》しい。

味《あじ》をしめる

慣用句

おぼえておこう!

いみ 一度《いちど》うまくいったことがわすれられず、何度《なんど》も同《おな》じことをやってみたくなったり、期待《きたい》したりすること。

ようれい のらねこにえさをあげたら、**味《あじ》をしめ**たのか、毎日《まいにち》、家《いえ》にやってくるようになった。

故《こ》事《じ》成《せい》語《ご》 牛耳《ぎゅうじ》る：集団《しゅうだん》や組織《そしき》を自分《じぶん》の思《おも》いのまま動《うご》かす。

後《あと》は野《の》となれ山《やま》となれ

ことわザ

おぼえておこう！

いみ 目《め》の前《まえ》のことさえよければ、後《あと》はどうなってもかまわない、なるようになれ、というたとえ。

さんこう 今《いま》、栄《さか》えていれば、その栄《さか》えていた町《まち》や家《いえ》が将来《しょうらい》あれはてた野《の》や山《やま》のようになってもかまわない、という意味《いみ》から。

ようれい **後《あと》は野《の》となれ山《やま》となれ**、とばかりに、その日《ひ》はたまっている宿題《しゅくだい》をせずに友《とも》だちと遊《あそ》んでしまった。

反対のいみ 立《た》つ鳥《とり》あとをにごさず（↓112ページ）

ありがた迷惑《めいわく》

慣用句

おぼえておこう！

いみ 相手《あいて》の親切《しんせつ》や好意《こうい》はありがたいが、それを受《う》ける人《ひと》にとっては、かえって迷惑《めいわく》であること。

ようれい お皿《さら》をあらうのを手伝《てつだ》ったが、お皿《さら》をわってしまい、**ありがた迷惑《めいわく》**なことをしてしまった。

息《いき》が合《あ》う

慣用句

いみ いっしょに何《なに》かをするとき、両方《りょうほう》の気持《きも》ちや調子《ちょうし》などがぴったりと一《ひと》つになること。

ようれい 二人《ふたり》の**息《いき》が合《あ》**った連《れん》けいで、手術《しゅじゅつ》は順調《じゅんちょう》に進《すす》んだ。

同じいみ 呼吸《こきゅう》が合《あ》う

息《いき》が切《き》れる

慣用句

いみ ①呼吸《こきゅう》が苦《くる》しくなること。②物事《ものごと》をそれ以上《いじょう》、長《なが》く続《つづ》けられなくなること。

ようれい ①必死《ひっし》で坂《さか》をかけのぼったので、**息《いき》が切《き》れ**てしまった。②予選《よせん》で**息《いき》が切《き》れ**たのか、決勝《けっしょう》では実力《じつりょく》が発揮《はっき》できなかった。

故《こ》事《じ》成《せい》語《ご》 紅一点《こういってん》：男性《だんせい》ばかりの中《なか》に、女性《じょせい》が一人《ひとり》だけいる。

行《い》きがけのだ賃《ちん》

慣用句

いみ 何《なに》かをするついでに、別《べつ》のことをして、もうけることのたとえ。

さんこう 「だ賃《ちん》」は、荷物《にもつ》を運《はこ》ぶ手間賃《てまちん》。昔《むかし》、馬子《まご》（荷物《にもつ》を馬《うま》に乗《の》せて運《はこ》ぶ人《ひと》）が、問屋《とんや》へ荷物《にもつ》を受《う》け取《と》りに行《い》くとき、ついでだからと、行《い》きのあいている馬《うま》の背中《せなか》に、別《べつ》の荷物《にもつ》を積《つ》んで、運《はこ》び賃《ちん》をかせいだことから。

ようれい 妹《いもうと》にわすれものを取《と》ってくるようたのんだら、行《い》きがけのだ賃《ちん》とばかりに、わたしのおやつを取《と》って行《い》ってしまった。

息《いき》の根《ね》を止《と》める

慣用句

いみ ①殺《ころ》すこと。②立《た》ち直《なお》れないほど、こてんぱんに打《う》ち負《ま》かすこと。

ようれい ①母《はは》は、一撃《いちげき》で、ゴキブリの息《いき》の根《ね》を止《と》めた。②強《きょう》ごうチームとの対戦《たいせん》で、ぼくたちのチームは五《ご》十点《じってん》も取《と》られ、息《いき》の根《ね》を止《と》められた。

息《いき》を殺《ころ》す

慣用句

おぼえておこう！

いみ 息《いき》を止《と》めて、相手《あいて》に見《み》つからないようにじっとしている。

ようれい わたしたちは、息《いき》を殺《ころ》して、野生動物《やせいどうぶつ》の動《うご》きをじっと見《み》守《まも》った。

息《いき》をぬく

慣用句

よくでる！

いみ とちゅうで、ちょっと休《やす》む。きん張《ちょう》している気持《きも》ちをゆるめる。

さんこう 息《いき》をふーっとはくと、肩《かた》の力《ちから》もぬけて、きん張《ちょう》がとけ、気持《きも》ちが落《お》ち着《つ》くところから。

ようれい 受験勉強《じゅけんべんきょう》の合間《あいま》にほっと息《いき》をぬいた。

息《いき》をのむ

慣用句

よくでる！

いみ 息《いき》が止《と》まるぐらい、はっとおどろいたり、感動《かんどう》したりする。

ようれい しょう乳洞《にゅうどう》のあまりの美《うつく》しさに、全員《ぜんいん》が息《いき》をのんだ。

故《こ》事《じ》成《せい》語《ご》 虎穴《こけつ》に入《い》らずんば虎子《こじ》を得《え》ず：何事《なにごと》も危険《きけん》をおかさなければ、達成《たっせい》できない。

息をはずませる　慣用句

いみ 息がみだれ、呼吸をはげしくする。

ようれい ゴールしたマラソンランナーが、息をはずませながらインタビューに答えた。

息を引き取る　慣用句

いみ 死ぬこと。

ようれい 父は、五年間の闘病がうそのように、静かに息を引き取った。

息をふき返す　慣用句

いみ だめだと思っていたものが生き返ったり、ふたたびいきおいづくことのたとえ。

ようれい 新製品がヒットしたおかげで、父の会社が息をふき返した。／枯れかけていた鉢植えに水をやったら、息をふき返したように元気になった。

意地を張る　慣用句

いみ あくまでも自分の考えや行動をおし通そうとする。

さんこう 「意地」は、無理にでも自分の考えを通そうとする気持ち。

ようれい 弟はいつまでも意地を張って、人の意見を聞こうとしない。

同じいみ 強情を張る／意地を通す

痛くもかゆくもない　慣用句

いみ 少しも苦痛を感じない。まったくえいきょうがない、ということのたとえ。

ようれい 一か月くらい、おこづかいがもらえなくても、今までの貯金があるから、痛くもかゆくもない。／潔白なら部屋を調べられても痛くもかゆくもないはずだ。

故事成語　五十歩百歩：にたりよったりで、たいしたちがいはない。

色《いろ》を失《うしな》う

慣用句

いみ おどろきやおそろしさに、顔色《かおいろ》が青《あお》くなること。

さんこう 思《おも》いがけないことにぶつかり、血《ち》の気《け》がひいて、顔色《かおいろ》が青《あお》くなるようすから。

ようれい 自信《じしん》のあったテストの点数《てんすう》がさんざんだったので、色《いろ》を失《うしな》った。

同じいみ 血《ち》の気《け》が失《う》せる／血《ち》の気《け》がひく

因果《いんが》をふくめる

慣用句

いみ やむをえない事情《じじょう》を説明《せつめい》して、納得《なっとく》させたり、あきらめさせたりする。

さんこう 「因果《いんが》」は、原因《げんいん》と結果《けっか》で、変《か》えられない事情《じじょう》のこと。「ふくめる」は、言《い》い聞《き》かせること。どうにもならない物事《ものごと》の道《どう》理《り》をよく説明《せつめい》し、言《い》い聞《き》かせる、という意味《いみ》から。

ようれい パソコンをほしがる弟《おとうと》に、母《はは》が、「今《いま》、うちにはお金《かね》がないから」と、因果《いんが》をふくめて、あきらめさせた。

引導《いんどう》をわたす

慣用句

いみ 相手《あいて》に最後《さいご》の結論《けつろん》を言《い》いわたし、あきらめさせることのたとえ。

さんこう 「引導《いんどう》」は、死者《ししゃ》がまよわずあの世《よ》へ行《い》けるように、おぼうさんがお経《きょう》などをとなえること。その引導《いんどう》を死者《ししゃ》にあたえる、という意味《いみ》から。

ようれい ずっと練習《れんしゅう》をさぼっていたら、「もう来《こ》なくていい」と、かんとくに引導《いんどう》をわたされてしまった。

うつつをぬかす

慣用句

いみ ある物事《ものごと》に夢中《むちゅう》になる。

さんこう 「うつつ」は、「現《うつつ》」と書《か》き、まともな判断《はんだん》ができる心《こころ》（＝正気《しょうき》）のこと。それを失《うしな》う、という意味《いみ》から。

ようれい 「ゲームばかりにうつつをぬかしてないで、勉強《べんきょう》しなさい」と、お母《かあ》さんにしかられた。

同じいみ 病膏肓《やまいこうこう》に入《い》る（故事成語《こじせいご》→270ページ）

故《こ》事《じ》成《せい》語《ご》 **塞翁《さいおう》が馬《うま》**：人生《じんせい》の幸《しあわ》せ、不幸《ふしあわ》せは、だれにも予《よ》測《そく》がつかない。

うまい汁を吸う　慣用句

いみ 自分は苦労しないで、多くの利益を得る。

さんこう 「汁」は、ここでは利益やもうけの意味。

ようれい 安く買ったものを高く売って、うまい汁を吸おうなんて悪い考えだ。

同じいみ あまい汁を吸う

（イラストのふきだし）まるもうけだ…

裏目に出る　慣用句

いみ よいと思ってやったことが、期待したことと逆の、悪い結果になってあらわれる。

さんこう 「裏目」は、さいころをふって出た目の裏側の目のこと。

ようれい 早く空港へ行こうと高速道路にのったら、それが裏目に出てしまい、道路がこんでいたため、飛行機に乗りおくれてしまった。

売り言葉に買い言葉　慣用句

いみ 相手からきついけんかを売るようなことを言われれば、対こうして、こちらもきつい言葉で言い返す。

さんこう 「売り言葉」は、人をおこらせ、けんかをしかけるような言葉。「買い言葉」は、負けずに言い返す言葉。けんかを売る言葉に対しては、けんかを買う言葉でおうじる、という意味から。

ようれい 「ばか」と、兄が言うと、売り言葉に買い言葉で、弟が「あほ」と、言い返した。

上前をはねる　慣用句

いみ ほかの人にわたさなければいけないお金などの一部を、自分のものにしてしまう。

さんこう 「上前」は、代金や賃金から、間に入って世話をした人が取る手数料。「はねる」は、かすめ取るという意味。

ようれい 友だちが、アルバイトをしょうかいしてくれたのはいいが、しょうかい料として、アルバイト料の上前をはねられてしまった。

同じいみ 頭をはねる／ピンはねする

故事成語 歳月人を待たず：時は人を待たず、どんどんすぎていく。

英気《えいき》を養《やしな》う

慣用句

おぼえておこう!

いみ いざというときに、すぐれた力《ちから》を出《だ》せるよう、十分《じゅうぶん》な休《やす》みをとる。

さんこう 「英気《えいき》」は、すぐれた才気《さいき》、気力《りょく》。「養《やしな》う」は、たくわえる。

ようれい いよいよ明日《あす》にせまった決勝《けっしょう》戦《せん》に向《む》けて、いつもより早《はや》めに寝《ね》て、英気《えいき》を養《やしな》った。

遠慮会釈《えんりょえしゃく》もない

慣用句

いみ 人《ひと》の迷《めい》わくも考《かんが》えずに、自分《じぶん》のやりたいように、強引《ごういん》に物《もの》事《ごと》を進《すす》めるようす。

さんこう 「遠慮《えんりょ》」は、相手《あいて》のことをよく考《かんが》えて、ことばや行動《こうどう》をひかえめにするという意味《いみ》。「会釈《えしゃく》」は、思《おも》いやりや心《こころ》くばり。

ようれい 野村《のむら》くんは遠慮会釈《えんりょえしゃく》もなく、人《ひと》の家《いえ》にあがって、かってにおかしを食《た》べている。

ことわざ・慣用句《かんようく》クイズ㉕

答《こた》えは275ページを見《み》てね

1 次《つぎ》の①～④の慣用句《かんようく》の○の中《なか》に漢字《かんじ》やことばを入《い》れて、語句《ごく》を完成《かんせい》させましょう。

① 痛《いた》し○○し（どちらの方法《ほうほう》がよいかまよう）

② しのぎを○○る（はげしく争《あらそ》うこと）

③ かたずを○○（ことのなりゆきをじっと見守《みまも》る）

④ りゅう飲《いん》が○○る（いやなことがなくなり、すっきりする）

2 下《した》の①～④の慣用句《かんようく》と（ ）内《ない》の意味《いみ》の中《なか》から、まちがった組《く》み合《あ》わせのものを三《みっ》つ選《えら》んで、正《ただ》しい意味《いみ》をア～エの中《なか》から選《えら》びましょう。

① 味《あじ》をしめる（味《あじ》わいがなくつまらない）

② 上前《うわまえ》をはねる（自分《じぶん》は楽《らく》をして利益《りえき》を得《え》る）

③ 息《いき》をのむ（とちゅうでちょっと休《やす》む）

④ 英気《えいき》を養《やしな》う（いざというときのために十分《じゅうぶん》な休《やす》みをとる）

ア はげしくあらそう

イ はっとおどろいたり感動《かんどう》したりする

ウ ほかの人《ひと》のお金《かね》の一部《いちぶ》を自《じ》分《ぶん》のものにしてしまう

エ 一度《いちど》うまくいったことが、わすれられない

クイズ㉕は226～241ページを見《み》ながらとこう。

故事成語 先《さき》んずれば人《ひと》を制《せい》す：人《ひと》より先《さき》に手《て》を打《う》てば、有利《ゆうり》に物事《ものごと》を進《すす》められる。

大見得《おおみえ》を切《き》る

慣用句

いみ 多《おお》くの人《ひと》の前《まえ》で、大《おお》きなことを自信満々《じしんまんまん》に言《い》ったり、大《おお》げさな言動《げんどう》で自分《じぶん》をしめす。

さんこう 「見得《みえ》」は、歌舞伎役者《かぶきやくしゃ》が、感情《かんじょう》の最《もっと》も高《たか》まった場面《ばめん》で、とくに目立《めだ》つ表情《ひょうじょう》や身《み》ぶりをする演技《えんぎ》の一《ひと》つ。「切《き》る」は、それを演《えん》じることで、「大見得《おおみえ》」は、さらに大《おお》げさに演《えん》じること。

ようれい 今年《ことし》は絶対優勝《ぜったいゆうしょう》するぞ、と**大見得《おおみえ》を切《き》**ったのに、一回戦《いっかいせん》で負《ま》けてしまった。

おく面《めん》もなく

慣用句

いみ はずかしがったり、気《き》おくれしたりするようすがない。遠《えん》りょがなく、ずうずうしい。

さんこう 「おく面《めん》」は、気《き》おくれして、おどおどした態度《たいど》や、ばつの悪《わる》そうな顔《かお》つきのこと。

ようれい ちこくをしてきた山田《やまだ》さんは、あやまりもせず、**おく面《めん》もなく**席《せき》についた。

おくれを取《と》る

慣用句

いみ ほかの人《ひと》に先《さき》をこされる。また、ほかの人《ひと》におとる。

さんこう 「おくれ」は、ほかより後《あと》になったり、おとったり、負《ま》けたりすること。

ようれい しばらくかぜで学校《がっこう》を休《やす》んでいたので、勉強面《べんきょうめん》で**おくれを取《と》**ってしまった。／ベストをつくしたが、残念《ざんねん》ながらライバルに**おくれを取《と》る**結果《けっか》となった。

お先棒《さきぼう》をかつぐ

慣用句

いみ 軽々《かるがる》しく人《ひと》の手先《てさき》になって、命令《めいれい》にしたがって働《はたら》く。

さんこう 「お先棒《さきぼう》」は、「先棒《さきぼう》」と同《おな》じで、昔《むかし》、かごなどを二人《ふたり》でかつぐとき、かごの棒《ぼう》の前《まえ》の方《ほう》をかつぐ人《ひと》のこと。なお、後《うし》ろをかつぐ人《ひと》を「後棒《あとぼう》」といい、この人《ひと》が指図《さしず》することから、先棒《さきぼう》に手先《てさき》という意味《いみ》ができた。

ようれい 先《せん》ぱいの**お先棒《さきぼう》をかつぐ**ようなことはしたくない。

おしが強《つよ》い

慣用句

いみ 自分《じぶん》の意見《いけん》や希望《きぼう》を、無理《むり》にでも通《とお》そうとするようす。

さんこう 「おし」は、自分《じぶん》の意見《いけん》などをみとめさせようとする力《ちから》。

ようれい おしが強《つよ》い姉《あね》は、買《か》い物《もの》ではいつも店員《てんいん》を相手《あいて》に値段《ねだん》をねぎる。

おしもおされもしない

慣用句

いみ すぐれた実力《じつりょく》を持《も》ち、世《よ》の中《なか》の人《ひと》にみとめられ、堂々《どうどう》としている。

さんこう おしてもびくともしない、という意味《いみ》から。「おすにおされぬ」ともいう。また、この二《ふた》つをごっちゃにして、「おしもおされぬ」とまちがえやすいので、注意《ちゅうい》する。

ようれい 幼《おさな》なじみの圭太《けいた》くんは、おしもおされもしないスーパースターになった。

お高《たか》くとまる

慣用句

いみ 人《ひと》を見下《みくだ》したような態度《たいど》をとること。

さんこう 「お高《たか》く」は、人《ひと》を見下《みくだ》したような、ごうまんなようすを、ひやかしていったことば。

ようれい 石井《いしい》さんは社長《しゃちょう》の娘《むすめ》だが、お高《たか》くとまるところがなく、親《した》しみやすい子《こ》だ。／この間《あいだ》のテストで一番《いちばん》になった佐藤《さとう》くんは、最近《さいきん》、お高《たか》くとまっている。

乙《おつ》にすます

慣用句

いみ いつもとちがって、気取《きど》っているようす。

さんこう 「乙《おつ》」は、ふつうとちがって、変《へん》なさま。みょうなようす。

ようれい いつもはおてんばな姉《あね》だが、お正月《しょうがつ》に着物《きもの》を着《き》せてもらい、乙《おつ》にすましている。

故事成語 **鹿《しか》を追《お》う者《もの》は山《やま》を見《み》ず**：利益《りえき》を得《え》ることに夢中《むちゅう》になり、ほかのことに気《き》がつかない。

合点《がてん》がいかない

慣用句

いみ 物事《ものごと》の事情《じじょう》がよくわからず、納得《なっとく》できない。

さんこう 「合点《がてん》」は、「合点《がってん》」がつまったもので、理解《りかい》し、承知《しょうち》すること。納得《なっとく》すること。

ようれい 何《なに》も悪《わる》いことをしていないのに、ろう下《か》に立《た》たされるなんて、**合点《がてん》がいかない**。／宿題《しゅくだい》を終《お》えたのに、「遊《あそ》びに行《い》ってはいけない」と、**合点《がてん》がいかない**ことを母《はは》に言《い》われた。

角《かど》が立《た》つ

慣用句

おぼえておこう！

いみ 人《ひと》との関係《かんけい》や物事《ものごと》があら立《だ》ち、おだやかでなくなる。

さんこう 「角《かど》」は、人《ひと》の性質《せいしつ》や言《い》い方《かた》、態度《たいど》などがおだやかでなく、とげとげしていること。

ようれい **角《かど》が立《た》つ**言《い》い方《かた》をしたら、またけんかになるから、気《き》をつけよう。

角《かど》が取《と》れる

慣用句

いみ 人《ひと》がらがまるくなり、おだやかになる。

ようれい 昔《むかし》は、だれに対《たい》してもけんかごしだった妹《いもうと》が、子《こ》どもを産《う》んで、お母《かあ》さんになったとたん、すっかり**角《かど》が取《と》れ**、やさしくなった。／年《とし》をとるにつれ、がんこだった父《ちち》も、だんだん**角《かど》が取《と》れ**てきた。

かわいさあまって憎《にく》さ百倍《ひゃくばい》

慣用句

いみ かわいいと思《おも》う気持《きも》ちが強《つよ》ければ強《つよ》いほど、一度《いちど》憎《にく》いと思《おも》うようになると、その憎《にく》しみは、かわいいと思《おも》った気持《きも》ちの百倍《ひゃくばい》くらい、とても強《つよ》くなる。

さんこう 「あまって」は、度《ど》がすぎて、という意味《いみ》。「かわいさあまって憎《にく》さが百倍《ひゃくばい》」ともいう。

ようれい 赤《あか》ちゃんのときからめんどうをみてきたねこに、この間《あいだ》ひっかかれてしまった。**かわいさあまって憎《にく》さ百倍《ひゃくばい》**で、もう顔《かお》も見《み》たくないよ。

故事成語《こじせいご》 **柔《じゅう》よく剛《ごう》を制《せい》す**：弱《よわ》いものが時《とき》として強《つよ》いものを倒《たお》すこと。

我《が》を張《は》る

慣用句

いみ 自分《じぶん》の考《かんが》えを強《つよ》く主張《しゅちょう》して、無理《むり》にでもおし通《とお》そうとする。

さんこう 「我《が》」は、自分自身《じぶんじしん》のことで、自分《じぶん》の考《かんが》えや主張《しゅちょう》の意味《いみ》。「張《は》る」は、おし通《とお》す、言《い》い張《は》るの意味《いみ》。

ようれい 日《ひ》が暮《く》れたのに弟《おとうと》は我《が》を張《は》って公園《こうえん》からなかなか帰《かえ》ろうとしない。

堪忍袋《かんにんぶくろ》の緒《お》が切《き》れる

慣用句

いみ じっとがまんしていたことが、もうそれ以上《いじょう》がまんできなくなり、ついにいかりがばくはつする。

さんこう 「堪忍《かんにん》」は、がまんすること。「堪忍袋《かんにんぶくろ》」は、がまんできる心《こころ》の広《ひろ》さを袋《ふくろ》にたとえたことば。がまんがたまりすぎて、袋《ふくろ》をしばっていたひも（緒《お》）が切《き》れてしまう、という意味《いみ》から。「堪《かん》忍袋《にんぶくろ》の緒《お》を切《き》らす」ともいう。

ようれい 何度《なんど》注意《ちゅうい》しても静《しず》かにしない弟《おとうと》たちに、堪忍袋《かんにんぶくろ》の緒《お》が切《き》れた兄《あに》がどなった。

完膚《かんぷ》なきまでに

慣用句

いみ てってい的《てき》に、物事《ものごと》を行《おこな》う。

さんこう 「完膚《かんぷ》」は、傷《きず》のない皮膚《ひふ》。傷《きず》のないところがないくらい、という意味《いみ》。

ようれい 次《つぎ》の試合《しあい》は、三回《さんかい》も負《ま》けが続《つづ》いているチームとの対戦《たいせん》なので、今度《こんど》こそ、完膚《かんぷ》なきまでにやっつけよう。

機先《きせん》を制《せい》する

慣用句

いみ 相手《あいて》より先《さき》に行動《こうどう》を起《お》こし、相手《あいて》が思《おも》うように動《うご》けないようにする。

さんこう 「機先《きせん》」は、物事《ものごと》が起《お》ころうとする直前《ちょくぜん》、相手《あいて》が事《こと》を始《はじ》めようとする矢先《やさき》の意味《いみ》で、それをさせないように、おさえることから。

ようれい 機先《きせん》を制《せい》して、夜《よる》に城《しろ》をせめれば、この戦《いくさ》は勝《か》てるはずだ。

同じいみ 先手《せんて》を打《う》つ／先手《せんて》は万手《まんて》／先《さき》んずれば人《ひと》を制《せい》す（↓故事《こじ》成語《せいご》241ページ）

故《こ》事《じ》成《せい》語《ご》 雌雄《しゆう》を決《けっ》する：戦《たたか》って、勝敗《しょうはい》をはっきりつける。

慣用句

軌道《きどう》に乗《の》る

いみ 前《まえ》もって計画《けいかく》していたり、予定《よてい》していたとおりに物事《ものごと》が順調《じゅんちょう》に進《すす》むようになる。

さんこう 「軌道《きどう》」は、車《くるま》の通《とお》る道《みち》や電車《でんしゃ》の線路《せんろ》のこと。道路《どうろ》やレールの上《うえ》を車《くるま》や電車《でんしゃ》が走《はし》るように、物事《ものごと》が進《すす》んでいく道《みち》すじを表《あらわ》している。

ようれい 一《いっ》か月前《げつまえ》に開店《かいてん》した店《みせ》の経営《けいえい》が、ようやく軌道《きどう》に乗《の》ってきた。

慣用句

着《き》のみ着《き》のまま

いみ 今《いま》、着《き》ているもののほかには、何《なに》も持《も》っていないこと。

ようれい とつぜん、大《おお》きな地《じ》しんが起《お》こり、着《き》のみ着《き》のままで、あわてて外《そと》へ飛《と》び出《だ》した。／兄《あに》は着《き》のみ着《き》のまま、一人《ひとり》で旅《たび》に出《で》た。

慣用句

きまりが悪《わる》い

いみ なんとなくはずかしい。相手《あいて》に対《たい》して、面目《めんぼく》が立《た》たない。照《て》れくさい。

さんこう 「きまり」は、他人《たにん》に対《たい》する具合《ぐあい》、面目《めんぼく》のことで、人前《ひとまえ》でうまくとりつくろえない、という意味《いみ》から。

ようれい ろう下《か》に立《た》たされているところを好《す》きな子《こ》に見《み》られてしまい、きまりが悪《わる》かった。

慣用句

脚光《きゃっこう》を浴《あ》びる

いみ 世《よ》の中《なか》の人々《ひとびと》から注目《ちゅうもく》される。

さんこう 「脚光《きゃっこう》」は、舞台《ぶたい》で、俳優《はいゆう》を足下《あしもと》から照《て》らす照明《しょうめい》（フットライト）のこと。舞台《ぶたい》に立《た》ち、ライトを浴《あ》びる、という意味《いみ》から。

ようれい 三歳《さんさい》からピアノを習《なら》っているリカちゃんは、コンクールで優勝《ゆうしょう》し、天才《てんさい》ピアニストとして脚光《きゃっこう》を浴《あ》びた。

故《こ》事《じ》成《せい》語《ご》　春眠《しゅんみん》暁《あかつき》を覚《おぼ》えず：春《はる》の夜《よる》は快適《かいてき》にねむれ、夜《よる》が明《あ》けたのも気《き》づかずねむり続《つづ》けてしまう。

窮余《きゅうよ》の一策《いっさく》

慣用句

いみ こまった立場《たちば》に立《た》たされて、苦《くる》しまぎれに思《おも》いついた一《ひと》つの方法《ほうほう》、手段《しゅだん》。

さんこう 「窮余《きゅうよ》」は、追《お》いつめられ、こまりきったあげくのはてという意味《いみ》。そこで考《かんが》えついた一《ひと》つの策《さく》ということ。

ようれい 試合《しあい》の当日《とうじつ》、メンバーが一人《ひとり》足《た》りなくなってしまい、窮余《きゅうよ》の一策《いっさく》で、応援《おうえん》に来《き》ていた弟《おとうと》を試合《しあい》にかりだした。

興《きょう》に乗《の》る

慣用句

いみ おもしろさに心《こころ》がひきこまれる、何《なに》かをする。

さんこう 「興《きょう》」は、おもしろく、楽《たの》しいこと。おもしろみ。

ようれい 大好《だいす》きな作家《さっか》の本《ほん》は、興《きょう》に乗《の》ると一日《いちにち》で三冊《さんさつ》くらい読《よ》んでしまう。／宴《えん》会好《かいず》きの父《ちち》は、興《きょう》に乗《の》って深夜《しんや》までさわいでいた。

ことわざ・慣用句《かんようく》クイズ㉖

答《こた》えは275ページを見《み》てね

1 次《つぎ》の①～⑦の□にア～キの適当《てきとう》な漢字《かんじ》を入《い》れて、慣用《かんよう》句《く》を完成《かんせい》させましょう。

① おしが□い
② お□くとまる
③ □が立《た》つ
④ □にすます
⑤ □のみ□のまま
⑥ 軌道《きどう》に□る
⑦ きまりが□い

ア 角《かど》
イ 乙《おつ》
ウ 着《き》
エ 強《つよ》
オ 高《たか》
カ 悪《わる》
キ 乗《の》

2 次《つぎ》の①～⑤の慣用句《かんようく》と同《おな》じ意味《いみ》のものを、ア～オの中《なか》から選《えら》びましょう。

① おく面《めん》もなく
② 角《かど》が取《と》れる
③ 我《が》を張《は》る
④ 窮余《きゅうよ》の一策《いっさく》
⑤ 興《きょう》に乗《の》る

ア 苦《くる》しまぎれに思《おも》いついた方《ほう》法《ほう》
イ おもしろくて心《こころ》が引《ひ》きこまれる
ウ 気《き》おくれしない
エ 自分《じぶん》の考《かんが》えを強《つよ》く主張《しゅちょう》する
オ 人《ひと》がらがまるくなる

クイズ㉖は242ページから247ページを見《み》ながらとこう。

故事成語《こじせいご》 少年老《しょうねんお》いやすく学《がく》成《な》り難《がた》し：年《とし》をとるのは早《はや》いが、学問《がくもん》をおさめるのはむずかしい。

虚《きょ》をつく

慣用句

いみ 相手《あいて》のそなえのないのにつけこんでせめる。

さんこう 「虚《きょ》」は、そなえがない、不用意《ふようい》、すき、油断《ゆだん》の意味《いみ》。

ようれい 敵《てき》の**虚《きょ》をつく**作戦《さくせん》でピンチを切《き》りぬけた。／相手《あいて》の**虚《きょ》をつく**ロングシュートが決《き》まって逆転《ぎゃくてん》した。

綺《き》羅《ら》星《ぼし》のごとし

慣用句

いみ 立派《りっぱ》な人《ひと》や有名《ゆうめい》な人々《ひとびと》が、大勢《おおぜい》ならんでいること。

さんこう もともとは、「綺羅《きら》、星《ほし》のごとし」と読《よ》んだ。「綺羅《きら》」は、はなやかで美《うつく》しい衣服《いふく》で着《き》かざった人《ひと》。その人《ひと》たちが、夜空《よぞら》にきらきらと光《ひか》る、たくさんの星《ほし》のようにならんでいる、という意味《いみ》から。

ようれい パーティ会場《かいじょう》には、映画《えいが》スターが**綺羅星《きらぼし》のごとく**ならんでいる。

食《く》うか食《く》われるか

慣用句

いみ 相手《あいて》をたおすか、自分《じぶん》がたおされるかというように、命《いのち》がけで戦《たたか》うようす。

さんこう 「食《く》う」は、たおす、負《ま》かすの意味《いみ》。

ようれい 自然界《しぜんかい》では、動物同士《どうぶつどうし》が**食《く》うか食《く》われるか**の争《あらそ》いをしている。

ぐうの音《ね》も出《で》ない

慣用句

いみ 相手《あいて》に一言《ひとこと》も言《い》い返《かえ》せないようす。完全《かんぜん》にまいったようす。

さんこう 「ぐうの音《ね》」は、どうしようもないときに出《で》るうめき声《ごえ》のこと。その苦《くる》しい声《こえ》すら出《で》ない、ということから。

ようれい ボクシングの試合《しあい》で、先《せん》ぱいと対戦《たいせん》したが、**ぐうの音《ね》も出《で》ない**ほど、打《う》ち負《ま》かされた。

苦肉《くにく》の策《さく》

慣用句

いみ 相手《あいて》をだましたり、苦《くる》しい事態《じたい》を乗《の》り切《き》るために、苦《くる》しまぎれにとる策略《さくりゃく》。

さんこう 「苦肉《くにく》」は、敵《てき》をだますために自分《じぶん》の肉《にく》（身《み》）を苦《くる》しめる、という意味《いみ》。「苦肉《くにく》の計《けい》」ともいう。

ようれい 九回裏《きゅうかいうら》、ツーアウトに追《お》いこまれ、スクイズしかないという**苦肉《くにく》の策《さく》**が大当《おおあ》たり。見事《みごと》、逆転勝《ぎゃくてんが》ちを果《は》たした。

苦杯《くはい》をなめる

慣用句

いみ 思《おも》っていたような、よい結果《けっか》にいたらず、苦《くる》しい経験《けいけん》をする。苦《にが》い思《おも》いをする。

さんこう 「苦杯《くはい》」は、苦《にが》い酒《さけ》を入《い》れたさかずきのことで、苦《にが》い経《けい》験《けん》の意味《いみ》。

ようれい 格下《かくした》のチームとの試合《しあい》で、よゆうで勝《か》てるはずだったのに、思《おも》わぬミスが重《かさ》なり、**苦杯《くはい》をなめ**た。

同じいみ 苦汁《くじゅう》をなめる

苦《く》もない

慣用句

いみ 苦労《くろう》もなく、たやすく、楽《らく》に、ということ。

ようれい 器用《きよう》な姉《あね》は、**苦《く》もなく**一日《いちにち》でマフラーをあみあげた。／運動神経《うんどうしんけい》がいい兄《あに》は、**苦《く》もなく**飛《と》び箱《ばこ》を飛《と》びこえた。

黒白《くろしろ》をつける

慣用句

いみ 物事《ものごと》の善悪《ぜんあく》、正《ただ》しいことと正《ただ》しくないことをはっきりさせる。

ようれい 問題《もんだい》を解決《かいけつ》するには、公《おおやけ》の場《ば》で**黒白《くろしろ》をつける**のが一番《いちばん》の近道《ちかみち》だ。

同じいみ 黒白《こくびゃく》を争《あらそ》う（→254ページ）

故《こ》事《じ》成《せい》語《ご》 人事《じんじ》を尽《つ》くして天命《てんめい》を待《ま》つ：人間《にんげん》の力《ちから》でできるだけのことをして、あとは天《てん》にまかせる。

食《く》わずぎらい

慣用句

いみ ①食《た》べもしないで、きらいだと決《き》め付《つ》ける。②実際《じっさい》のことを知《し》ろうともしないできらう。

さんこう 「食《く》わず」は、食《た》べもしないで、という意味《いみ》。「食《た》べずぎらい」ともいう。

ようれい ①**食《く》わずぎらい**の弟《おとうと》は、ピーマンを食《た》べたことがない。②聞《き》きもしないで、クラシック音楽《おんがく》がきらいだなんて、**食《く》わずぎらい**だ。

軍門《ぐんもん》に降《くだ》る

慣用句

いみ 戦争《せんそう》や試合《しあい》に負《ま》けたり、競争《きょうそう》にやぶれたりして、相手《あいて》に降参《こうさん》する。

さんこう 「軍門《ぐんもん》」は、戦場《せんじょう》で軍隊《ぐんたい》が宿泊《しゅくはく》しているじん営《えい》の出入《でい》り口《ぐち》のこと。「降《くだ》る」は相手《あいて》にしたがうこと、降参《こうさん》すること。降参《こうさん》して敵《てき》の軍門《ぐんもん》に入《はい》る、という意味《いみ》から。

ようれい 力《ちから》がおよばず、敵《てき》の**軍門《ぐんもん》に降《くだ》**った。

群《ぐん》をぬく

慣用句

いみ 大勢《おおぜい》の中《なか》でぬきんでている。ずばぬけてすぐれている。

ようれい 努力《どりょく》のかいあって、クイズ大会《たいかい》では**群《ぐん》をぬく**成績《せいせき》をおさめることができた。／美術展《びじゅつてん》に出品《しゅっぴん》された作品《さくひん》の中《なか》で、田中《たなか》さんの絵《え》は**群《ぐん》をぬ**いていた。

芸《げい》がない

慣用句

いみ ありきたりで、おもしろみがない。平《へい》ぼんなこと。

さんこう 人《ひと》に見《み》せるような芸《げい》やわざを身《み》につけていない、という意味《いみ》から。

ようれい お誕生日会《たんじょうびかい》をやるのだけれども、ケーキを食《た》べて、プレゼントをあげるだけでは**芸《げい》がない**。

けむに巻《ま》く

慣用句

いみ 物事《ものごと》を大《おお》げさに話《はな》したり、一方的《いっぽうてき》にまくしたてたりして、相手《あいて》をとまどわせたり、ごまかしたりする。

さんこう 「けむ」は、けむりのこと。けむりに包《つつ》んで、わけがわからないようにする、という意味《いみ》。

ようれい 自分《じぶん》には、超能力《ちょうのうりょく》があると言《い》って、みんなをけむに巻《ま》く。

けりをつける

慣用句

いみ 結末《けつまつ》、決着《けっちゃく》がつく。物事《ものごと》を終《お》わりにする。

さんこう 和歌《わか》や俳句《はいく》が、「けり」で終《お》わるものが多《おお》いことから。

ようれい どちらが力持《ちからも》ちか、今日《きょう》こそ、けりをつけよう。／早《はや》いとこ宿題《しゅくだい》にけりをつけて、遊《あそ》びに行《い》こう。

けんか両成敗《りょうせいばい》

慣用句

おぼえておこう!

いみ けんかをした者《もの》を、どちらが悪《わる》いにせよ、どんな理由《りゆう》があるにせよ、二人《ふたり》とも同《おな》じようにばっすること。

さんこう 「成敗《せいばい》」は、ばつをあたえること。こらしめること。

ようれい 鈴木《すずき》くんと佐藤《さとう》くんがけんかをしていたが、けんか両成敗《りょうせいばい》で、二人《ふたり》とも先生《せんせい》にしかられた。

言語《げんご》に絶《ぜっ》する

慣用句

いみ ことばで言《い》い表《あらわ》すことができないくらい、すごいこと。

さんこう 「言語《げんご》」は、ことば。「絶《ぜっ》する」は、こえること。「言語《げんご》を絶《ぜっ》する」ともいう。

ようれい 仲良《なかよ》しの友《とも》だちの突然《とつぜん》の転校《てんこう》に、言語《げんご》に絶《ぜっ》する衝撃《しょうげき》をうけた。／先《せん》日《じつ》の台風《たいふう》被害《ひがい》は、言語《げんご》に絶《ぜっ》するものだ。

故《こ》事《じ》成《せい》語《ご》 過《す》ぎたるはなおおよばざるがごとし：度《ど》が過《す》ぎれば、足《た》りないことと同《おな》じでよくない。

言質《げんち》を取《と》る

慣用句

いみ 後《あと》で証《しょう》ことなる約束《やくそく》のことばをつかむ。

さんこう 「言質《げんち》」の「質《ち》」は、人質《ひとじち》や担保《たんぽ》、という意味《いみ》。「げんしつ」や「げんしち」はまちがった読《よ》み方《かた》。

ようれい 「おまえがじゃんけんに勝《か》ったら、ぼくの腕時計《うでどけい》をやるよ」という言質《げんち》を取《と》ってから兄《あに》との勝負《しょうぶ》にいどんだ。

けんもほろろ

慣用句

いみ たのみごとなどにまったく取《と》り合《あ》わず、冷《つめ》たくことわるようす。

さんこう 「けん」も「ほろろ」も、きじの鳴《な》き声《ごえ》で、どちらも無愛想《ぶあいそう》に聞《き》こえることから。「けん」は、ことばや態度《たいど》がとげとげしくて、愛想《あいそ》がないさまの意味《いみ》である、「つっけんどん」の「けん」をかけたことばともいわれる。

ようれい いっしょに宿題《しゅくだい》をやろうとさそったのに、まことくんにけんもほろろにことわられた。

甲乙《こうおつ》つけがたい

慣用句

いみ どちらもすぐれていて、優《ゆう》れつを決《き》められないようす。

さんこう 昔《むかし》、すぐれたものから順番《じゅんばん》に、「甲《こう》」「乙《おつ》」「丙《へい》」「丁《てい》」と言《い》ったことから。

ようれい 二人《ふたり》の作品《さくひん》は、どちらもすばらしく、甲乙《こうおつ》つけがたい力作《りきさく》だった。

おぼえておこう！

甲乙丙《こうおつへい》は、昔《むかし》、成績表《せいせきひょう》に使《つか》われていた

慣用句《かんようく》の「甲乙《こうおつ》つけがたい」で出《で》てきた甲《こう》と乙《おつ》は、昔《むかし》の学《がっ》校《こう》の成績《せいせき》の基準《きじゅん》でした。今《いま》でいう「1」や「A《エー》」といったものにあたります。

甲《こう》は「物事《ものごと》の始《はじ》め、一番目《いちばんめ》」という意味《いみ》で一番《いちばん》よい成績《せいせき》です。乙《おつ》は二番目《にばんめ》によい成績《せいせき》でした。

その下《した》にはさらに、丙《へい》と丁《てい》があり、丙《へい》は「三番目《さんばんめ》」、丁《てい》が「四番目《よんばんめ》」という順《じゅん》でした。この成績《せいせき》のつけ方《かた》は、太平洋《たいへいよう》戦争《せんそう》が終《お》わるまで、多《おお》くの学校《がっこう》で取《と》り入《い》れられていました。

功《こう》なり名《な》とげる

慣用句

いみ 立派《りっぱ》な仕事《しごと》をして、名声《めいせい》を得《え》ること。

さんこう 中国《ちゅうごく》の『老子《ろうし》』より。

ようれい 湯川秀樹《ゆかわひでき》博士《はくし》は、物理学《ぶつりがく》ですばらしい研究《けんきゅう》をして、ノーベル賞《しょう》をもらった。まさに功《こう》なり名《な》とげたといえる。

物理学賞授賞式
物理学賞

功《こう》を奏《そう》する

慣用句

いみ 物事《ものごと》が成功《せいこう》する、成就《じょうじゅ》する。

さんこう 功績《こうせき》や手《て》がらを、天子《てんし》（君主《くんしゅ》や天皇《てんのう》）に申《もう》し上《あ》げる、という意味《いみ》から。

ようれい ロスタイムに、選手《せんしゅ》を交代《こうたい》させたのが功《こう》を奏《そう》して、試合《しあい》に勝《か》った。

きみの代役《だいやく》が活《かつ》やくして勝《か》ったよ
えっ？

ことわざ・慣用句《かんようく》クイズ㉗

答《こた》えは275ページを見《み》てね

1 次《つぎ》の①～④の慣用句《かんようく》の○の中《なか》に漢字《かんじ》やことばを入《い》れて、語句《ごく》を完成《かんせい》させましょう。

① ぐうの音《ね》も○○い（完全《かんぜん》にまいったようす）
② 苦杯《くはい》を○○る（苦《にが》い思《おも》いをする）
③ けりを○○る（決着《けっちゃく》がつく）
④ 甲乙《こうおつ》つけ○○い（どちらもすぐれていて、優《ゆう》れつを決《き》められない）

2 下《した》の①～⑤の慣用句《かんようく》と（　）内《ない》の意味《いみ》の中《なか》から、まちがった組《く》み合《あ》わせのものを三《みっ》つ選《えら》んで、正《ただ》しい意味《いみ》をあとの**ア**～**オ**の中《なか》から選《えら》びましょう。

① 苦肉《くにく》の策《さく》（苦労《くろう》がない）
② 群《ぐん》をぬく（大勢《おおぜい》の中《なか》でぬきんでている）
③ けんもほろろ（あまりにひどいこと）
④ 功《こう》なり名《な》とげる（立派《りっぱ》な仕《し》事《ごと》をして名声《めいせい》を残《のこ》す）
⑤ 言語《げんご》に絶《ぜっ》する（あきれかえってしまう）

ア 命《いのち》がけで戦《たたか》う
イ まったくとりあってくれない
ウ ことばでは言《い》い表《あらわ》せない
エ 苦《くる》しまぎれの方策《ほうさく》
オ どちらがよいか悪《わる》いかを決《き》める

クイズ㉗は248～253ページを見《み》ながらとこう。

故《こ》事《じ》成《せい》語《ご》 **前門《ぜんもん》の虎《とら》後門《こうもん》の狼《おおかみ》**：一《ひと》つの災難《さいなん》をのがれたと思《おも》ったら、別《べつ》の災難《さいなん》にあうたとえ。

業《ごう》をにやす

慣用句

いみ 自分《じぶん》の思《おも》うとおりに物事《ものごと》が進《すす》まず、腹《はら》が立《た》っていらいらするたとえ。

さんこう 「業《ごう》」は「業腹《ごうはら》」の略《りゃく》で、腹立《はらだ》たしい気持《きも》ちの意味《いみ》。

ようれい いつまでたってもさわいでいるクラスメイトに先生《せんせい》は、**業《ごう》をにやし**ている。

声《こえ》をのむ

慣用句

いみ おどろきや悲《かな》しみ、感動《かんどう》、きん張《ちょう》のために声《こえ》が出《で》ないことのたとえ。

ようれい トンネルをぬけたら、目《め》の前《まえ》にチューリップ畑《ばたけ》が広《ひろ》がっていて、あまりの美《うつく》しさに**声《こえ》をの**んだ。

黒白《こくびゃく》を争《あらそ》う

慣用句

いみ どちらがよいか悪《わる》いか、はっきりさせることのたとえ。

さんこう 「黒白《こくびゃく》」は、黒《くろ》を悪《わる》いほう、白《しろ》をよいほうにたとえ、よいことと悪《わる》いこと、正《ただ》しいことと正《ただ》しくないことの意味《いみ》。

ようれい こうなったら最後《さいご》の手段《しゅだん》だ。裁判《さいばん》で**黒白《こくびゃく》を争《あらそ》う**しかない。

同じいみ 黒白《くろしろ》をつける（↓249ページ）

言葉《ことば》をにごす

慣用句

いみ はっきり言《い》わない。あいまいに言《い》う。

さんこう 「にごす」は、あいまいにすること。

ようれい おじさんに「お年玉《としだま》は」と、ぼくは聞いたが、**言葉《ことば》をにご**していた。

同じいみ 口《くち》をにごす（↓63ページ）

故事成語 他山《たざん》の石《いし》：他人《たにん》の失敗《しっぱい》やまちがいを、自分《じぶん》をみがくために参考《さんこう》とする。

転《ころ》んでもただでは起《お》きない

慣用句

いみ たとえ失敗《しっぱい》しても、その失敗《しっぱい》の中《なか》からちゃっかり利益《りえき》を得《え》ようとする。

さんこう 転《ころ》んでも、何《なに》かそこにあるものを必《かなら》ずつかんで起《お》きる、という意味《いみ》から。「転《ころ》んでもただは起《お》きない」ともいう。

ようれい 三振《さんしん》しても**転《ころ》んでもただでは起《お》きない**。ふりにげで一塁《いちるい》へ進《すす》んだ。

こわい物《もの》見《み》たさ

慣用句

いみ こわい物《もの》は、好奇心《こうきしん》をそそられて、かえって見《み》たくなるものだ。

ようれい 妹《いもうと》は、**こわい物《もの》見《み》たさ**で、いっしょにホラー映画《えいが》を見《み》に行《い》くと言《い》ってついて来《き》た。／夜《よる》になるとおばけが出《で》るという、うわさの公園《こうえん》へ**こわい物《もの》見《み》たさ**で行《い》ったが、何《なに》も出《で》なかった。

察《さっ》しが付《つ》く

慣用句

いみ 人《ひと》の思《おも》っていることや考《かんが》え、事情《じじょう》が想像《そうぞう》できる。見当《けんとう》が付《つ》く。

さんこう 「察《さっ》し」は、人《ひと》の気持《きも》ちや物事《ものごと》のようすなどを感《かん》じとること。

ようれい ぼくには、弟《おとうと》の考《かんが》えることぐらい、だいたいの**察《さっ》しが付《つ》い**ている。／魚《さかな》を食《た》べた犯人《はんにん》は、だいたい**察《さっ》しが付《つ》く**。

算《さん》を乱《みだ》す

慣用句

いみ ちりぢりばらばらになるようす。

さんこう 「算《さん》」は、算木《さんぎ》のこと。竹《たけ》や木《き》で作《つく》られた小《ちい》さな棒《ぼう》で、昔《むかし》、うらないや計算《けいさん》をするのに使《つか》われていたもの。その算木《さんぎ》を乱《みだ》したようにばらばらになる、という意味《いみ》から。「算《さん》を散《ち》らす」ともいう。

ようれい 鬼《おに》ごっこの鬼《おに》になった西田《にしだ》くんにつかまらないよう、みんな**算《さん》を乱《みだ》し**てにげまわる。

同じいみ くもの子《こ》を散《ち》らすよう（↓125ページ）

故《こ》事《じ》成《せい》語《ご》 **蛇足《だそく》**：蛇《へび》の絵《え》に足《あし》を描《か》き足《た》すように、よけいなもの、無用《むよう》なもののたとえ。

思案《しあん》に余《あま》る

慣用句

いみ いくら考《かんが》えてみても、ちっともよい考《かんが》えがうかばない。

さんこう 「余《あま》る」は、考《かんが》える能力《のうりょく》をこえていること。

ようれい いいアイデアがうかばず、**思案《しあん》に余《あま》**って先生《せんせい》に相談《そうだん》した。

同じいみ 思案《しあん》に暮《く》れる（→本《ほん》ページ左《ひだり》）

思案《しあん》に暮《く》れる

慣用句

いみ いろいろ考《かんが》えても、よい考《かんが》えがうかばず、どうしたらよいものかと考《かんが》えこむ。

さんこう 「暮《く》れる」は、どうしたらよいかわからなくなり、思《おも》いまどうこと。

ようれい サッカー部《ぶ》のキャプテンのだいすけくんは、なかなか一勝《いっしょう》できないチームのことで**思案《しあん》に暮《く》れ**ている。

同じいみ 思案《しあん》に余《あま》る（本《ほん》ページ右《みぎ》）／途方《とほう》に暮《く》れる（→232ページ）

自責《じせき》の念《ねん》にかられる

慣用句

いみ 自分《じぶん》で自分《じぶん》をせめる心《こころ》のこと。

さんこう 「自責《じせき》」は、自分《じぶん》で自分《じぶん》をせめるという意味《いみ》。

ようれい リレーの決勝《けっしょう》で三位以内《さんいいない》に入《はい》れなかったぼくは、**自責《じせき》の念《ねん》にかられ**、くやしなみだを流《なが》した。

下《した》にも置《お》かない

慣用句

いみ ひじょうにていねいに、もてなすようす。

さんこう 「下《した》」は、下座《しもざ》のことで、地位《ちい》の低《ひく》い人《ひと》がすわる席《せき》。「置《お》かない」は、すわらせないの意味《いみ》。

ようれい お役人《やくにん》は、**下《した》にも置《お》かない**もてなしを受《う》けた。

故事成語《こじせいご》 **罪《つみ》をにくんで人《ひと》をにくまず**：罪《つみ》はにくんでも、罪《つみ》をおかした人《ひと》までにくんではならない。

じだんだをふむ

慣用句

いみ 地面《じめん》をふみならすように、ひじょうにくやしがったり、残《ざん》念《ねん》がったりする。

さんこう 「じだんだ（地団駄）」は、火《ひ》をおこすため、足《あし》でふんで風《かぜ》を送《おく》る道具《どうぐ》である「地《じ》たたら」が変化《へんか》したことば。この道具《どうぐ》をふむ姿《すがた》と、足《あし》をじたばたさせてくやしがるようすが、にていることから。

ようれい 最後《さいご》の最後《さいご》に逆転《ぎゃくてん》され、**じだんだをふん**でくやしがる。

しびれを切《き》らす

慣用句

いみ 待《ま》ちくたびれて、がまんできなくなる。

さんこう 長時間《ちょうじかん》、正座《せいざ》していると足《あし》がしびれてしまうことから。

ようれい いくら待《ま》っても帰《かえ》ってこない友《とも》だちに、わたしは**しびれを切《き》ら**してしまった。

私腹《しふく》を肥《こ》やす

慣用句

いみ 地位《ちい》や立場《たちば》などを悪用《あくよう》して、自分《じぶん》の利益《りえき》をはかる。

さんこう 「私腹《しふく》」は、自分《じぶん》の利益《りえき》や財産《ざいさん》。

ようれい 社長《しゃちょう》という立場《たちば》を利用《りよう》して、会社《かいしゃ》のお金《かね》で株《かぶ》を買《か》って、**私腹《しふく》を肥《こ》やす**なんて、もってのほかだ。／**私腹《しふく》を肥《こ》やす**ことしか考《かんが》えない政治家《せいじか》が多《おお》いと、政治《せいじ》や経済《けいざい》はよくならない。

始末《しまつ》に負《お》えない

慣用句

いみ 自分《じぶん》の力《ちから》ではどうにもうまく処理《しょり》できない。うまく物事《ものごと》が運《はこ》ばない。

さんこう 「始末《しまつ》」は、物事《ものごと》の決《き》まりをつけることを指《さ》す。

ようれい あそこの兄弟《きょうだい》は、ささいなことですぐにけんかをするから**始末《しまつ》に負《お》えない**。／弟《おとうと》は**始末《しまつ》に負《お》えない**いたずらっ子《こ》で、お母《かあ》さんをこまらせてばかりいる。

同じいみ 手《て》に負《お》えない／手《て》に余《あま》る

故《こ》事《じ》成《せい》語《ご》 **天《てん》知《し》る地《ち》知《し》る我《われ》知《し》る人《ひと》知《し》る**：不正《ふせい》や悪事《あくじ》はどんなにかくしても、結局人《けっきょくひと》に知《し》られてしまう。

しゃくにさわる

慣用句

いみ かんしゃくを起《お》こす。あることが気《き》に入《い》らず腹《はら》が立《た》つ。

さんこう 「しゃく」は、腹《はら》が立《た》つこと。また、そのようなことばや事《こと》がら。(左《ひだり》ページの囲《かこ》み参照《さんしょう》)

ようれい 人《ひと》の不幸《ふこう》を笑《わら》うなんて、**しゃくにさわる**ヤツだ。

同じいみ かんにさわる／気《き》にさわる（↓41ページ）

触手《しょくしゅ》をのばす

慣用句

いみ 野心《やしん》をいだいて、ほしいものを手《て》に入《い》れようと、働《はたら》きかける。

さんこう 「触手《しょくしゅ》」は、いそぎんちゃくやくらげなどが、えさをつかまえたりするために持《も》つ細長《ほそなが》い突起《とっき》。それをのばして、えものをとらえるようすから。

ようれい マイナーリーグで活躍《かつやく》している選手《せんしゅ》に、メジャーのスカウトマンが**触手《しょくしゅ》をのば**しているようだ。

白《しら》を切《き》る

慣用句

いみ 知《し》っているのに知《し》らないふりをすることのたとえ。

さんこう 「白《しら》」は、しらばっくれる、知《し》らないふりをするの意味《いみ》。また、「知《し》らぬ」の「しら」という説《せつ》もある。

ようれい **白《しら》を切《き》**っていた弟《おとうと》が、とうとう宝物《たからもの》のかくし場所《ばしょ》を白状《はくじょう》した。／洗《せん》たく物《もの》をよごしたのはあなたねと言《い》われたが**白《しら》を切《き》**った。

時流《じりゅう》に乗《の》る

慣用句

いみ その時代《じだい》の風潮《ふうちょう》やけい向《こう》にうまく乗《の》る。

さんこう 「時流《じりゅう》」は、その時代《じだい》の流行《りゅうこう》や風潮《ふうちょう》、けい向《こう》。

ようれい 去年《きょねん》、デビューしたお笑《わら》い芸人《げいにん》は、**時流《じりゅう》に乗《の》**って、あっという間《ま》に大《だい》スターになった。

故《こ》事《じ》成《せい》語《ご》 **天《てん》につばする**：人《ひと》をひどいめに会《あ》わせようとして、かえって自分《じぶん》がひどいめに会《あ》うこと。

真《しん》にせまる

慣用句

いみ 本物《ほんもの》ではないけれども、ひじょうによく表現《ひょうげん》されていて、本物《ほんもの》そっくりであるようす。

さんこう 「真《しん》」は、本物《ほんもの》のこと。

ようれい 劇団《げきだん》に入《はい》っている佐藤《さとう》くんは、**真《しん》にせまる**演技《えんぎ》で、みんなを感心《かんしん》させた。

「しゃく」と「こしゃく」

「しゃく」は漢字《かんじ》で「癪《しゃく》」と書《か》き、とつぜん胃《い》や胸《むね》が痛《いた》くなることを意味《いみ》しますが、ふゆかいで腹《はら》を立《た》てたくなるという意味《いみ》もあります。「かんしゃく」は「癇癪《かんしゃく》」と書《か》き、少《すこ》しのことでもおこりだす性質《せいしつ》のことです。

いっぽう「こしゃく」は「小癪《こしゃく》」と書《か》き、生意気《なまいき》そうな態度《たいど》やふるまいのことを意味《いみ》しています。

にているようで、それぞれ意味《いみ》はちがいますので、まちがえないように注意《ちゅうい》しましょう。

ことわざ・慣用句《かんようく》クイズ㉘

答《こた》えは275ページを見《み》てね

1 次《つぎ》の①〜⑤の□にア〜オの適当《てきとう》な漢字《かんじ》を入《い》れて、慣用《かんよう》句を完成《かんせい》させましょう。

① 功《こう》を□する
② 算《さん》を□す
③ 自責《じせき》の□にかられる
④ 私腹《しふく》を□やす
⑤ □にせまる

ア 肥《こ》　イ 真《しん》　ウ 念《ねん》　エ 奏《そう》
オ 乱《みだ》

2 下《した》の①〜⑤の慣用句《かんようく》と、( )内《ない》の意味《いみ》の中《なか》でまちがった組《く》み合《あ》わせのものを三《みっ》つ選《えら》んで、正《ただ》しい意味《いみ》をア〜オから選《えら》びましょう。

① **思案《しあん》に暮《く》れる**（自分《じぶん》で自分《じぶん》をせめる）
② **転《ころ》んでもただでは起《お》きない**（失敗《しっぱい》の中《なか》から利益《りえき》を得《え》る）
③ **しびれを切《き》らす**（ひじょうにくやしがる）
④ **しゃくにさわる**（野心《やしん》をいだく）
⑤ **白《しら》を切《き》る**（知《し》らないふりをする）

ア 待《ま》ちくたびれてがまんができない
イ 物事《ものごと》が気《き》にくわず腹《はら》を立《た》てる
ウ 親切《しんせつ》にもてなす
エ よい考《かんが》えがうかばず考《かんが》えこむ
オ 見《み》て見《み》ぬふりをする

クイズ㉘は253〜259ページを見《み》ながらとこう。

故《こ》事《じ》成《せい》語《ご》 **頭角《とうかく》を現《あらわ》す**：才能《さいのう》やうで前《まえ》が際立《きわだ》って目立《めだ》ってくるようす。

水泡《すいほう》に帰《き》す

慣用句

いみ せっかくの努力《どりょく》が、すべてむだになってしまうことのたとえ。

さんこう 「水泡《すいほう》」は、水《みず》の泡《あわ》のこと。水泡《すいほう》のように、あっけなく消《き》えてしまう結果《けっか》となることから。「水《みず》の泡《あわ》」「水《みず》の泡《あわ》となる」ともいう。

ようれい 年《ねん》に一度《いちど》の花火大会《はなびたいかい》が、台風《たいふう》で中止《ちゅうし》になってしまった。この日《ひ》のためにがんばってきた花火師《はなびし》の苦労《くろう》も**水泡《すいほう》に帰《き》**した。

酸《す》いもあまいもかみ分《わ》ける

慣用句

いみ 人生経験《じんせいけいけん》がゆたかで、世《よ》の中《なか》の裏表《うらおもて》や人《ひと》の心《こころ》の動《うご》きなどを知《し》りつくしている、ということのたとえ。

さんこう 酸《す》っぱい味《あじ》とあまい味《あじ》を区別《くべつ》して味《あじ》わい、よい点《てん》も悪《わる》い点《てん》もすべて知《し》っている、という意味《いみ》から。「酸《す》いもあまいも知《し》りぬく」ともいう。

ようれい なやみ事《ごと》は、**酸《す》いもあまいもかみ分《わ》け**た両親《りょうしん》に相談《そうだん》しよう。

すったもんだ

慣用句

おぼえておこう!

いみ おたがいの意見《いけん》や主張《しゅちょう》が食《く》いちがってまとまらず、もめること。ごたごたする。

さんこう 「すったもんだ」は「擦《す》った揉《も》んだ」と書《か》く。

ようれい クラスの会議《かいぎ》は**すったもんだ**のあげく、わたしの意見《いけん》を採《と》り入《い》れることになった。

相好《そうごう》をくずす

慣用句

いみ うれしそうに、にこにこする。顔《かお》をほころばせて喜《よろこ》ぶようす。

さんこう 「相好《そうごう》」は、顔《かお》の形《かたち》、表情《ひょうじょう》のこと。笑《わら》うと、顔《かお》の形《かたち》がくずれることから。

ようれい おじいちゃんは孫《まご》の顔《かお》を見《み》るなり、**相好《そうごう》をくず**した。

故《こ》事《じ》成《せい》語《ご》　**登竜門《とうりゅうもん》**：出世《しゅっせ》をするための関門《かんもん》。ここをくぐれば立身出世《りっしんしゅっせ》ができる。

そうは問屋《とんや》がおろさない

慣用句

いみ そうやすやすと、相手《あいて》の注文《ちゅうもん》におうじられないということ。また、世《よ》の中《なか》はそうかんたんに自分《じぶん》の思《おも》いどおりにならない、ということのたとえ。

さんこう 客《きゃく》がのぞむような安《やす》い値段《ねだん》では、問屋《とんや》は売《う》ってくれない、という意味《いみ》から。

ようれい 勉強《べんきょう》もしないで、いい点《てん》をとろうなんて、**そうは問屋《とんや》がおろさない**よ。

底《そこ》をつく

慣用句

いみ ①たくわえていたものが、全部《ぜんぶ》なくなる。②株《かぶ》や物価《ぶっか》などの相場《そうば》が最低《さいてい》になる。

さんこう 「底《そこ》」は、いちばん下《した》の部分《ぶぶん》。「つく」は、とどくこと。

ようれい ①ぜいたくばかりしていたから、とうとう貯金《ちょきん》も**底《そこ》をつ**いた。②**底《そこ》をつ**いた株《かぶ》の値段《ねだん》が、先週《せんしゅう》あたりから上《あ》がり始《はじ》めた。

そつがない

慣用句

いみ 手落《てお》ちがない。むだがないようす。

さんこう 「そつ」は、手落《てお》ちや手《て》ぬかり、むだの意味《いみ》。

ようれい 身《み》のこなしやすることにまったく**そつがない**レストランのウェイターに感激《かんげき》した。

ことわざ・慣用句《かんようく》クイズ㉙

答《こた》えは275ページを見《み》てね

次《つぎ》の①～⑥の□にア～カの適当《てきとう》な漢字《かんじ》を入《い》れて、慣用句《かんようく》を完成《かんせい》させましょう。

① 水泡《すいほう》に□す
② □いもあまいもかみ分《わ》ける
③ 触《しょく》□をのばす
④ □をつく
⑤ そうは□屋《や》がおろさない
⑥ □好《ごう》をくずす

ア 底《そこ》　イ 酸《す》　ウ 帰《き》　エ 手《しゅ》　オ 相《そう》　カ 問《とん》

クイズ㉙は258～261ページを見《み》ながらとこう。

故事成語 **とらの威《い》を借《か》るきつね**：弱《よわ》い者《もの》が強《つよ》い者《もの》の力《ちから》を借《か》りて、いばる。

そばづえを食《く》う

慣用句

いみ 自分《じぶん》とは何《なん》の関係《かんけい》もないのに、思《おも》いがけない災難《さいなん》にあう。とばっちりを受《う》けることのたとえ。

さんこう つえをふりまわして、けんかをしている人《ひと》のそばにいたために、あやまってつえで打《う》たれることから。「そばづえを食《く》らう」ともいう。

ようれい クラスメイトのけんかにまきこまれて、ひざをすりむいた。とんだ**そばづえを食《く》**ってしまった。

同じいみ とばっちりを食《く》う／まきぞえを食《く》う

反《そ》りが合《あ》わない

慣用句

いみ おたがいに考《かんが》えや性格《せいかく》がちがっていて、気《き》が合《あ》わず、うまくやっていけない。

さんこう 「反《そ》り」は、刀《かたな》の曲《ま》がり具合《ぐあい》のこと。刀《かたな》の反《そ》りがさや（刀《かたな》を入《い》れる筒《つつ》）と合《あ》わないと、刀《かたな》をうまくおさめることができないことから。

ようれい あの二人《ふたり》は、**反《そ》りが合《あ》わない**のか、よくけんかをする。

同じいみ 水《みず》と油《あぶら》（→185ページ）

反対のいみ 馬《うま》が合《あ》う（→121ページ）

大事《だいじ》の前《まえ》の小事《しょうじ》

慣用句

いみ ①大《おお》きなことを成《な》しとげようとするときは、小《ちい》さな不注意《ふちゅうい》が失敗《しっぱい》をまねくこともあるので、どんなささいなことにも油断《ゆだん》してはいけない。②大《おお》きなことを成《な》しとげるためには、小《ちい》さなことをぎせいにすることがあってもやむを得《え》ない。

ようれい ①**大事《だいじ》の前《まえ》の小事《しょうじ》**というから、船《ふね》の模型《もけい》が完成《かんせい》するまで、部品《ぶひん》をなくさないように気《き》をつけよう。②県大会《けんたいかい》で優勝《ゆうしょう》を目指《めざ》すなら、練習《れんしゅう》のためにテレビを見《み》るのをあきらめるくらいは、**大事《だいじ》の前《まえ》の小事《しょうじ》**だ。

大《だい》なり小《しょう》なり

慣用句

いみ 大《おお》きかろうが小《ちい》さかろうが、いずれにしろ、ということ。多《おお》かれ少《すく》なかれ。

ようれい 人間《にんげん》には**大《だい》なり小《しょう》なり**、長所《ちょうしょ》や短所《たんしょ》があるものだ。

だれでも
欠点《けってん》はある

故《こ》事《じ》成《せい》語《ご》 **鳴《な》かず飛《と》ばず**：能力《のうりょく》がそなわりながら、それを発揮《はっき》することができないようす。

高《たか》が知《し》れる

慣用句

いみ その値打《ねう》ちや程度《ていど》が、どれくらいのものか知《し》れていて、たいしたことはない。

さんこう 「高《たか》」は、物《もの》の金額《きんがく》や数量《すうりょう》、程度《ていど》、値打《ねう》ちの意味《いみ》を指《さ》している。「高《たか》が知《し》れている」ともいう。

ようれい 後《こう》はいが、うでを上《あ》げたといううわさだが、あの程度《ていど》のわざなら**高《たか》が知《し》れて**いる。

高《たか》みの見物《けんぶつ》

慣用句

いみ 高《たか》い所《ところ》から、下《した》で起《お》こっていることを見《み》るように、気楽《きらく》な立場《たちば》で自分《じぶん》とはまったく関係《かんけい》ない事《こと》のなりゆきを見《み》ている。

さんこう 「高《たか》み」は、高《たか》い所《ところ》の意味《いみ》。

ようれい 「本《ほん》をなくした」と、いつものように弟《おとうと》がさわいでいたが、どうやらぼくがかした本《ほん》をなくしたようで、**高《たか》みの見物《けんぶつ》**とはいかないようだ。

高《たか》をくくる

慣用句

おぼえておこう!

いみ たいしたことはないと、軽《かる》く見《み》る。あなどる。

さんこう 「くくる」は、一《ひと》つにまとめること。まあこの程度《ていど》だろうと、かんたんに見当《けんとう》をつけることから。

ようれい たいした風邪《かぜ》ではないと**高《たか》をくくって**いたら、寝《ね》こんでしまった。

出《だ》しにする

慣用句

いみ 自分《じぶん》のつごうや利益《りえき》のために、ほかの人《ひと》や物《もの》を利用《りよう》する、ということのたとえ。

さんこう 「出《だ》し」は、手段《しゅだん》として使《つか》うもの。方便《ほうべん》や口実《こうじつ》を指《さ》すことば。

ようれい サッカーを見《み》に行《い》くために、サッカー好《ず》きの弟《おとうと》を**出《だ》しにする**なんて、まったくずるいことを思《おも》いつくお兄《にい》ちゃんだ。

同じいみ 出《だ》しに使《つか》う

故事成語《こじせいご》 **敗軍《はいぐん》の将《しょう》は兵《へい》を語《かた》らず**：物事《ものごと》に失敗《しっぱい》した人《ひと》は、そのことについて語《かた》る資格《しかく》がない。

多勢《たぜい》に無勢《ぶぜい》

慣用句

いみ 少《すく》ない人数《にんずう》で、大人数《おおにんずう》に立《た》ち向《む》かっても、とても勝《か》ち目《め》がない。

さんこう 「多勢《たぜい》」は、人数《にんずう》が多《おお》いこと。「無勢《ぶぜい》」は、人数《にんずう》が少《すく》ないこと。

ようれい 賛成《さんせい》の人《ひと》が多《おお》く、多勢《たぜい》に無勢《ぶぜい》で、反対派《はんたいは》は引《ひ》き下《さ》がった。

同じいみ 衆寡敵《しゅうかてき》せず

たたけばほこりが出《で》る

慣用句

いみ どんな人《ひと》でも、過去《かこ》や身《み》のまわりを細《こま》かく調《しら》べれば、やましいところや弱点《じゃくてん》が、一《ひと》つや二《ふた》つは出《で》てくるものだ。

さんこう 物《もの》をたたけばほこりが出《で》るように、どんな人《ひと》でも、欠点《けってん》や秘密《ひみつ》が出《で》てくるということ。「たたけばほこりが立《た》つ」ともいう。

ようれい 「どうせたたけばほこりが出《で》る身《み》なのだから、早《はや》く白状《はくじょう》しろ」と、警察官《けいさつかん》が容疑者《ようぎしゃ》に言《い》った。

同じいみ あかはこするほど出《で》る

だだをこねる

慣用句

いみ 子《こ》どもがあまえて、親《おや》などの言《い》うことを聞《き》かないで、わがままを言《い》う。すねる。

さんこう 「だだ」は、子《こ》どもがあまえて、わがままを言《い》うこと。

ようれい おもちゃを買《か》ってくれなくちゃいやだと、子《こ》どもがだだをこねる。

立《た》つ瀬《せ》がない

慣用句

いみ 自分《じぶん》の立場《たちば》がなくなり、面目《めんぼく》を失《うしな》う。

さんこう 「瀬《せ》」は、川《かわ》の浅《あさ》いところ。浅《あさ》いところがないため、立《た》つことができないという意味《いみ》から。

ようれい 家族《かぞく》みんなに反対《はんたい》されたのでは、父《ちち》は立《た》つ瀬《せ》がない。

故事成語《こじせいご》 背水《はいすい》の陣《じん》：一歩《いっぽ》も後《あと》へはひけない立場《たちば》で、決死《けっし》のかくごで全力《ぜんりょく》をつくす。

血《ち》も涙《なみだ》もない

慣用句

いみ 思《おも》いやりの心《こころ》がまったくなく、ひじょうに冷《つめ》たくて人情《にんじょう》のかけらもないようす。

ようれい バスケットボール部《ぶ》のコーチは、きびしいことで有名《ゆうめい》な、**血《ち》も涙《なみだ》もない**鬼《おに》コーチだ。／悪《わる》いことなどしていないのに、**血《ち》も涙《なみだ》もない**、ひどい仕打《しう》ちを受《う》ける。

同じいみ 情《なさ》けようしゃもない

度《ど》を失《うしな》う

慣用句

いみ とっぱつ的《てき》におきた出来事《できごと》によっておどろき、平静《へいせい》さを失《うしな》うことのたとえ。うろたえる。

さんこう 「度《ど》」は、物事《ものごと》の程合《ほどあ》いや、基準《きじゅん》をしめすことば。それが失《うしな》われることから。

ようれい お母《かあ》さんが入院《にゅういん》したという知《し》らせを聞《き》いて、友《とも》だちは**度《ど》を失《うしな》**って泣《な》きそうになった。

ことわざ・慣用句《かんようく》クイズ㉚

答《こた》えは275ページを見《み》てね

1 次《つぎ》の①～④の慣用句《かんようく》の○の中《なか》に漢字《かんじ》やことばを入《い》れて、語句《ごく》を完成《かんせい》させましょう。

① 反《そ》りが○○ない（考《かんが》えなどがちがい気《き》が合《あ》わない）
② 高《たか》が○○る（値打《ねう》ちや程度《ていど》がどのくらいかわかる）
③ 高《たか》を○○る（たいしたことはないと軽《かる》く見《み》る）
④ 出《だ》しに○○（つごうよく人《ひと》や物《もの》を利用《りよう》する）

2 下《した》の①～⑤の慣用句《かんようく》と（　）内《ない》の意味《いみ》の中《なか》から、まちがった組《く》み合《あ》わせのものを二《ふた》つ選《えら》んで、正《ただ》しい意味《いみ》をあとの**ア**～**オ**の中《なか》から選《えら》びましょう。

① **そばづえを食《く》う**（自分《じぶん》のあつかいに不満《ふまん》がある）
② **大《だい》なり小《しょう》なり**（大《おお》きかろうが小《ちい》さかろうが）
③ **たたけばほこりが出《で》る**（よごれているようす）
④ **立《た》つ瀬《せ》がない**（自分《じぶん》の立場《たちば》がなくなる）
⑤ **度《ど》を失《うしな》う**（とっぱつ的《てき》な出来事《できごと》におどろいて平静《へいせい》さを失《うしな》う）

ア 少《すく》ない人数《にんずう》で大勢《おおぜい》に立《た》ち向《む》かう
イ だれでもやましいところや弱点《じゃくてん》がある
ウ わがままを言《い》う
エ 思《おも》いがけない災難《さいなん》にあう
オ 思《おも》いやりがまったくない

クイズ㉚は262～265ページを見《み》ながらとこう。

故《こ》事《じ》成《せい》語《ご》 **破竹《はちく》の勢《いきお》い**：止《と》めようにも止《と》められないくらい勢《いきお》いづいているようす。

泣《な》きを入《い》れる

慣用句

いみ 泣《な》きついておわびをしたり、たのみこんだりするようす。

さんこう 「泣《な》き」は、泣《な》くことだが、助《たす》けを求《もと》めたり、おわびをする意味合《いみあ》いもある。

ようれい 妹《いもうと》は宿題《しゅくだい》を手伝《てつだ》ってほしいと、母《はは》に**泣《な》きを入《い》れる**。

一人《ひとり》じゃ無理《むり》だよ手伝《てつだ》って～
いつもそうなんだから

泣《な》きを見《み》る

慣用句

いみ 泣《な》くような悲《かな》しい目《め》、つらい目《め》にあう。

ようれい 勉強《べんきょう》しないで、遊《あそ》んでばかりいると、後《あと》で**泣《な》きを見《み》る**よ、と母《はは》に言《い》われた。／今《いま》まで悪《わる》いことをしてきたつけがまわってきて、とうとう**泣《な》きを見《み》た**。

仕方《しかた》ないでしょ
宿題《しゅくだい》終《お》わらないよ～

なしのつぶて

慣用句

いみ 自分《じぶん》から連《れん》らくを取《と》ろうとしても、相手《あいて》からまったく返事《へんじ》がなく、連《れん》らくがつかないことのたとえ。また出《で》かけていったものからなんの連《れん》らくもないようす。

さんこう 「なし」は「無《な》し」と「梨《なし》」をかけたことばで、「つぶて」は、相手《あいて》に投《な》げつける小石《こいし》のことを指《さ》す。投《な》げたつぶてが返《かえ》ってこないことから。

ようれい 息子《むすこ》の留守番電話《るすばんでんわ》に「電話《でんわ》しなさい」とメッセージを入《い》れたが、三日《みっか》たっても**なしのつぶて**だ。

にても焼《や》いても食《く》えない

慣用句

いみ どうにもあつかいようがなく、もてあます。また、ずるがしこくて、手《て》に負《お》えない人《ひと》のようす。

さんこう 食《た》べ物《もの》なら、にるか、焼《や》くかすれば、たいがいは食《た》べられるはずだが、どう料理《りょうり》しても食《た》べられないという意味《いみ》から。

ようれい あの子《こ》はいじめっ子《こ》のうえ、平気《へいき》で人《ひと》のものをぬすむし、まったく**にても焼《に》いても食《く》えない**やつだ。

同じいみ 一筋縄《ひとすじなわ》ではいかない（→183ページ）／酢《す》でもこんにゃくでも

願《ねが》うところの幸《さいわ》い

慣用句

いみ 願《ねが》ったとおりに、幸《しあわ》せや幸運《こううん》がおとずれる。

ようれい 願《ねが》うところの幸《さいわ》いで、第一志望《だいいちしぼう》の学校《がっこう》に合格《ごうかく》した。／姉《あね》に、待望《たいぼう》の赤《あか》ちゃんが生《う》まれて、まさに願《ねが》うところの幸《さいわ》いだ。

初孫《はつまご》が見《み》られた
男《おとこ》の子《こ》がほしかった

願《ねが》ったりかなったり

慣用句

いみ すべてが自分《じぶん》の希望《きぼう》どおりで、とてもつごうがいいことのたとえ。

ようれい 新《あたら》しく引《ひ》っこした家《いえ》は、駅《えき》から近《ちか》いし、ペットも飼《か》えるし、願《ねが》ったりかなったりだ。

同じいみ 願《ねが》ってもない（↓本《ほん》ページ下段《げだん》）

駅《えき》から徒歩《とほ》3分《ぷん》ペットOK《オーケー》です
そんなアパートさがしてたの

願《ねが》ってもない

慣用句

いみ たとえ願《ねが》ってもかないそうにないことが、思《おも》いがけなく実現《じつげん》するときの喜《よろこ》びを表《あらわ》すことば。

ようれい 小《ちい》さいころから、サッカー選手《せんしゅ》になるのが夢《ゆめ》だったぼくに、「プロでやってみないか」という声《こえ》がかかり、願《ねが》ってもないチャンスがおとずれた。

同じいみ 願《ねが》ったりかなったり（↓本《ほん》ページ上段《じょうだん》）

ことわざ・慣用句《かんようく》クイズ㉛

答《こた》えは275ページを見《み》てね

次《つぎ》の①～⑤の□にア～オの適当《てきとう》な漢字《かんじ》を入《い》れて、ことわざ・慣用句《かんようく》を完成《かんせい》させましょう。

① □きを入《い》れる
② 泣《な》きを□る
③ にても焼《や》いても□えない
④ 願《ねが》うところの□い
⑤ □ったりかなったり

ア 食《く》
イ 願《ねが》
ウ 泣《な》
エ 見《み》
オ 幸《さいわ》

クイズ㉛は266～267ページを見《み》ながらとこう。

故《こ》事《じ》成《せい》語《ご》 百聞《ひゃくぶん》は一見《いっけん》にしかず：人《ひと》から話《はなし》を百回《ひゃっかい》聞《き》くよりも、自分《じぶん》の目《め》で一回《いっかい》見《み》たほうがよくわかる。

寝《ね》ても覚《さ》めても

慣用句

いみ いつでも、どんなときも。また、つねに、あることばかり考《かんが》えているようす。

さんこう 寝《ね》ているときでも、起《お》きているときでも（覚《さ》めても）、つねに、という意味《いみ》から。

ようれい 妹《いもうと》は、デパートで気《き》に入《い》った洋服《ようふく》を見《み》つけたらしく、**寝《ね》ても覚《さ》めても**そのことばかり考《かんが》えている。／遠《とお》くに住《す》む祖母《そぼ》は、「**寝《ね》ても覚《さ》めても**、あなたたちのことばかり考《かんが》えているよ」と、言《い》った。

念《ねん》をおす

慣用句

いみ まちがいや手落《てお》ちがないように、相手《あいて》にもう一度《いちど》たしかめたり、十分注意《じゅうぶんちゅうい》する。

ようれい 帰《かえ》りぎわに、「明日《あした》の待《ま》ち合《あ》わせ時間《じかん》は午後一時《ごごいちじ》だよ」と、友《とも》だちに**念《ねん》をおす**。／学校《がっこう》へ行《い》く前《まえ》、いつもお母《かあ》さんにわすれものはないかと、**念《ねん》をお**される。

恥《はじ》の上《うわ》ぬり

慣用句

いみ 恥《はじ》をかいたうえに、さらに恥《はじ》をかく。

さんこう 「上《うわ》ぬり」は、かべをぬるときに、一度《いちど》ぬった上《うえ》に、仕《し》上《あ》げとして、さらにもう一度重《いちどかさ》ねてぬること。

ようれい 洋服《ようふく》を前後《まえうし》ろ逆《ぎゃく》に着《き》ていたうえに、ズボンのチャックが開《あ》いていたなんて、**恥《はじ》の上《うわ》ぬり**だ。

恥《はじ》も外聞《がいぶん》もない

慣用句

いみ 恥《は》ずかしいとか、みっともないとか、気《き》にしていられない。ある目的《もくてき》のために、なりふりかまわず行動《こうどう》するようす。

さんこう 「外聞《がいぶん》」は、体裁《ていさい》、世間《せけん》の評判《ひょうばん》。

ようれい となりの家《いえ》の夫婦《ふうふ》は**恥《はじ》も外聞《がいぶん》も**なくよく大声《おおごえ》でけんかをする。

花道《はなみち》をかざる

慣用句

いみ 引退《いんたい》する人《ひと》が、やめるまぎわに、すばらしい活《かつ》やくをして、はなばなしく最後《さいご》をかざる。

さんこう 「花道《はなみち》」は、歌舞伎《かぶき》やすもうで、役者《やくしゃ》や力士《りきし》が出入《でい》りする道《みち》のこと。ここでは、おしまれながら引退《いんたい》する時期《じき》、場面《ばめん》のこと。

ようれい その投手《とうしゅ》は最後《さいご》の引退試合《いんたいじあい》で、ノーヒットノーランを達成《たっせい》して、野球人生《やきゅうじんせい》の**花道《はなみち》をかざ**った。

はばを利《き》かせる

慣用句

おぼえておこう！

いみ 強《つよ》い力《ちから》を持《も》ち、思《おも》いのままにふるまう。

さんこう 「はば」は、勢力《せいりょく》や、い力《りょく》の意味《いみ》。

ようれい その親分《おやぶん》はこのあたりで**はばを利《き》かせ**ている。

同じいみ はばが利《き》く

一肌《ひとはだ》ぬぐ

慣用句

いみ 人《ひと》を助《たす》けるために、力《ちから》をかす。

さんこう 力仕事《ちからしごと》などをするときに、肌《はだ》ぬぎになることから。「肌《はだ》ぬぎ」は、帯《おび》をしめたまま、着物《きもの》の袖《そで》が動《うご》きのじゃまにならないように、上半身《じょうはんしん》だけぬぐこと。「人肌《はだ》」と書《か》きまちがえないように注意《ちゅうい》。

ようれい お誕生日会《たんじょうびかい》をもりあげるために、お笑《わら》い芸人《げいにん》の友《とも》だちが**一肌《ひとはだ》ぬ**ごう、と言《い》ってくれた。

魔《ま》がさす

慣用句

いみ ふと、悪《わる》い考《かんが》えを起《お》こすこと。

さんこう 「魔《ま》」は、悪魔《あくま》のこと。悪《わる》いことを考《かんが》える悪魔《あくま》が、心《こころ》の中《なか》に入《はい》りこむ、という意味《いみ》から。

ようれい ふと**魔《ま》がさ**して、テストのときカンニングをしてしまった。

故事成語 矛盾《むじゅん》：言《い》うことやすることに食《く》いちがいがあり、つじつまが合《あ》わない。

的《まと》を射《い》る

慣用句

いみ 物事《ものごと》の大事《だいじ》な点《てん》を、正《ただ》しくとらえる。

さんこう 弓《ゆみ》ではなった矢《や》が、的《まと》に命中《めいちゅう》する、という意味《いみ》から。「的《まと》を得《え》る」は、あやまり。

ようれい **的《まと》を射《い》**た内容《ないよう》のレポートだと、先生《せんせい》にほめられた。

同じいみ 正《せい》こくを射《い》る

丸《まる》くおさまる

慣用句

いみ 物事《ものごと》が円満《えんまん》にまとまる。落《お》ち着《つ》いて、おだやかな状態《じょうたい》になることのたとえ。

ようれい 三人兄弟《さんにんきょうだい》が、五個《ごこ》あるリンゴをどう分《わ》けようかと、けんかになりそうになったが、一番上《いちばんうえ》の兄《あに》が「ぼくは一個《いっこ》でいいよ」と言《い》ったので、話《はなし》が**丸《まる》くおさま**った。

見栄《みえ》を張《は》る

慣用句

いみ 見《み》かけなどのうわべをかざって、自分《じぶん》を実際《じっさい》よりもよく見《み》せようとするようす。

ようれい いつも高《たか》い装飾品《そうしょくひん》ばかり買《か》って、**見栄《みえ》を張《は》る**とはこのことだ。

右《みぎ》から左《ひだり》

慣用句

いみ 自分《じぶん》のところに入《はい》ってきた物《もの》やお金《かね》が、すぐに別《べつ》の人《ひと》にわたってしまう。また、物事《ものごと》がすぐ処理《しょり》されること。

ようれい アルバイトをしてかせいだお金《かね》も、母《はは》に「貯金《ちょきん》しておくから」という理由《りゆう》で、**右《みぎ》から左《ひだり》**へと持《も》って行《い》かれてしまった。

故《こ》事《じ》成《せい》語《ご》 **病膏肓《やまいこうこう》に入《い》る**：趣味《しゅみ》や好《す》きなことに夢中《むちゅう》になりすぎる。

慣用句

右《みぎ》といえば左《ひだり》

いみ なんでも人《ひと》の言《い》うことに反対《はんたい》することのたとえ。

さんこう こちらが右《みぎ》と言《い》うと、左《ひだり》と答《こた》える、という意味《いみ》から。

ようれい 右《みぎ》といえば左《ひだり》と言《い》うなんて、きみは、なんてへそ曲《ま》がりな性格《せいかく》なんだ。

同じいみ ああ言《い》えばこう言《い》う／白《しろ》と言《い》えば黒《くろ》

慣用句

よくでる！

水《みず》に流《なが》す

いみ 今《いま》までの争《あらそ》いごとや気《き》まずさなどを、すべてなかったことにして仲直《なかなお》りすることのたとえ。

さんこう 水《みず》で流《なが》し去《さ》るという意味《いみ》から。

ようれい 過去《かこ》のことは水《みず》に流《なが》して、仲良《なかよ》くしよう。

慣用句

水《みず》を打《う》ったよう

いみ その場《ば》にいるたくさんの人々《ひとびと》が、静《しず》まりかえるようす。

さんこう 「水《みず》を打《う》った」は、水《みず》をまくこと。水《みず》をまくと、ほこりなどがたたず、落《お》ち着《つ》くことから。

ようれい 校長先生《こうちょうせんせい》がだん上《じょう》に上《あ》がると、会場《かいじょう》は水《みず》を打《う》ったように静《しず》まりかえった。

ことわざ・慣用句《かんようく》クイズ㉜

答《こた》えは275ページを見《み》てね

次《つぎ》の①～⑥の□にア～カの適当《てきとう》な漢字《かんじ》を入《い》れて、慣用句《かんようく》を完成《かんせい》させましょう。

① □をおす
② 恥《はじ》の□ぬり
③ □がさす
④ はばを□かせる
⑤ 水《みず》に□す
⑥ □を射《い》る

ア 上《うわ》
イ 念《ねん》
ウ 流《なが》
エ 魔《ま》
オ 的《まと》
カ 利《き》

クイズ㉜は268～271ページを見《み》ながらとこう。

故事成語 立錐《りっすい》の余地《よち》もない：人《ひと》や物《もの》が多《おお》くて少《すこ》しのすき間《ま》もないようす。

水《みず》を差《さ》す

慣用句

おぼえておこう！

いみ 物事《ものごと》がうまくいっていたり、話《はなし》がはずんでいたりするときに、わきからよけいなことを言《い》ってじゃまをする。また、仲《なか》のいい間《あいだ》がらを気《き》まずくさせる。

さんこう 水《みず》を入《い》れると、熱湯《ねっとう》が冷《さ》めたり、食《た》べ物《もの》の味《あじ》がうすくなってしまうことから。

ようれい 水《みず》を差《さ》すような発言《はつげん》で、場《ば》のふんいきが悪《わる》くなった。

やぶれかぶれ

慣用句

いみ 後《あと》のことはどうなろうとよいと、すてばちになること。やけになることのたとえ。

ようれい もう負《ま》けてもいいと、半分《はんぶん》やぶれかぶれになって、歳《とし》のはなれた兄《あに》にけんかをいどんだ。

横車《よこぐるま》をおす

慣用句

よくでる！

いみ 自分《じぶん》の思《おも》いどおりにしようと、ルールを無視《むし》して、無理《むり》におし通《とお》す。

さんこう 前後《ぜんご》に動《うご》く車《くるま》を、無理《むり》やり横《よこ》におすことから。

ようれい クラスの意見《いけん》がまとまりそうになったのに、横車《よこぐるま》をおす人《ひと》がいて、なかなか決《き》まらない。

同じいみ 横紙《よこがみ》やぶり

我関《われかん》せず

慣用句

いみ 自分《じぶん》には関係《かんけい》のないこと、知《し》ったことではないと、知《し》らん顔《かお》でいる。

さんこう 「関《かん》せず」は、自分《じぶん》とは関係《かんけい》ないこと。

ようれい 佐藤《さとう》くんはクラスメイト同士《どうし》がけんかをしていても、我関《われかん》せずという態度《たいど》をとっている。

我《われ》も我《われ》もと

慣用句

いみ おくれをとらないようにと、みんなが先《さき》を争《あらそ》うようす。

さんこう 「わたしも」、「わたしも」と、言《い》い合《あ》うようすから。

ようれい 先着《せんちゃく》二十名《にじゅうめい》限定《げんてい》の特売品《とくばいひん》に、我《われ》も我《われ》もと、たくさんの客《きゃく》がおし寄《よ》せた。

我《われ》を忘《わす》れる

慣用句

いみ 物事《ものごと》に心《こころ》をうばわれて、夢中《むちゅう》になったり、ぼうぜんとするようす。

ようれい ぼくは景色《けしき》の美《うつく》しさに、我《われ》を忘《わす》れて見《み》とれていた。

ことわざ・慣用句《かんようく》クイズ㉝

答《こた》えは275ページを見《み》てね

1 次《つぎ》の①〜④の慣用句《かんようく》の○の中《なか》に漢字《かんじ》やことばを入《い》れて、語句《ごく》を完成《かんせい》させましょう。

① 水《みず》を○○○よう（たくさんの人《ひと》が静《しず》まりかえる）

② 水《みず》を○○（仲《なか》のいい間《あいだ》がらを気《き》まずくさせる）

③ 横車《よこぐるま》を○○（自分《じぶん》の考《かんが》えを無理《むり》におし通《とお》す）

④ 我《われ》を○れる（物事《ものごと》に心《こころ》をうばわれる）

2 下《した》の①〜④の慣用句《かんようく》と（　）内《ない》の意味《いみ》の中《なか》から、まちがった組《く》み合《あ》わせのものを二《ふた》つ選《えら》んで、正《ただ》しい意味《いみ》をあとのア〜エの中《なか》から選《えら》びましょう。

① 丸《まる》くおさまる（物事《ものごと》がうまくまとまる）

② 右《みぎ》といえば左《ひだり》（とても気《き》の合《あ》う関係《かんけい》）

③ やぶれかぶれ（おくれをとらないよう先《さき》を争《あらそ》う）

④ 我関《われかん》せず（自分《じぶん》には関係《かんけい》ないと知《し》らん顔《かお》する）

ア 物事《ものごと》を正《ただ》しくとらえる

イ やけになること

ウ 自分《じぶん》を実際《じっさい》よりよく見《み》せる

エ なんでも人《ひと》の言《い》うことに反《はん》対《たい》する

クイズ㉝は270〜273ページを見《み》ながらとこう。

故事成語 災《わざわ》いを転《てん》じて福《ふく》となす：悪《わる》い出来事《できごと》を利用《りよう》して、よい出来事《できごと》のきっかけとする。

ことわざ・慣用句《かんようく》クイズ　答《こた》え

①の答《こた》え（25ページ）

❶ ①ウ　②ア　③エ　④イ

❷ イ 船頭《せんどう》多《おお》くして、船山《ふねやま》に上《のぼ》る
ウ 一姫《いちひめ》二《に》太郎《たろう》

②の答《こた》え（31ページ）

❶ ①ウ　②エ　③イ　④ア

❷ ウ 三人《さんにん》寄《よ》れば文殊《もんじゅ》の知恵《ちえ》
エ 君子《くんし》危《あや》うきに近寄《ちかよ》らず

③の答《こた》え（47ページ）

❶ ①イ　②エ　③ウ　④ア　⑤オ

❷ 2

④の答《こた》え（48ページ）

❶ まちがっているもの
①イ　②ウ　⑤エ

❷ あ 気《き》を落《お》とす　い 気《き》にかける
う 気《き》がぬける　え 心《こころ》をこめる
お 心《こころ》に浮《う》かぶ

⑤の答《こた》え（59ページ）

❶ ①オ　②エ　③ア　④ク　⑤ウ
⑥コ　⑦サ　⑧イ　⑨ケ　⑩シ

❷ あ―エ　い―ウ　う―オ
え―カ　お―イ　か―ア

⑥の答《こた》え（65ページ）

あ 口《くち》がかたい　い 口《くち》が減《へ》らない
う 口《くち》をそろえる　え 口《くち》をにごす　お 口《くち》を割《わ》る

⑦の答《こた》え（71ページ）

❶ まちがっているもの
②ア　④オ　⑤ウ

❷ あ 舌《した》が肥《こ》える　い 舌《した》が回《まわ》る
う 舌《した》を巻《ま》く　え なみだをのむ
お なみだにくれる

⑧の答《こた》え（78ページ）

❶ ①カ　②ウ　③イ　④ア　⑤エ

❷ ①ウ　②カ　③オ
④ア　⑤エ　⑥イ

⑨の答《こた》え（91ページ）

❶ ①イ　②エ　③ア　④ウ

❷ まちがっているもの
ウ 骨《ほね》折《お》り損《ぞん》のくたびれもうけ
エ 腕《うで》によりをかける

⑩の答《こた》え（93ページ）

❶ まちがっているもの
②エ　③オ　⑤イ

❷ あ 肩《かた》を持《も》つ　い 足《あし》を洗《あら》う
う 腕《うで》が上《あ》がる　え 肝《きも》が小《ちい》さい

⑪の答《こた》え（97ページ）

❶ ①エ　②ウ　③オ　④イ　⑤ア

❷ ①エ　②ア　③ウ　④オ　⑤イ

⑫の答《こた》え（103ページ）

❶ まちがっているもの
①エ　③オ　⑤ア

❷ あ しりをぬぐう　い 手《て》をにぎる　う つめに火《ひ》をともす
え 腹《はら》が黒《くろ》い

⑬の答《こた》え（106ページ）

❶ ①ウ　②エ　③オ　④イ　⑤ア

❷ ①エ　②ア　③ウ　④イ　⑤オ

⑭の答《こた》え（125ページ）

❶ ①オ　②エ　③ア　④イ　⑤ウ

❷ ①オとウ　②ア　③エ　④カ
⑤イ

⑮の答《こた》え（129ページ）

❶ ①ウ　②オ　③イ　④ア　⑤エ

❷ あ さばを読《よ》む　い 猿《さる》の人《ひと》まね
う しっぽをつかむ　え しっぽをふる　お しっぽを巻《ま》く
か すずめのなみだ　き 暗《くら》がりから牛《うし》

⑯の答《こた》え（151ページ）

❶ まちがっているもの
①ウ　②オ　③イ

❷ ①ウ　②エ　③イ　④ア

⑰の答《こた》え（154ページ）

①ウ　②ア　③エ　④オ　⑤イ

⑱の答《こた》え（173ページ）

❶ ①エ　②ア　③イ　④ウ

❷ ア 石橋《いしばし》をたたいてわたる
ウ 板《いた》に付《つ》く

⑲の答《こた》え（183ページ）

❶ まちがっているもの
①ウ　⑤イ

❷ あ 将棋《しょうぎ》だおし　い 宝《たから》の持《も》ちぐされ　う 玉《たま》にきず　え 二足《にそく》のわらじをはく

⑳の答《こた》え（191ページ）

❶①オ　②カ　③ア　④ウ　⑤エ
⑥イ

❷①オ　②エ　③ウ　④カ　⑤ア
⑥イ

㉑の答《こた》え（192ページ）

あ　雲《くも》をつかむよう　い　降《ふ》ってわいたよう　う　風雲急《ふううんきゅう》を告《つ》げる　え　地震《じしん》雷《かみなり》火事《かじ》親父《おやじ》

㉒の答《こた》え（198ページ）

①二《ふた》つともオ　郷《ごう》に入《い》っては郷《ごう》にしたがえ　②イ　すべての道《みち》はローマに通《つう》ず　③ア　江戸《えど》の敵《かたき》を長崎《ながさき》でうつ　④ウ　住《す》めば都《みやこ》　⑤エ　取《と》り付《つ》く島《しま》もない　⑥カ　清水《きよみず》の舞台《ぶたい》から飛《と》び下《お》りる

㉓の答《こた》え（219ページ）

❶②ウ　③エ　④ア

❷①二《ふた》つともウ　上《うえ》には上《うえ》がある
②二《ふた》つともエ　聞《き》くは一時《いっとき》の恥《はじ》、聞《き》かぬは一生《いっしょう》の恥《はじ》　③オ　案《あん》ずるより産《う》むがやすし　④イ　命《いのち》あっての物《もの》だね　⑤ア　コロンブスの卵《たまご》

㉔の答《こた》え（225ページ）

❶①二《ふた》つともウ　しずむ瀬《せ》あれば浮《う》かぶ瀬《せ》あり　②オ　朱《しゅ》に交《まじ》われば赤《あか》くなる　③ア　善《ぜん》は急《いそ》げ　④エ　ミイラ取《と》りがミイラになる　⑤イ　論《ろん》よりしょうこ

❷①エ　②オ　③ア　④イ　⑤ウ

㉕の答《こた》え（241ページ）

❶①痛《いた》しかゆし　②しのぎをけずる　③かたずをのむ　④りゅう飲《いん》が下《さ》がる

❷まちがっているもの
①エ　②ウ　③イ

㉖の答《こた》え（247ページ）

❶①エ　おしが強《つよ》い　②オ　お高《たか》くとまる　③ア　角《かど》が立《た》つ　④イ　乙《おつ》にすます　⑤二《ふた》つともウ　着《き》のみ着《き》のまま　⑥キ　軌道《きどう》に乗《の》る　⑦カ　きまりが悪《わる》い

❷①ウ　②オ　③エ　④ア　⑤イ

㉗の答《こた》え（253ページ）

❶①ぐうの音《ね》も出《で》ない　②苦杯《くはい》をなめる　③けりをつける　④甲乙《こうおつ》つけがたい

❷まちがっているもの
①エ　③イ　⑤ウ

㉘の答《こた》え（259ページ）

❶①エ　功《こう》を奏《そう》する　②オ　算《さん》を乱《みだ》す　③ウ　自責《じせき》の念《ねん》にかられる　④ア　私腹《しふく》を肥《こ》やす　⑤イ　真《しん》にせまる

❷まちがっているもの
①エ　③ア　④イ

㉙の答《こた》え（261ページ）

①ウ　水泡《すいほう》に帰《き》す　②イ　酸《す》いもあまいもかみ分《わ》ける　③エ　触手《しょくしゅ》をのばす　④ア　底《そこ》をつく　⑤カ　そうは問屋《とんや》がおろさない　⑥オ　相好《そうごう》をくずす

㉚の答《こた》え（265ページ）

❶①反《そ》りが合《あ》わない　②高《たか》が知《し》れる　③高《たか》をくくる　④出《だ》しにする

❷まちがっているもの
①エ　③イ

㉛の答《こた》え（267ページ）

①ウ　泣《な》きを入《い》れる　②エ　泣《な》きを見《み》る　③ア　にても焼《や》いても食《く》えない　④オ　願《ねが》うところの幸《さいわ》い　⑤イ　願《ねが》ったりかなったり

㉜の答《こた》え（271ページ）

①イ　念《ねん》をおす　②ア　恥《はじ》の上《うわ》ぬり　③エ　魔《ま》がさす　④カ　水《みず》に流《なが》す　⑤ウ　はばを利《き》かせる　⑥オ　的《まと》を射《い》る

㉝の答《こた》え（273ページ）

❶①水《みず》を打《う》ったよう　②水《みず》を差《さ》す　③横車《よこぐるま》をおす　④我《われ》を忘《わす》れる

❷まちがっているもの
②エ　③イ

ことわざ・慣用句《かんようく》 さくいん

本書《ほんしょ》でしょうかいしている「ことわざ」と「慣用句《かんようく》」のあいうえお順《じゅん》のさくいんです。

「足《あし》が出《で》る」の色《いろ》の字《じ》は よくでる！、「青菜《あおな》に塩《しお》」の色《いろ》の字《じ》は おぼえておこう！、

となっています。こ のマークはことわざ、慣 のマークは慣用句《かんようく》です。

あ

- 慣 愛想《あいそ》がいい …… 235
- 慣 愛想《あいそ》をつかす …… 235
- 慣 開《あ》いた口《くち》がふさがらない …… 55
- 慣 相《あい》づちを打《う》つ …… 167
- 慣 あうんの呼吸《こきゅう》 …… 23
- 慣 青菜《あおな》に塩《しお》 …… 140
- 慣 赤子《あかご》の手《て》をひねる …… 23
- こ 秋《あき》なすびは嫁《よめ》に食《く》わすな …… 23
- 慣 あげ足《あし》を取《と》る …… 86
- 慣 あごで使《つか》う …… 55
- 慣 あごを出《だ》す …… 55
- こ 浅《あさ》い川《かわ》も深《ふか》くわたれ …… 214
- こ 朝起《あさお》きは三文《さんもん》の徳《とく》 …… 202
- こ 朝寝坊《あさねぼう》のよいっぱり …… 202
- 慣 朝飯前《あさめしまえ》 …… 202
- 慣 足《あし》が地《ち》につかない …… 86
- 慣 足《あし》が出《で》る …… 86
- 慣 足《あし》が棒《ぼう》になる …… 80
- こ 明日《あした》は明日《あした》の風《かぜ》がふく …… 202
- 慣 味《あじ》も素《そ》っ気《け》もない …… 235
- 慣 足元《あしもと》に火《ひ》が付《つ》く …… 86
- 慣 足元《あしもと》にもおよばない …… 87
- 慣 足元《あしもと》を見《み》る …… 87
- 慣 足《あし》を洗《あら》う …… 87
- 慣 味《あじ》をしめる …… 235
- 慣 足《あし》を引《ひ》っ張《ぱ》る …… 87
- 慣 明日《あす》は我《わ》が身《み》 …… 23
- 慣 頭《あたま》が上《あ》がらない …… 50
- 慣 頭《あたま》が痛《いた》い …… 55
- こ 頭《あたま》かくしてしりかくさず …… 56
- 慣 頭《あたま》が下《さ》がる …… 56
- こ 頭《あたま》の上《うえ》のはえを追《お》え …… 56
- 慣 頭《あたま》をもたげる …… 56
- こ 当《あ》たるも八卦《はっけ》当《あ》たらぬも八卦《はっけ》 …… 214
- 慣 後《あと》は野《の》となれ山《やま》となれ …… 236
- 慣 危《あぶ》ない橋《はし》をわたる …… 167
- 慣 あぶはち取《と》らず …… 118
- 慣 油《あぶら》を売《う》る …… 167
- 慣 油《あぶら》をしぼる …… 167
- こ 雨《あま》だれ石《いし》をうがつ …… 189
- 慣 雨《あめ》が降《ふ》ろうがやりが降《ふ》ろうが …… 189
- こ 雨降《あめふ》って地固《じかた》まる …… 189
- 慣 嵐《あらし》の前《まえ》の静《しず》けさ …… 189
- 慣 ありがた迷惑《めいわく》 …… 236
- 慣 ありのはい出《で》るすきもない …… 118
- こ 案《あん》ずるより産《う》むがやすし …… 214

い

- 慣 生《い》き馬《うま》の目《め》をぬく …… 118
- 慣 息《いき》が合《あ》う …… 236
- 慣 息《いき》が切《き》れる …… 236
- 慣 行《い》きがけのだ賃《ちん》 …… 237
- 慣 息《いき》の根《ね》を止《と》める …… 237
- 慣 息《いき》を殺《ころ》す …… 237
- 慣 息《いき》をぬく …… 237
- 慣 息《いき》をのむ …… 237
- 慣 息《いき》をはずませる …… 238
- 慣 息《いき》を引《ひ》き取《と》る …… 238
- 慣 息《いき》をふき返《かえ》す …… 238
- こ 石《いし》の上《うえ》にも三年《さんねん》 …… 200

こ 石橋《いしばし》をたたいてわたる …… 162
こ 医者《いしゃ》の不養生《ふようじょう》 …… 24
慣 意地《いじ》を張《は》る …… 238
慣 いずれ菖蒲《あやめ》か杜若《かきつばた》 …… 140
こ 急《いそ》がば回《まわ》れ …… 201
慣 痛《いた》くもかゆくもない …… 238
慣 痛《いた》しかゆし …… 226
慣 いたちごっこ …… 108
慣 板《いた》に付《つ》く …… 168
慣 板《いた》ばさみになる …… 168
慣 一《いち》か八《ばち》か …… 148
慣 一《いち》から十《じゅう》まで …… 148
こ 一事《いちじ》が万事《ばんじ》 …… 148
こ 一難《いちなん》去《さ》ってまた一難《いちなん》 …… 148
こ 一姫《いちひめ》二太郎《にたろう》 …… 24
こ 一富士《いちふじ》二《に》たか三《さん》なすび …… 149
慣 一目《いちもく》置《お》く …… 146
慣 一目散《いちもくさん》に …… 149
こ 一《いち》を聞《き》いて十《じゅう》を知《し》る …… 149
こ 一寸先《いっすんさき》はやみ …… 149
こ 一寸《いっすん》の虫《むし》にも五分《ごぶ》のたましい …… 118
慣 一線《いっせん》を画《かく》す …… 150
慣 糸《いと》を引《ひ》く …… 168
こ 犬《いぬ》が西向《にしむ》きゃ尾《お》は東《ひがし》 …… 119
こ 犬《いぬ》も歩《ある》けば棒《ぼう》に当《あ》たる …… 119
こ 命《いのち》あっての物《もの》だね …… 214
こ 井《い》の中《なか》のかわず大海《たいかい》を知《し》らず …… 109
慣 色《いろ》を失《うしな》う …… 239
こ いわしの頭《あたま》も信心《しんじん》から …… 119
慣 因果《いんが》をふくめる …… 239
慣 引導《いんどう》をわたす …… 239

う

こ 上《うえ》には上《うえ》がある …… 208
こ 魚心《うおごころ》あれば水心《みずごころ》 …… 119
こ 牛《うし》に引《ひ》かれて善光寺参《ぜんこうじまい》り …… 120
慣 後《うし》ろがみを引《ひ》かれる …… 57
慣 後《うし》ろ指《ゆび》をさされる …… 87
こ うそから出《で》たまこと …… 215
こ うそつきはどろぼうの始《はじ》まり …… 215
慣 うそ八百《はっぴゃく》 …… 150
こ うそも方便《ほうべん》 …… 215
慣 うだつが上《あ》がらない …… 169
こ 内弁慶《うちべんけい》の外地蔵《そとじぞう》 …… 24
慣 うつつをぬかす …… 239
慣 腕《うで》が上《あ》がる …… 88
慣 腕《うで》が鳴《な》る …… 88
慣 腕《うで》によりをかける …… 88
慣 うなぎのねどこ …… 120
慣 うなぎのぼり …… 120
慣 うの目《め》たかの目《め》 …… 120
慣 うまい汁《しる》を吸《す》う …… 240
慣 馬《うま》が合《あ》う …… 121・
こ 馬《うま》の耳《みみ》に念仏《ねんぶつ》 …… 121
こ 生《う》みの親《おや》より育《そだ》ての親《おや》 …… 24
慣 裏目《うらめ》に出《で》る …… 240
慣 売《う》り言葉《ことば》に買《か》い言葉《ことば》 …… 240
慣 うり二《ふた》つ …… 140
こ うわさをすれば影《かげ》がさす …… 209
慣 上前《うわまえ》をはねる …… 240
慣 運《うん》を天《てん》にまかせる …… 156

え

慣 英気《えいき》を養《やしな》う …… 241
こ 江戸《えど》の敵《かたき》を長崎《ながさき》でうつ …… 196
こ 絵《え》にかいたもち …… 169
慣 えびでたいをつる …… 110
慣 えりを正《ただ》す …… 169
慣 縁起《えんぎ》をかつぐ …… 157
こ 縁《えん》の下《した》の力持《ちからも》ち …… 25
慣 遠慮会釈《えんりょえしゃく》もない …… 241

お

こ 老《お》いては子《こ》にしたがえ …… 25
こ 大風《おおかぜ》がふけばおけ屋《や》がもうかる …… 188
慣 大《おお》ぶろしきを広《ひろ》げる …… 169
慣 大見得《おおみえ》を切《き》る …… 242
慣 おかに上《あ》がったかっぱ …… 121
こ 起《お》きて半畳《はんじょう》 寝《ね》て一畳《いちじょう》 …… 215
慣 おく面《めん》もなく …… 242
慣 おくれを取《と》る …… 242
こ おごる平家《へいけ》は久《ひさ》しからず …… 216
慣 お先棒《さきぼう》をかつぐ …… 242
慣 おしが強《つよ》い …… 243
慣 おしもおされもしない …… 243
慣 お高《たか》くとまる …… 243
慣 お茶《ちゃ》をにごす …… 170
慣 乙《おつ》にすます …… 243
こ 男《おとこ》は度胸《どきょう》、女《おんな》は愛《あい》きょう …… 26
こ 同《おな》じ穴《あな》のむじな …… 121
こ 鬼《おに》に金棒《かなぼう》 …… 157
こ 鬼《おに》のいぬ間《ま》にせんたく …… 157

- 慣 鬼《おに》の目《め》にもなみだ …… 157
- こ 帯《おび》に短《みじか》したすきに長《なが》し …… 170
- こ おぼれる者《もの》はわらをもつかむ …… 16
- こ 思《おも》い立《た》ったが吉日《きちじつ》 …… 203
- 慣 親方《おやかた》日《ひ》の丸《まる》 …… 26
- こ 親《おや》に似《に》ぬ子《こ》は鬼子《おにご》 …… 26
- こ 親《おや》の心子《こころこ》知《し》らず …… 26
- 慣 親《おや》のすねをかじる …… 27
- こ 親《おや》の光《ひかり》は七光《ななひかり》 …… 27
- こ 親《おや》はなくても子《こ》は育《そだ》つ …… 27
- 慣 折《お》り紙《がみ》を付《つ》ける …… 170
- こ 終《お》わりよければすべてよし …… 203
- 慣 終《お》わりを告《つ》げる …… 203
- 慣 恩《おん》をあだで返《かえ》す …… 227

か

- こ 飼《か》い犬《いぬ》に手《て》をかまれる …… 122
- こ かえるの面《つら》に水《みず》 …… 122
- 慣 顔《かお》が売《う》れる …… 57
- 慣 顔《かお》が利《き》く …… 57
- 慣 顔《かお》が立《た》つ …… 57
- 慣 顔《かお》が広《ひろ》い …… 58
- 慣 顔《かお》から火《ひ》が出《で》る …… 58
- 慣 顔《かお》に泥《どろ》をぬる …… 58
- こ 学問《がくもん》に王道《おうどう》なし …… 216
- 慣 かたずをのむ …… 228
- 慣 肩《かた》の荷《に》が下《お》りる …… 88
- 慣 肩《かた》を落《お》とす …… 89
- 慣 肩《かた》を持《も》つ …… 89
- こ 火中《かちゅう》の栗《くり》を拾《ひろ》う …… 140
- こ 勝《か》ってかぶとの緒《お》をしめよ …… 170
- こ かっぱの川流《かわなが》れ …… 122
- 慣 合点《がてん》がいかない …… 244
- 慣 角《かど》が立《た》つ …… 244
- 慣 角《かど》が取《と》れる …… 244
- こ 金持《かねも》ちけんかせず …… 27
- 慣 かぶとをぬぐ …… 171
- こ かべに耳《みみ》あり障子《しょうじ》に目《め》あり …… 171
- こ 果報《かほう》は寝《ね》て待《ま》て …… 216
- 慣 神《かみ》も仏《ほとけ》もない …… 158
- こ かめの甲《こう》より年《とし》の功《こう》 …… 122
- 慣 かゆい所《ところ》に手《て》が届《とど》く …… 89
- こ 枯《か》れ木《き》も山《やま》のにぎわい …… 141
- こ かわいい子《こ》には旅《たび》をさせよ …… 17
- 慣 かわいさあまって憎《にく》さ百倍《ひゃくばい》 …… 244
- 慣 我《が》を張《は》る …… 245
- 慣 肝胆《かんたん》をくだく …… 89
- 慣 堪忍袋《かんにんぶくろ》の緒《お》が切《き》れる …… 245
- 慣 完膚《かんぷ》なきまでに …… 245

き

- こ 聞《き》いて極楽《ごくらく》見《み》て地獄《じごく》 …… 216
- 慣 気《き》が置《お》けない …… 38
- 慣 気《き》が重《おも》い …… 40
- 慣 気《き》が利《き》く …… 40
- 慣 気《き》がつく …… 40
- 慣 気《き》がぬける …… 40
- 慣 気《き》が引《ひ》ける …… 41
- こ 聞《き》くは一時《いっとき》の恥《はじ》、聞《き》かぬは一生《いっしょう》の恥《はじ》 …… 210
- こ きじも鳴《な》かずばうたれまい …… 123
- 慣 帰心矢《きしんや》のごとし …… 39
- 慣 機先《きせん》を制《せい》する …… 245
- こ きつねとたぬき …… 123
- 慣 きつねにつままれる …… 123
- 慣 きつねの嫁入《よめい》り …… 123
- 慣 木《き》で鼻《はな》をくくる …… 58
- 慣 軌道《きどう》に乗《の》る …… 246
- 慣 気《き》に入《い》る …… 41
- 慣 気《き》にかける …… 41
- 慣 気《き》に食《く》わない …… 41
- 慣 気《き》にさわる …… 41
- 慣 木《き》に竹《たけ》をつぐ …… 141
- 慣 気《き》になる …… 41
- 慣 気《き》に病《や》む …… 41
- 慣 着《き》のみ着《き》のまま …… 246
- 慣 気《き》は心《こころ》 …… 42
- 慣 きびすを返《かえ》す …… 89
- 慣 気骨《きぼね》が折《お》れる …… 42
- 慣 きまりが悪《わる》い …… 246
- 慣 肝《きも》が大《おお》きい …… 90
- 慣 肝《きも》が小《ちい》さい …… 90
- 慣 肝《きも》が太《ふと》い …… 90
- 慣 肝《きも》に銘《めい》じる …… 91
- 慣 肝《きも》をつぶす …… 91
- 慣 肝《きも》を冷《ひ》やす …… 91
- 慣 脚光《きゃっこう》を浴《あ》びる …… 246
- 慣 九死《きゅうし》に一生《いっしょう》を得《え》る …… 150
- こ 窮《きゅう》すれば通《つう》ず …… 217
- こ 窮鼠《きゅうそ》猫《ねこ》をかむ …… 124
- こ 窮鳥《きゅうちょう》懐《ふところ》に入《い》れば猟師《りょうし》も殺《ころ》さず …… 124
- 慣 窮余《きゅうよ》の一策《いっさく》 …… 247
- こ 兄弟《きょうだい》は他人《たにん》の始《はじ》まり …… 28
- 慣 今日《きょう》という今日《きょう》 …… 203

慣 興《きょう》に乗《の》る …… 247
こ 京《きょう》の着《き》だおれ大阪《おおさか》の食《く》いだおれ …… 196
慣 清水《きよみず》の舞台《ぶたい》から飛《と》び下《お》りる …… 197
慣 虚《きょ》をつく …… 248
慣 綺羅星《きらぼし》のごとし …… 248
慣 気《き》を失《うしな》う …… 42
慣 気《き》を落《お》とす …… 42
慣 気《き》を配《くば》る …… 42
慣 気《き》を取《と》られる …… 42
慣 気《き》を取《と》り直《なお》す …… 43
慣 気《き》をはく …… 43
こ 木《き》を見《み》て森《もり》を見《み》ず …… 138
慣 気《き》を持《も》たせる …… 43
慣 気《き》をもむ …… 43
こ 勤勉《きんべん》は成功《せいこう》の母《はは》 …… 28

く

慣 食《く》うか食《く》われるか …… 248
慣 ぐうの音《ね》も出《で》ない …… 248
慣 くぎ付《づ》けにする …… 171
慣 くぎをさす …… 171
こ くさい物《もの》にふたをする …… 172
慣 くさってもたい …… 124
慣 草《くさ》の根《ね》を分《わ》けて探《さが》す …… 141
慣 草葉《くさば》の陰《かげ》 …… 141
慣 くしの歯《は》が欠《か》けたよう …… 172
こ 薬《くすり》も過《す》ぎれば毒《どく》となる …… 172
慣 管《くだ》を巻《ま》く …… 172
慣 口裏《くちうら》を合《あ》わせる …… 58
慣 口《くち》がうまい …… 59
慣 口《くち》が重《おも》い …… 59
慣 口《くち》がかかる …… 60
慣 口《くち》がかたい …… 60
慣 口《くち》が軽《かる》い …… 60
慣 口《くち》が酸《す》っぱくなる …… 60
慣 口《くち》がすべる …… 61
慣 口《くち》が減《へ》らない …… 61
慣 口《くち》から先《さき》に生《う》まれる …… 61
慣 口《くち》が悪《わる》い …… 61
慣 口車《くちぐるま》に乗《の》せられる …… 62
慣 口《くち》にする …… 62
慣 くちばしが黄色《きいろ》い …… 124
慣 くちばしをいれる …… 125
慣 口火《くちび》を切《き》る …… 173
慣 口《くち》も八丁手《はっちょうて》も八丁《はっちょう》 …… 62
慣 口《くち》を利《き》く …… 62
慣 口《くち》を切《き》る …… 63
慣 口《くち》をそろえる …… 63
慣 口《くち》を出《だ》す …… 63
慣 口《くち》をとがらせる …… 63
慣 口《くち》をにごす …… 63
慣 口《くち》をぬぐう …… 64
慣 口《くち》をはさむ …… 64
慣 口《くち》を割《わ》る …… 64
慣 苦肉《くにく》の策《さく》 …… 249
慣 苦杯《くはい》をなめる …… 249
慣 首《くび》が飛《と》ぶ …… 92
慣 首《くび》が回《まわ》らない …… 92
慣 首《くび》をかしげる …… 92
慣 首《くび》をつっこむ …… 92
慣 首《くび》を長《なが》くする …… 92
慣 首《くび》をひねる …… 93
慣 首《くび》を横《よこ》にふる …… 93
慣 苦《く》もない …… 249
慣 くもの子《こ》を散《ち》らすよう …… 125
慣 雲《くも》をかすみと …… 190
慣 雲《くも》をつかむよう …… 190
慣 雲《くも》をつく …… 190
慣 暗《くら》がりから牛《うし》 …… 126
こ 苦《くる》しい時《とき》の神《かみ》だのみ …… 158
慣 車《くるま》の両輪《りょうりん》 …… 173
慣 黒白《くろしろ》をつける …… 249
慣 食《く》わずぎらい …… 250
こ 君子《くんし》危《あや》うきに近寄《ちかよ》らず …… 28
慣 軍配《ぐんばい》が上《あ》がる …… 173
慣 軍門《ぐんもん》に降《くだ》る …… 250
慣 群《ぐん》をぬく …… 250

け

慣 芸《げい》がない …… 250
こ 芸術《げいじゅつ》は長《なが》く人生《じんせい》は短《みじか》し …… 217
こ 芸《げい》は身《み》のあだ …… 217
こ 芸《げい》は身《み》を助《たす》ける …… 217
慣 けがの功名《こうみょう》 …… 229
慣 げたを預《あず》ける …… 174
慣 けむに巻《ま》く …… 251
慣 けりをつける …… 251
慣 犬猿《けんえん》の仲《なか》 …… 111
慣 けんか両成敗《りょうせいばい》 …… 251
慣 言語《げんご》に絶《ぜっ》する …… 251
慣 言質《げんち》を取《と》る …… 252
慣 けんもほろろ …… 252

こ

慣 光陰矢《こういんや》のごとし……204
慣 甲乙《こうおつ》つけがたい……252
慣 口角《こうかく》あわを飛《と》ばす……64
慣 紅顔《こうがん》の美少年《びしょうねん》……28
こ 孝行《こうこう》のしたい時分《じぶん》に親《おや》はなし……29
こ 好事《こうじ》魔《ま》多《おお》し……218
慣 功《こう》なり名《な》とげる……253
こ 郷《ごう》に入《い》っては郷《ごう》にしたがえ……194
こ 弘法《こうぼう》にも筆《ふで》のあやまり……18
こ 弘法筆《こうぼうふで》を選《えら》ばず……29
こ 紺屋《こうや》の白《しろ》ばかま……218
慣 功《こう》を奏《そう》する……253
慣 業《ごう》をにやす……254
慣 声《こえ》をのむ……254
慣 故郷《こきょう》へ錦《にしき》をかざる……197
慣 黒白《こくびゃく》を争《あらそ》う……254
慣 小首《こくび》をかしげる……94
慣 心《こころ》が重《おも》い……43
慣 心《こころ》が通《かよ》う……43
慣 心《こころ》が残《のこ》る……44
慣 心《こころ》がはずむ……44
慣 志《こころざし》を立《た》てる……44
慣 心《こころ》に浮《う》かぶ……44
慣 心《こころ》にかける……44
慣 心《こころ》に刻《きざ》みつける……45
慣 心《こころ》に留《と》める……45
慣 心《こころ》にふれる……45
慣 心《こころ》を痛《いた》める……45
慣 心《こころ》を打《う》たれる……45
慣 心《こころ》をうばわれる……46
慣 心《こころ》を鬼《おに》にする……46
慣 心《こころ》をくだく……46
慣 心《こころ》を配《くば》る……46
慣 心《こころ》をこめる……46
慣 心《こころ》をとらえる……47
慣 心《こころ》を引《ひ》かれる……47
慣 心《こころ》を許《ゆる》す……47
慣 腰《こし》が強《つよ》い……94
慣 腰《こし》がぬける……94
慣 腰《こし》が低《ひく》い……94
慣 腰《こし》が弱《よわ》い……95
慣 腰《こし》ぎんちゃく……95
慣 腰《こし》を折《お》る……81
慣 腰《こし》をすえる……95
慣 言葉《ことば》をにごす……254
こ 子《こ》どものけんかに親《おや》が出《で》る……29
こ 子《こ》はかすがい……29
こ ごまめの歯《は》ぎしり……126
慣 ごまをする……174
慣 小耳《こみみ》にはさむ……65
こ 転《ころ》ばぬ先《さき》のつえ……163
慣 転《ころ》んでもただでは起《お》きない……255
こ コロンブスの卵《たまご》……218
慣 こわい物見《ものみ》たさ……255
こ 子《こ》を持《も》って知《し》る親《おや》の恩《おん》……30
慣 今昔《こんじゃく》の感《かん》……204

さ

慣 さいは投《な》げられた……174
慣 さじを投《な》げる……174
慣 察《さっ》しが付《つ》く……255
慣 さばを読《よ》む……126
慣 猿《さる》の人《ひと》まね……126
こ 猿《さる》も木《き》から落《お》ちる……127
こ さわらぬ神《かみ》にたたりなし……158
こ 三尺下《さんじゃくさ》がって師《し》の影《かげ》をふまず……30
こ 三十六計《さんじゅうろっけい》にげるにしかず……147
こ 山《さん》しょうは小粒《こつぶ》でもぴりりとからい……142
こ 三度目《さんどめ》の正直《しょうじき》……150
こ 三人行《さんにんおこな》えば必《かなら》ず我《わ》が師《し》あり……30
こ 三人寄《さんにんよ》れば文殊《もんじゅ》の知恵《ちえ》……30
慣 三拍子《さんびょうし》そろう……151
慣 算《さん》を乱《みだ》す……255

し

慣 思案投《しあんな》げ首《くび》……95
慣 思案《しあん》に余《あま》る……256
慣 思案《しあん》に暮《く》れる……256
慣 時間《じかん》の問題《もんだい》……204
慣 敷居《しきい》が高《たか》い……175
慣 地獄《じごく》で仏《ほとけ》に会《あ》ったよう……158
こ 地獄《じごく》の沙汰《さた》も金次第《かねしだい》……159
慣 地獄耳《じごくみみ》……159
こ 地獄《じごく》もすみか……219
こ 事実《じじつ》は小説《しょうせつ》よりも奇《き》なり……219
こ 地震《じしん》 雷《かみなり》 火事《かじ》親父《おやじ》……190
こ しずむ瀬《せ》あれば浮《う》かぶ瀬《せ》あり……220
慣 自責《じせき》の念《ねん》にかられる……256
慣 舌打《したう》ちする……65
慣 舌《した》が肥《こ》える……65
慣 舌《した》が回《まわ》る……66

こ 親《した》しき中《なか》にも礼儀《れいぎ》あり …… 31
慣 舌足《したた》らず …… 66
慣 舌《した》つづみを打《う》つ …… 66
慣 下《した》にも置《お》かない …… 256
慣 舌《した》の根《ね》もかわかぬうちに …… 66
慣 舌《した》を巻《ま》く …… 67
慣 じだんだをふむ …… 257
慣 十指《じっし》に余《あま》る …… 96
こ 失敗《しっぱい》は成功《せいこう》のもと …… 211
慣 しっぽを出《だ》す …… 127
慣 しっぽをつかむ …… 127
慣 しっぽをふる …… 127
慣 しっぽを巻《ま》く …… 128
こ 死人《しにん》に口《くち》なし …… 31
慣 しのぎをけずる …… 230
慣 自腹《じばら》を切《き》る …… 96
慣 しびれを切《き》らす …… 257
慣 私腹《しふく》を肥《こ》やす …… 257
慣 始末《しまつ》に負《お》えない …… 257
こ 釈迦《しゃか》に説法《せっぽう》 …… 159
こ 杓子《しゃくし》は耳《みみ》かきにならず …… 175
慣 しゃくにさわる …… 258
慣 しゃちほこ張《ば》る …… 175
こ 蛇《じゃ》の道《みち》は蛇《へび》 …… 128
慣 終止符《しゅうしふ》を打《う》つ …… 204
こ 十年一昔《じゅうねんひとむかし》 …… 151
慣 重箱《じゅうばこ》のすみをようじでほじくる …… 176
こ 朱《しゅ》に交《まじ》われば赤《あか》くなる …… 220
こ 小異《しょうい》を捨《す》てて大同《だいどう》につく …… 220
慣 将棋《しょうぎ》だおし …… 176
こ 正直《しょうじき》の頭《こうべ》に神宿《かみやど》る …… 159

こ 正直《しょうじき》は一生《いっしょう》の宝《たから》 …… 205
こ 正直者《しょうじきもの》がばかを見《み》る …… 32
こ 上手《じょうず》の手《て》から水《みず》がもる …… 220
こ 少年《しょうねん》よ大志《たいし》をいだけ …… 32
こ 小《しょう》の虫《むし》を殺《ころ》して大《だい》の虫《むし》を生《い》かす …… 128
こ 勝負《しょうぶ》は時《とき》の運《うん》 …… 205
慣 触手《しょくしゅ》をのばす …… 258
こ 初心忘《しょしんわす》るべからず …… 221
慣 知《し》らぬ顔《かお》の半兵衛《はんべえ》 …… 32
こ 知《し》らぬが仏《ほとけ》 …… 160
慣 白羽《しらは》の矢《や》が立《た》つ …… 176
慣 白《しら》を切《き》る …… 258
慣 しり馬《うま》に乗《の》る …… 128
慣 しりが重《おも》い …… 96
慣 しりが軽《かる》い …… 96
慣 しりが長《なが》い …… 97
慣 しりがわれる …… 97
慣 しり切《き》れとんぼ …… 129
慣 しりに敷《し》く …… 97
慣 しりに火《ひ》が付《つ》く …… 98
慣 しり目《め》にかける …… 67
慣 時流《じりゅう》に乗《の》る …… 258
慣 しりをたたく …… 98
慣 しりをぬぐう …… 98
慣 知《し》る人《ひと》ぞ知《し》る …… 32
慣 白《しろ》い目《め》で見《み》る …… 67
こ 詩《し》を作《つく》るより田《た》を作《つく》れ …… 221
慣 心血《しんけつ》を注《そそ》ぐ …… 48
こ 死《し》んだ子《こ》の年《とし》を数《かぞ》える …… 33
慣 真《しん》にせまる …… 259

す

慣 水泡《すいほう》に帰《き》す …… 260
慣 酸《す》いもあまいもかみ分《わ》ける …… 260
こ 好《す》きこそものの上手《じょうず》なれ …… 221
慣 すずしい顔《かお》 …… 67
慣 すずめのなみだ …… 129
こ すずめ百《ひゃく》までおどり忘《わす》れず …… 130
こ 捨《す》てる神《かみ》あれば拾《ひろ》う神《かみ》あり …… 160
慣 砂《すな》をかむよう …… 176
慣 すったもんだ …… 260
慣 図《ず》に乗《の》る …… 231
慣 すねに傷持《きずも》つ …… 98
こ すべての道《みち》はローマに通《つう》ず …… 195
こ 住《す》めば都《みやこ》 …… 197
慣 寸暇《すんか》をおしむ …… 205

せ

こ せいては事《こと》を仕損《しそん》じる …… 205
慣 青天《せいてん》のへきれき …… 191
慣 席《せき》の暖《あたた》まるいとまもない …… 206
こ 背《せ》に腹《はら》はかえられない …… 82
こ 船頭多《せんどうおお》くして、船山《ふねやま》に上《のぼ》る …… 19
こ 善《ぜん》は急《いそ》げ …… 221
こ 千里《せんり》の道《みち》も一歩《いっぽ》から …… 152

そ

慣 相好《そうごう》をくずす …… 260
慣 そうは問屋《とんや》がおろさない …… 261
慣 底《そこ》をつく …… 261
慣 そつがない …… 261

慣 袖《そで》にする …… 177
こ 袖《そで》ふり合《あ》うも他生《たしょう》の縁《えん》 …… 222
こ 備《そな》えあれば憂《うれ》いなし …… 222
慣 そばづえを食《く》う …… 262
慣 反《そ》りが合《あ》わない …… 262
慣 そろばんが合《あ》う …… 177
慣 そろばんをはじく …… 177
こ 損《そん》して得《とく》とれ …… 177

た

慣 対岸《たいがん》の火事《かじ》 …… 178
慣 太鼓判《たいこばん》をおす …… 178
こ 大山鳴動《たいざんめいどう》してねずみ一《いっ》ぴき …… 130
慣 大事《だいじ》の前《まえ》の小事《しょうじ》 …… 262
慣 大《だい》なり小《しょう》なり …… 262
こ 大《だい》は小《しょう》をかねる …… 222
慣 高《たか》が知《し》れる …… 263
慣 たがゆるむ …… 178
慣 高嶺《たかね》の花《はな》 …… 142
慣 高《たか》みの見物《けんぶつ》 …… 263
慣 宝《たから》の持《も》ちぐされ …… 178
こ 宝《たから》の山《やま》に入《い》りながら手《て》をむなしくして帰《かえ》る …… 179
慣 高《たか》をくくる …… 263
こ 多芸《たげい》は無芸《むげい》 …… 222
慣 竹《たけ》を割《わ》ったよう …… 142
慣 出《だ》しにする …… 263
慣 多勢《たぜい》に無勢《ぶぜい》 …… 264
慣 たたけばほこりが出《で》る …… 264
こ ただより高《たか》い物《もの》はない …… 179
慣 だだをこねる …… 264
慣 立《た》つ瀬《せ》がない …… 264
慣 立《た》っている者《もの》は親《おや》でも使《つか》え …… 33
こ 立《た》つ鳥《とり》あとをにごさず …… 112
こ 立《た》て板《いた》に水《みず》 …… 179
慣 たてに取《と》る …… 179
こ たなからぼたもち …… 164
慣 たなに上《あ》げる …… 180
こ 旅《たび》は道連《みちづ》れ世《よ》は情《なさ》け …… 223
こ 玉《たま》にきず …… 180

ち

慣 血《ち》も涙《なみだ》もない …… 265
慣 忠言《ちゅうげん》 耳《みみ》に逆《さか》らう …… 68
こ ちょうちんにつりがね …… 180
こ ちりも積《つ》もれば山《やま》となる …… 180

つ

こ 月《つき》とすっぽん …… 130
こ つめに火《ひ》をともす …… 99
慣 つるの一声《ひとこえ》 …… 130

て

慣 手《て》がつけられない …… 99
慣 手《て》に汗《あせ》をにぎる …… 99
慣 手《て》も足《あし》も出《で》ない …… 99
慣 手《て》を切《き》る …… 100
慣 手《て》をこまねく …… 100
慣 手《て》をにぎる …… 100
慣 手《て》を回《まわ》す …… 100
慣 手《て》を焼《や》く …… 100

と

こ とうふにかすがい …… 181
こ 時《とき》は金《かね》なり …… 206
慣 飛《と》ぶ鳥《とり》を落《お》とす勢《いきお》い …… 131
慣 途方《とほう》に暮《く》れる …… 232
こ とらぬたぬきの皮算用《かわざんよう》 …… 131
こ とらの尾《お》をふむ …… 131
慣 取《と》り付《つ》く島《しま》もない …… 198
こ 鳥《とり》なき里《さと》のこうもり …… 131
慣 度《ど》を失《うしな》う …… 265
こ どんぐりの背《せい》くらべ …… 139
慣 飛《と》んで火《ひ》に入《い》る夏《なつ》の虫《むし》 …… 113
こ とんびがたかを生《う》む …… 132
慣 とんびに油揚《あぶらあ》げをさらわれる …… 132

な

こ ない袖《そで》はふれない …… 181
こ 長《なが》い物《もの》には巻《ま》かれろ …… 181
こ 泣《な》きっ面《つら》にはち …… 114
慣 泣《な》きを入《い》れる …… 266
慣 泣《な》きを見《み》る …… 266
こ 鳴《な》くまで待《ま》とうほととぎす …… 132
こ 情《なさ》けは人《ひと》のためならず …… 20
慣 なしのつぶて …… 266
慣 七転《ななころ》び八起《やお》き …… 152
慣 なみだにくれる …… 68
慣 なみだにまよう …… 68
慣 なみだをのむ …… 68
慣 なみだをふるって …… 68
慣 なめくじに塩《しお》 …… 132
慣 習《なら》うは一生《いっしょう》 …… 206
こ 習《なら》うより慣《な》れよ …… 223

に

こ 二階《にかい》から目薬《めぐすり》 …… 152
こ にがした魚《さかな》は大《おお》きい …… 133
慣 二足《にそく》のわらじをはく …… 181
慣 にても焼《や》いても食《く》えない …… 266
こ 二度《にど》あることは三度《さんど》ある …… 152
こ 二兎《にと》を追《お》う者《もの》は一兎《いっと》をも得《え》ず …… 133
慣 二《に》の足《あし》をふむ …… 153
慣 二《に》の句《く》がつげない …… 153
慣 二《に》の次《つぎ》 …… 154
慣 二《に》の舞《まい》 …… 154

ぬ

こ ぬかにくぎ …… 182
こ 盗人《ぬすびと》を見《み》て縄《なわ》をなう …… 33
こ ぬれ手《て》であわ …… 83

ね

慣 願《ねが》うところの幸《さいわ》い …… 267
慣 願《ねが》ったりかなったり …… 267
慣 願《ねが》ってもない …… 267
慣 ねこなで声《ごえ》 …… 133
こ ねこにかつお節《ぶし》 …… 133
こ ねこに小判《こばん》 …… 115
慣 ねこの手《て》も借《か》りたい …… 134
慣 ねこの額《ひたい》 …… 134
慣 ねこの目《め》のように変《か》わる …… 134
慣 寝《ね》た子《こ》を起《お》こす …… 33
慣 寝《ね》ても覚《さ》めても …… 268
慣 根《ね》にもつ …… 142
慣 根《ね》ほり葉《は》ほり …… 143
こ 寝耳《ねみみ》に水《みず》 …… 51
慣 根《ね》も葉《は》もない …… 143
慣 年貢《ねんぐ》の納《おさ》め時《どき》 …… 206
こ 念《ねん》には念《ねん》を入《い》れよ …… 212
慣 念《ねん》をおす …… 268

の

こ 能《のう》あるたかはつめをかくす …… 134
こ 残《のこ》り物《もの》には福《ふく》がある …… 182
慣 のどから手《て》が出《で》る …… 101
こ のど元《もと》過《す》ぎれば熱《あつ》さを忘《わす》れる …… 84
慣 乗《の》りかかった船《ふね》 …… 182
こ のれんに腕《うで》おし …… 165

は

慣 歯《は》が浮《う》く …… 52
慣 歯《は》が立《た》たない …… 68
慣 馬脚《ばきゃく》をあらわす …… 135
慣 はしにも棒《ぼう》にもかからない …… 182
慣 恥《はじ》の上《うわ》ぬり …… 268
慣 恥《はじ》も外聞《がいぶん》もない …… 268
慣 鼻《はな》が高《たか》い …… 69
慣 鼻《はな》であしらう …… 69
慣 花《はな》に嵐《あらし》 …… 191
慣 鼻《はな》にかける …… 69
慣 鼻《はな》につく …… 69
慣 花道《はなみち》をかざる …… 269
慣 花《はな》もはじらう …… 143
慣 花《はな》も実《み》もある …… 143
こ 花《はな》より団子《だんご》 …… 144
慣 鼻《はな》を明《あ》かす …… 69
慣 花《はな》を持《も》たせる …… 144
慣 歯《は》に衣《きぬ》を着《き》せない …… 70
慣 歯《は》のぬけたよう …… 70
慣 はばを利《き》かせる …… 269
慣 腹《はら》が黒《くろ》い …… 101
慣 腹《はら》の虫《むし》がおさまらない …… 101
こ 腹八分《はらはちぶ》に医者《いしゃ》いらず …… 101
慣 腹《はら》をかかえる …… 102
慣 腹《はら》を決《き》める …… 102
慣 腹《はら》をくくる …… 102
慣 腹《はら》を割《わ》る …… 102

ひ

慣 額《ひたい》を集《あつ》める …… 70
こ 必要《ひつよう》は発明《はつめい》の母《はは》 …… 34
慣 一筋縄《ひとすじなわ》ではいかない …… 183
こ 人《ひと》のうわさも七十五日《しちじゅうごにち》 …… 34
こ 人《ひと》の口《くち》に戸《と》は立《た》てられない …… 21
こ 人《ひと》のふり見《み》て我《わ》がふり直《なお》せ …… 34
慣 人《ひと》のふんどしで相撲《すもう》をとる …… 34
慣 一肌《ひとはだ》ぬぐ …… 269
こ 人《ひと》は見《み》かけによらぬもの …… 35
慣 一役買《ひとやくか》う …… 154
こ 人《ひと》を見《み》たらどろぼうと思《おも》え …… 35
慣 非《ひ》の打《う》ち所《どころ》がない …… 233
こ 火《ひ》のない所《ところ》に煙《けむり》は立《た》たない …… 183
こ 火《ひ》は火元《ひもと》からさわぎだす …… 184
慣 氷山《ひょうざん》の一角《いっかく》 …… 198

ふ

慣 目《め》をかける 77
慣 目《め》を皿《さら》のようにする 77
慣 目《め》をつぶる 77
慣 目《め》をぬすむ 78
慣 目《め》を丸《まる》くする 78

も

こ 元《もと》の木阿弥《もくあみ》 22
慣 元《もと》も子《こ》もない 36
こ 桃栗三年柿八年《ももくりさんねんかきはちねん》 144
こ 門前《もんぜん》の小僧《こぞう》習《なら》わぬ経《きょう》を読《よ》む 36

や

慣 焼《や》け石《いし》に水《みず》 185
こ 安物買《やすものが》いの銭失《ぜにうしな》い 185
慣 柳《やなぎ》の下《した》のどじょう 116
こ やぶから棒《ぼう》 185
慣 やぶれかぶれ 272
こ 病《やまい》は気《き》から 48

ゆ

慣 指《ゆび》を折《お》る 106
慣 指《ゆび》をくわえる 106

よ

慣 横車《よこぐるま》をおす 272
慣 横《よこ》のものを縦《たて》にもしない 186
こ 弱《よわ》り目《め》にたたり目《め》 78

ら

こ 来年《らいねん》のことを言《い》えば鬼《おに》が笑《わら》う 160

り

こ 楽《らく》あれば苦《く》あり苦《く》あれば楽《らく》あり 213
慣 りゅう飲《いん》が下《さ》がる 234
こ 良薬《りょうやく》は口《くち》に苦《にが》し 186

る

こ 類《るい》は友《とも》を呼《よ》ぶ 36

ろ

こ 労多《ろうおお》くして功少《こうすく》なし 225
こ ローマは一日《いちにち》にして成《な》らず 198
こ 論《ろん》よりしょうこ 225

わ

慣 渡《わた》りに船《ふね》 186
こ 渡《わた》る世間《せけん》に鬼《おに》はなし 117
こ 笑《わら》う門《かど》には福来《ふくきた》る 160
慣 わらじをぬぐ 186
慣 我関《われかん》せず 272
慣 我《われ》も我《われ》もと 273
慣 我《われ》を忘《わす》れる 273

四字熟語《よじじゅくご》さくいん（らん外《がい》）

悪戦苦闘《あくせんくとう》 …… 16
悪口雑言《あっこうぞうごん》 …… 17
暗中模索《あんちゅうもさく》 …… 18
意気消沈《いきしょうちん》 …… 19
意気投合《いきとうごう》 …… 20
意気揚揚《いきようよう》 …… 21
異口同音《いくどうおん》 …… 22
以心伝心《いしんでんしん》 …… 23
一意専心《いちいせんしん》 …… 24
一衣帯水《いちいたいすい》 …… 25
一言居士《いちげんこじ》 …… 26
一期一会《いちごいちえ》 …… 27
一言半句《いちごんはんく》 …… 28
一日千秋《いちじつせんしゅう》 …… 29
一念発起《いちねんほっき》 …… 30
一部始終《いちぶしじゅう》 …… 31
一望千里《いちぼうせんり》 …… 32
一網打尽《いちもうだじん》 …… 33
一獲千金《いっかくせんきん》 …… 34
一喜一憂《いっきいちゆう》 …… 35
一騎当千《いっきとうせん》 …… 36
一挙一動《いっきょいちどう》 …… 38
一挙両得《いっきょりょうとく》 …… 39
一刻千金《いっこくせんきん》 …… 40
一切合切《いっさいがっさい》 …… 41
一生懸命《いっしょうけんめい》 …… 42
一触即発《いっしょくそくはつ》 …… 43
一進一退《いっしんいったい》 …… 44
一心同体《いっしんどうたい》 …… 45
一心不乱《いっしんふらん》 …… 46
一世一代《いっせいちだい》 …… 47
一石二鳥《いっせきにちょう》 …… 48
一朝一夕《いっちょういっせき》 …… 50
一長一短《いっちょういったん》 …… 51
一刀両断《いっとうりょうだん》 …… 52
意味深長《いみしんちょう》 …… 53
因果応報《いんがおうほう》 …… 54
右往左往《うおうさおう》 …… 55
海千山千《うみせんやません》 …… 56
雲散霧消《うんさんむしょう》 …… 57
栄枯盛衰《えいこせいすい》 …… 58
黄金時代《おうごんじだい》 …… 59
傍目八目《おかめはちもく》 …… 60
温故知新《おんこちしん》 …… 61
快刀乱麻《かいとうらんま》 …… 62
臥薪嘗胆《がしんしょうたん》 …… 63
隔靴掻痒《かっかそうよう》 …… 64
画竜点睛《がりょうてんせい》 …… 65
緩急自在《かんきゅうじざい》 …… 66
完全無欠《かんぜんむけつ》 …… 67
危機一髪《ききいっぱつ》 …… 68
起死回生《きしかいせい》 …… 69
起承転結《きしょうてんけつ》 …… 70
喜色満面《きしょくまんめん》 …… 71
疑心暗鬼《ぎしんあんき》 …… 72
奇想天外《きそうてんがい》 …… 73
喜怒哀楽《きどあいらく》 …… 74
牛飲馬食《ぎゅういんばしょく》 …… 75
旧態依然《きゅうたいいぜん》 …… 76
急転直下《きゅうてんちょっか》 …… 77
興味津津《きょうみしんしん》 …… 78
玉石混淆《ぎょくせきこんこう》 …… 80
金科玉条《きんかぎょくじょう》 …… 81
欣喜雀躍《きんきじゃくやく》 …… 82
空前絶後《くうぜんぜつご》 …… 83
君子豹変《くんしひょうへん》 …… 84
群集心理《ぐんしゅうしんり》 …… 85
月下氷人《げっかひょうじん》 …… 86
言行一致《げんこういっち》 …… 87
捲土重来《けんどちょうらい》 …… 88
厚顔無恥《こうがんむち》 …… 89
巧言令色《こうげんれいしょく》 …… 90
広大無辺《こうだいむへん》 …… 91
口頭試問《こうとうしもん》 …… 92
公平無私《こうへいむし》 …… 93
公明正大《こうめいせいだい》 …… 94
呉越同舟《ごえつどうしゅう》 …… 95
孤軍奮闘《こぐんふんとう》 …… 96
古今東西《ここんとうざい》 …… 97
虎視眈眈《こしたんたん》 …… 98
小春日和《こはるびより》 …… 99
孤立無援《こりつむえん》 …… 100
五里霧中《ごりむちゅう》 …… 101
言語道断《ごんごどうだん》 …… 102
再三再四《さいさんさいし》 …… 103
三寒四温《さんかんしおん》 …… 104
三三五五《さんさんごご》 …… 105
山紫水明《さんしすいめい》 …… 106
三拝九拝《さんぱいきゅうはい》 …… 108
三位一体《さんみいったい》 …… 109
自画自賛《じがじさん》 …… 110
自給自足《じきゅうじそく》 …… 111
四苦八苦《しくはっく》 …… 112
試行錯誤《しこうさくご》 …… 113
自業自得《じごうじとく》 …… 114
時代錯誤《じだいさくご》 …… 115
七転八起《しちてんはっき》 …… 116
七転八倒《しちてんばっとう》 …… 117
質実剛健《しつじつごうけん》 …… 118
自暴自棄《じぼうじき》 …… 119
四面楚歌《しめんそか》 …… 120
弱肉強食《じゃくにくきょうしょく》 …… 121
縦横無尽《じゅうおうむじん》 …… 122
終始一貫《しゅうしいっかん》 …… 123
自由自在《じゆうじざい》 …… 124
十人十色《じゅうにんといろ》 …… 125
主客転倒《しゅかくてんとう》 …… 126
取捨選択《しゅしゃせんたく》 …… 127
首尾一貫《しゅびいっかん》 …… 128
順風満帆《じゅんぷうまんぱん》 …… 129
盛者必衰《じょうしゃひっすい》 …… 130
正真正銘《しょうしんしょうめい》 …… 131
枝葉末節《しようまっせつ》 …… 132
支離滅裂《しりめつれつ》 …… 133
心機一転《しんきいってん》 …… 134
深山幽谷《しんざんゆうこく》 …… 135
神出鬼没《しんしゅつきぼつ》 …… 136
針小棒大《しんしょうぼうだい》 …… 138
新進気鋭《しんしんきえい》 …… 139
深謀遠慮《しんぼうえんりょ》 …… 140
森羅万象《しんらばんしょう》 …… 141
晴耕雨読《せいこううどく》 …… 142
青天白日《せいてんはくじつ》 …… 143
切磋琢磨《せっさたくま》 …… 144
絶体絶命《ぜったいぜつめい》 …… 146
千差万別《せんさばんべつ》 …… 147
前人未到《ぜんじんみとう》 …… 148
前代未聞《ぜんだいみもん》 …… 149
先手必勝《せんてひっしょう》 …… 150
前途洋洋《ぜんとようよう》 …… 151
千篇一律《せんぺんいちりつ》 …… 152
創意工夫《そういくふう》 …… 153
大願成就《たいがんじょうじゅ》 …… 154
大器晩成《たいきばんせい》 …… 156
大義名分《たいぎめいぶん》 …… 157
大言壮語《たいげんそうご》 …… 158
大胆不敵《だいたんふてき》 …… 159
大同小異《だいどうしょうい》 …… 160
多種多様《たしゅたよう》 …… 162
単刀直入《たんとうちょくにゅう》 …… 163
朝令暮改《ちょうれいぼかい》 …… 164
猪突猛進《ちょとつもうしん》 …… 165
沈思黙考《ちんしもっこう》 …… 166
適材適所《てきざいてきしょ》 …… 167
徹頭徹尾《てっとうてつび》 …… 168
天衣無縫《てんいむほう》 …… 169

電光石火《でんこうせっか》 …… 170
天罰覿面《てんばつてきめん》 …… 171
天変地異《てんぺんちい》 …… 172
同工異曲《どうこういきょく》 …… 173
東奔西走《とうほんせいそう》 …… 174
得意満面《とくいまんめん》 …… 175
独立独歩《どくりつどっぽ》 …… 176
南船北馬《なんせんほくば》 …… 177
二者択一《にしゃたくいつ》 …… 178
二束三文《にそくさんもん》 …… 179
日進月歩《にっしんげっぽ》 …… 180
破顔一笑《はがんいっしょう》 …… 181
馬耳東風《ばじとうふう》 …… 182
八方美人《はっぽうびじん》 …… 183
波瀾万丈《はらんばんじょう》 …… 184
半死半生《はんしはんしょう》 …… 185
半信半疑《はんしんはんぎ》 …… 186
百花繚乱《ひゃっかりょうらん》 …… 188
百発百中《ひゃっぱつひゃくちゅう》 …… 189
品行方正《ひんこうほうせい》 …… 190
不言実行《ふげんじっこう》 …… 191
不承不承《ふしょうぶしょう》 …… 192
不眠不休《ふみんふきゅう》 …… 194
不老長寿《ふろうちょうじゅ》 …… 195
付和雷同《ふわらいどう》 …… 196
粉骨砕身《ふんこつさいしん》 …… 197
平穏無事《へいおんぶじ》 …… 198
平身低頭《へいしんていとう》 …… 200
傍若無人《ぼうじゃくぶじん》 …… 201
抱腹絶倒《ほうふくぜっとう》 …… 202
本末転倒《ほんまつてんとう》 …… 203
満場一致《まんじょういっち》 …… 204
無我夢中《むがむちゅう》 …… 205
無味乾燥《むみかんそう》 …… 206
門外不出《もんがいふしゅつ》 …… 208
優柔不断《ゆうじゅうふだん》 …… 209
有名無実《ゆうめいむじつ》 …… 210
悠悠自適《ゆうゆうじてき》 …… 211
油断大敵《ゆだんたいてき》 …… 212
用意周到《よういしゅうとう》 …… 213
利害得失《りがいとくしつ》 …… 214
離合集散《りごうしゅうさん》 …… 215
立身出世《りっしんしゅっせ》 …… 216
竜頭蛇尾《りゅうとうだび》 …… 217
粒粒辛苦《りゅうりゅうしんく》 …… 218
理路整然《りろせいぜん》 …… 219
臨機応変《りんきおうへん》 …… 220
老若男女《ろうにゃくなんにょ》 …… 221
和気藹藹《わきあいあい》 …… 222
和洋折衷《わようせっちゅう》 …… 223

故事成語《こじせいご》さくいん（らん外《がい》）

ありの穴《あな》から堤《つつみ》もくずれる …… 224
言《い》うはやすく行《おこな》うは難《かた》し …… 225
衣食足《いしょくた》りて礼節《れいせつ》を知《し》る …… 226
一敗地《いっぱいち》にまみれる …… 227
意表《いひょう》をつく …… 228
恨《うら》み骨髄《こつずい》に徹《てっ》す …… 229
肝胆相照《かんたんあいて》らす …… 230
間髪《かんはつ》をいれず …… 231
危急存亡《ききゅうそんぼう》のとき …… 232
木《き》に縁《よ》りて魚《うお》を求《もと》む …… 233
杞憂《きゆう》 …… 234
牛耳《ぎゅうじ》る …… 235
紅一点《こういってん》 …… 236
虎穴《こけつ》に入《い》らずんば虎子《こじ》を得《え》ず …… 237
五十歩百歩《ごじっぽひゃっぽ》 …… 238
塞翁《さいおう》が馬《うま》 …… 239
歳月人《さいげつひと》を待《ま》たず …… 240
先《さき》んずれば人《ひと》を制《せい》す …… 241
去《さ》る者《もの》は追《お》わず …… 242
鹿《しか》を追《お》う者《もの》は山《やま》を見《み》ず …… 243
柔《じゅう》よく剛《ごう》を制《せい》す …… 244
雌雄《しゆう》を決《けっ》する …… 245
春眠《しゅんみん》 暁《あかつき》を 覚《おぼ》えず …… 246
少年老《しょうねんお》いやすく学成《がくな》り難《がた》し …… 247
将《しょう》を射《い》んと欲《ほっ》すれば
まず馬《うま》を射《い》よ …… 248
人事《じんじ》を尽《つ》くして天命《てんめい》を待《ま》つ …… 249
心頭滅却《しんとうめっきゃく》すれば
火《ひ》もまたすずし …… 250
過《す》ぎたるは
なおおよばざるがごとし …… 251
杜撰《ずさん》 …… 252
前門《ぜんもん》の虎後門《とらこうもん》の狼《おおかみ》 …… 253
他山《たざん》の石《いし》 …… 254
蛇足《だそく》 …… 255
罪《つみ》をにくんで人《ひと》をにくまず …… 256
天知《てんし》る地知《ちし》る我知《われし》る人知《ひとし》る …… 257
天《てん》につばする …… 258
頭角《とうかく》を現《あらわ》す …… 259
登竜門《とうりゅうもん》 …… 260
とらの威《い》を借《か》るきつね …… 261
鳴《な》かず飛《と》ばず …… 262
敗軍《はいぐん》の将《しょう》は兵《へい》を語《かた》らず …… 263
背水《はいすい》の陣《じん》 …… 264
破竹《はちく》の勢《いきお》い …… 265
万事休《ばんじきゅう》す …… 266
百聞《ひゃくぶん》は一見《いっけん》にしかず …… 267
覆水盆《ふくすいぼん》に返《かえ》らず …… 268
矛盾《むじゅん》 …… 269
病膏肓《やまいこうこう》に入《い》る …… 270
立錐《りっすい》の余地《よち》もない …… 271
両雄並《りょうゆうなら》び立《た》たず …… 272
災《わざわ》いを転《てん》じて福《ふく》となす …… 273

●監修
梅澤 実（うめざわ　みのる）（鳴門教育大学教授・学校教育学博士）

昭和25年（1950年）千葉県生まれ。昭和54年より東京学芸大学附属大泉小学校教諭。平成15年より鳴門教育大学教授。国語教育、総合的な学習の開発、教師教育について研究。著書に『教師が創る総合的な学習－学力観・学習観の変革を求めて－』（教育研究社）、『小学校総合的学習の新展開（分担執筆）』（明治図書）など多数。論文に『小学4年生は説明文をどう読むか－説明文読解過程における既有知識と説明文スキーマの働き－』（読書科学）、『「ていうか」の使用心理から探る中学生の友人関係』（日本語学）など多数。

- ●編集　　　鈴木武治
　　　　　　仁科貴史
- ●編集制作　(株)イーメディア
- ●デザイン　(株)イーメディア
- ●まんが　　あだちあきひこ
- ●イラスト　あだちあきひこ、中原光江、
　　　　　　宝井沙織

- ●イラスト協力
　StudioCAL（江藤 巴、小野寺亮平、甲斐麻里恵、倉本 瞬、斉藤由梨香、塩福ハルカ、千葉麻美、土屋 梓、中山有羽、平林由希、前田書明）
- ●校正　　　株式会社 文狼
　　　　　　川口明子
- ●DTP　　　株式会社 明昌堂

本書の内容に関するお問い合わせ・ご意見は、
㈱世界文化社CULTURE編集部
〒102-8187　千代田区九段北4-2-29
電話 03-3262-5118
までお願い致します。

マンガでわかる 小学生のことわざじてん

発行日　2006年3月1日　初版第1刷発行

発行人　小林公成

発行　　株式会社 世界文化社
　　　　〒102-8187　東京都千代田区九段北4-2-29
　　　　電話 03-3262-5118(編集部)
　　　　　　 03-3262-5115(販売本部)

製版　株式会社 明昌堂
印刷　共同印刷株式会社
製本　株式会社 大観社

©Sekaibunka-sha 2006　Printed in Japan
ISBN 4-418-06818-X

無断転載・複写を禁じます。
定価はカバーに表示してあります。
落丁・乱丁のある場合はお取り替えいたします。